LETTRES INÉDITES OU ÉPARSES

DE

JOSEPH BONAPARTE

A NAPLES (1806-1808)

THÈSE COMPLÉMENTAIRE POUR LE DOCTORAT ÈS-LETTRES

PRÉSENTÉE A LA FACULTÉ DES LETTRES DE L'UNIVERSITÉ DE PARIS

PAR

Jacques RAMBAUD

ANCIEN ÉLÈVE DE LA FACULTÉ DES LETTRES DE PARIS
AGRÉGÉ D'HISTOIRE ET DE GÉOGRAPHIE

PARIS
TYPOGRAPHIE PLON-NOURRIT ET Cie
8, RUE GARANCIÈRE — 6[e]

1911

LETTRES INÉDITES OU ÉPARSES

DE

JOSEPH BONAPARTE

A NAPLES (1806-1808).

LETTRES INÉDITES OU ÉPARSES

DE

JOSEPH BONAPARTE

A NAPLES (1806-1808)

THÈSE COMPLÉMENTAIRE POUR LE DOCTORAT ÈS LETTRES

PRÉSENTÉE A LA FACULTÉ DES LETTRES DE L'UNIVERSITÉ DE PARIS

PAR

Jacques RAMBAUD

ANCIEN ÉLÈVE DE LA FACULTÉ DES LETTRES DE PARIS
AGRÉGÉ D'HISTOIRE ET DE GÉOGRAPHIE

PARIS
TYPOGRAPHIE PLON-NOURRIT ET Cie
8, RUE GARANCIÈRE — 6^e
—
1911

INTRODUCTION

I

Joseph Bonaparte joue un rôle capital dans l'histoire de Napoléon. Les documents qui émanent de lui ne sauraient être indifférents à l'histoire, même quand ils paraissent n'intéresser que sa fortune personnelle ou un objet trop restreint.

La part qui lui revient dans l'édification de la fortune de sa famille n'est pas toujours très apparente. En face de Lucien, premier rôle sur la grande scène de Brumaire, Joseph est généralement regardé comme un auxiliaire plus gênant qu'utile, d'autant plus encombrant que ce médiocre dissimule sous une fausse modestie les plus vastes et les plus vaines prétentions, harcèle l'empereur pour arracher à son indulgence une autorité, dont il se sert à l'encontre des intérêts de son frère et de le France. Sa seule qualité politique serait cette assurance superbe, commune à tous les Bonaparte.

Joseph vaut mieux que cette opinion et la bienveillance de l'empereur ne s'explique pas seulement par des raisons sentimentales. Au début, pendant les années difficiles, on le voit conquérir de vive lutte (procédés et mœurs locales que nous n'avons pas à apprécier) des charges municipales, judiciaires, qui lui procurent dans l'île une influence dont bénéficie toute la famille, obtenir de la Convention des secours pour les Corses réfugiés à Toulon, s'attacher fort à propos à son compatriote Saliceti, représentant en mission à l'armée d'Italie : son frère est alors simple capitaine. Au temps du siège de Toulon, il est tour à tour commissaire des guerres, commissaire de la marine, ordonnateur des hôpitaux et il apparaît comme le soutien du « clan » tout entier(1).

Son mariage, en 1794, avec la fille de François Clary, est un coup de fortune. Les Clary, enrichis dans le commerce des tissus, appartenaient à ce haut négoce des vieilles républiques méditerranéennes, qui possédait de petites armées d'employés et de correspondants et occupait les charges municipales ou les consulats étrangers (2). Dans toutes les Echelles, on connaissait le nom des Clary ou de leurs alliés. Par des liens d'affaires, de parenté, d'amitié, leur influence s'étendait sur toute la région provençale. Un des frères de Julie, Nicolas, qui s'établira à Paris en 1808, sera longtemps le conseiller financier, au besoin le bailleur de fonds de son beau-frère. La dot de la mariée, très respectable pour l'épo-

---

(1) Il va de soi que nous avons consulté surtout, pour cette rapide esquisse, l'ouvrage de F. Masson, *Napoléon et sa famille*, et pour les premières années, A. Chuquet, *la Jeunesse de Napoléon*.

(2) Nicolas Clary était consul de Naples, fonctions peut-être avantageuses, mais certainement non rétribuées et qui ne justifient point le mépris lourdement affecté par la reine Marie-Caroline pour « des espèces pareilles ». Helfert, *Königin Maria-Karolina von Neapel*, 324, note. — Ce sont sans doute ces liens avec les Clary qui engagèrent Joseph à solliciter un consulat en Italie (1795) ; il aurait failli l'obtenir à Naples.

que, était magnifique pour les Bonaparte : « Il est heureux, ce coquin de Joseph ! » disait alors Napoléon.

Fortifié par l'alliance des Clary, Joseph, avec moins de tapage que Lucien, mais très activement, travaille à établir dans le Liamone la domination du parti. Il devient l'ami, le conseiller de Miot, commissaire envoyé par le Directoire pour organiser les départements corses, se fait élire député aux Cinq-Cents, prépare la voie à Lucien.

Ce succès facilite, s'il ne suffit pas à l'expliquer, sa nomination comme ambassadeur de la République à Rome (1796). Le rôle qu'il y joua n'est pas complètement éclairci. Avait-il reçu du Directoire la mission de provoquer une intervention française ou bien a-t-il été compromis malgré lui par les « patriotes » romains (1) ? Dans tous les cas, son rôle incertain, mais rehaussé par le danger couru, le met décidément en évidence. Mais, Napoléon étant en Egypte, Lucien et Joseph sur le continent, la faction hostile en Corse reprend le dessus, menaçant par la base la puissance naissante des Bonaparte : l'allié des Clary, de Provence, contribue efficacement au salut commun (2).

La situation malgré tout demeurait grave : Joseph prévient son frère que son retour est nécessaire. A ce moment il n'est plus député, ni ambassadeur, mais parmi les artisans de Brumaire on trouve nombre de ses amis personnels; il contribue à gagner l'opinion au Premier

---

(1) G. Boulot, *le général Daphot* (Paris, 1908), ne doute pas du rôle incitateur joué, bien qu'avec timidité, par Joseph.
(2) *Les Bonaparte et la Corse*, append. à *Napoléon et sa Famille*, t. I, pp. 441 et suiv.

Consul. Dans le salon de Mme de Staël, parmi les libéraux confiants, les nobles, même les émigrés rentrés, il compte des sympathies et sert de garant à son frère.

Ainsi, par ses relations et son influence propre, il a plusieurs fois servi très utilement la cause des Bonaparte ; il a su s'aider lui-même.

Dans les hautes fonctions qu'il doit ensuite au titre de frère du Premier Consul, il montre du moins des qualités personnelles qui n'en sont pas indignes. Chargé de négociations importantes, il leur donne volontiers une forme courtoise, conciliante ; les diplomates lui savent gré de sa politesse, de sa modération naturelle, non seulement les Américains, qui traitent avec lui à Mortefontaine, mais les Autrichiens à Lunéville, Cobenzl qui devient son ami et son hôte. La paix d'Amiens est en partie son œuvre et les Anglais rendent justice à ses efforts pour en empêcher la rupture. Le cardinal Consalvi, dans les âpres discussions qui précèdent le Concordat, croit à sa bienveillance et à sa bonne foi.

Au camp de Boulogne, improvisé colonel sans avoir jamais servi, il ne peut guère que parader dans son uniforme blanc (bien qu'il ait demandé à faire campagne à la tête de son régiment) ; mais il poursuit son rôle de conciliateur, tient table ouverte, s'applique à désarmer l'opposition, encore si forte dans l'armée.

A Naples, où nous l'avons étudié spécialement, il nous paraît avoir fait preuve d'une intelligence solide, sinon très supérieure, et d'une bonne volonté sincère. Ce souverain d'aventure ne fut ni un roi fainéant, ni un simple préfet, ni un philosophe de salon ou de boudoir. Entre

Napoléon et lui il y a un abîme : on pourrait assurer qu'il y en a un entre lui et son prédécesseur. Ce n'est pas un abatteur de besogne, il n'a pas renoncé aux jouissances intellectuelles ou autres, que l'habitude lui a rendues nécessaires, mais il a surmonté son indolence naturelle, pris le temps de travailler, d'apprendre et de contrôler, essayé de suivre un plan méthodique de gouvernement et des principes aussi équitables que la situation le permettait. Il a su accepter des responsabilités et même, dans des circonstances critiques, il n'a pas reculé devant des ordres singulièrement énergiques.

En dépit de brusqueries et de boutades, l'empereur a confiance en lui : Joseph le sait et s'efforce de répondre à ce que l'on attend de lui : il semble qu'il se pique de prouver ce que son système et un personnel de son choix sont capables de faire. Le manque d'activité, qu'on lui entend reprocher, est bien souvent l'effet d'obstacles qui eussent au moins embarrassé l'empereur. Ainsi, pour les ordres relatifs au placement et à l'emploi des troupes et qui ne sont pas toujours réalisables. Un indice de sa docilité militaire est le soin à répéter, presque textuellement, comme s'ils venaient de lui, les instructions ou les conseils qu'il a reçus de Paris : « Les résultats de son gou-
« vernement, écrit Rœderer, seront très honorables pour
« lui. Il a eu de la fermeté dans toutes les grandes choses,
« de la constance dans toutes les entreprises utiles; il
« aura jeté ici les fondements d'une prospérité et d'une
« grandeur nouvelles (1). » Rœderer était l'ami et le

---

(1) Lettre à Mme Rœderer, 19 juin 1808. *Œuvres de Rœderer*, t. IV, p. 90.

ministre de Joseph et ses éloges appellent des réserves. Dans l'ensemble pourtant, ils sont justes.

Joseph avait lui-même le sentiment très net que cette époque de sa vie en était l'épisode le plus honorable : « Jamais, écrivait-il de Bayonne à Rœderer, on n'abandonna avec plus de regret la maison paternelle que je ne me détache de ce beau pays (1). » C'était aussi l'avis de Napoléon quand, au milieu de ses doléances sur la conduite du roi d'Espagne, il disait à ce même Rœderer : « A Naples, oui, il était mieux (2). » Quand les événements l'eurent éclairé sur les sentiments de son nouveau peuple à son égard, Joseph demanda, et sans doute sincèrement, à retourner dans cette Italie, qui était pour lui une véritable patrie (3).

Il n'est pas question d'apprécier ici son rôle en Espagne. Les conditions y sont profondément différentes de ce qu'elles étaient à Naples, différents aussi les procédés de l'empereur. En Italie, le roi avait joui d'une autorité réelle, d'une demi-indépendance, et fait vraiment figure de souverain. Avant tout, on lui avait donné et maintenu sans défaillance, malgré quelques menaces sans conséquence, le commandement de l'armée française. Un des usages qu'il en fit avait été de surveiller les excès des militaires et

---

(1) 9 juin 1808, *Œuvres de Rœderer*, t. IV, p. 18. Dans sa biographie, publiée sous son inspiration directe, il insiste sur son regret à quitter Naples, et sur l'espoir qu'il aurait gardé, en partant, d'y revenir. A Tito Manzi, il écrit de New-York, 14 septembre 1823, le remerciant de journaux envoyés : « Tout envoi de ce genre que vous pourrez me faire et qui tendra à me rappeler les événements de mon règne à Naples me sera toujours précieux. » (Catalogue Charavay.)

(2) Conversation, 11 février 1809, dans *Œuvres de Rœderer*, t. III, p. 538.

(3) Dès son entrée à Madrid : « Je n'ai pas été reçu par les habitants de cette ville comme je le fus par ceux de Naples. » A Napoléon, 20 juillet 1808.

de mettre pour condition à sa faveur personnelle, à son appui auprès de l'empereur, la bonne conduite envers le pays. En Espagne, il fut réduit à l'impuissance, en face d'une armée qui devint rapidement la plus pillarde et la plus indisciplinée des armées napoléoniennes. Comme il s'agissait non de gouverner, mais de combattre, l'empereur, même quand il investissait officiellement le roi du commandement en chef, ne pouvait lui en conférer toute l'autorité, et les généraux sentaient qu'ils pouvaient désobéir au roi et le braver.

Cette fausse situation suffirait à elle seule à expliquer l'attitude qu'on lui voit prendre alors, ce que l'empereur appelait « recommencer Philippe V ». Ajoutons les conditions politiques nouvelles, dictées par Napoléon lui-même : cette Constitution de Bayonne, qui établissait des Cortès à côté du Roi et réservait les emplois aux nationaux, puisque son seul objet était de gagner l'opinion (1). Il n'est pas impossible d'ailleurs que la couronne de Charles-Quint n'ait pesé sur la tête de Joseph au point de la troubler, de provoquer dans un esprit accessible à la vanité et à la présomption une sorte de « délire royal » (2) : « J'ai trouvé le roi tout changé, affirmait l'empereur... Sa tête s'est perdue (3). » N'éprouva-t-il pas lui-même quelque ivresse des grandeurs quand il eut épousé une fille des Habsbourg et qu'elle

---

(1) Comme le montre P. Conard, la *Constitution de Bayonne* (1808), Lyon, 1909.
(2) F. Masson, *Napoléon et sa famille*, t. IV, p. 146.
(3) Conversation avec Rœderer, 11 févr. 1809, *Œuvres de Rœderer*, t. III, p. 537 : « Je l'ai trouvé mal, dit encore l'empereur. Il veut être militaire; il est devenu tout à fait roi; il veut qu'on le flatte. » (*Ibid*.). Sa femme même le trouve bientôt « méconnaissable ».

lui eut donné pour fils un roi de Rome? Il serait donc imprudent de juger du caractère de Joseph d'après son attitude en Espagne. Encore faut-il remarquer que si l'on cherche à démêler, au milieu des horreurs de la guerre, l'œuvre tentée par le roi « intrus », on constate qu'il a essayé d'adoucir les maux du pays, d'accomplir des réformes, qui lui conciliaient les esprits les plus libéraux, de faire servir la fierté de la nation à sa « régénération » : les historiens espagnols sont de plus en plus portés à rendre hommage à ses loyaux efforts (1).

En 1814, le « lieutenant-général de l'Empire » fut écrasé par l'énormité de sa mission et ses défaillances ont été durement jugées (2). La question est de savoir si un autre à sa place, ainsi environné d'intrigues, de défections, de lassitudes, aurait été plus heureux ou plus habile. La tâche était au-dessus des forces humaines.

Il était impossible de ne pas rappeler ces faits, bien que nous ne puissions guère qu'exprimer des doutes et formuler des réserves. A s'en tenir à Joseph, roi de Naples, il nous paraît juste de lui reconnaître des qualités moyennes très estimables, une expérience très variée, acquise au cours d'une vie accidentée et dont il sut se servir, un charme personnel dont il usa habilement. Peut-être les circonstances, le désir de justifier la confiance de l'empereur, de prouver la supériorité de principes dont il se parait, l'élevèrent-ils au-dessus de lui-même, inspirèrent-

---

(1) On connaît le mot prêté au grand *guerillero* Mina : « C'est pourtant en combattant ce brave homme au profit de l'odieux Ferdinand VII que j'ai acquis un peu de gloire... »

(2) Principalement par A. Sorel, *l'Europe et la Révolution*, t. VIII, p. 241. L'appréciation de H. Houssaye (*1814*, p. 415) paraît plus équitable.

ils à sa nature, qu'on estime un peu molle, un zèle méritoire. Son règne en tout cas présenta des résultats importants et souvent heureux. En dehors, par conséquent, de l'intérêt qui s'attache à tout ce qui touche à Napoléon et à l'influence française sous l'Empire, le mérite personnel de Joseph justifie le soin de recueillir les traces de son activité.

La confiance que lui accorda son frère ajoute à son importance. Joseph fut le vrai et presque l'unique compagnon d'enfance de Napoléon, le seul avec qui il se soit senti « vraiment frère (1) ». Ses premiers souvenirs ne s'effacèrent jamais tout à fait et, en dépit d'éclipses momentanées, l'empereur ne lui retira jamais pour longtemps sa confiance. Elle ne fut sérieusement ébranlée ni par les relations persistantes de Joseph avec des opposants, ni par les conciliabules suspects et les prétentions maladroites qui aggravèrent encore la question de succession ; elle survécut en somme aux affaires d'Espagne et même à la naissance du roi de Rome, qui semblait, en assurant l'avenir, rendre l'empereur indépendant d'alliés naturels, trop exigeants et trop peu dociles.

Plus d'un historien s'est étonné de cette faiblesse condescendante de l'empereur. Faut-il admettre avec eux qu'il a été la dupe d'un maître hypocrite, habile à dissimuler sous une affectation de simplicité, d'aménité, de philosophie et de libéralisme à la 89, une ambition inquiète et une vanité, qui n'estimait aucune position trop haute pour son génie ?

L'illusion nous paraît bien étrange chez un souverain

(1) F. Masson, *Napoléon et sa famille*, t. I, p. 26.

dont la naïveté n'était pas le défaut ordinaire et qui d'habitude jugeait les hommes avec une perspicacité impitoyable. Le prestige de l'aînesse suffit-il pour expliquer cette sorte de « faiblesse superstitieuse (1) » ? On sait la puissance des sentiments corses sur l'âme de Napoléon, principalement en ce qui touchait les liens familiaux, mais il entendait que les parents, dont il se regardait comme le chef, fussent dociles à ses vues : « J'ai sur ma famille droit de vie et de mort (2). » De cet aîné même, que depuis Brienne il s'était habitué à commander et à morigéner, il parlait en toute occasion avec une désinvolture qui ne s'accorde guère avec un respect instinctif ou une tendresse aveugle. Comment se serait-il montré faible à son égard au point de compromettre sa politique générale ? Du moins sa bienveillance indulgente prouve-t-elle qu'il ne mettait pas en doute l'affection de son frère. Même quand il s'épanche dans l'intimité sur le compte de ce roi devenu espagnol et qui traite l'art du commandement de charlatanisme : « Il a de l'esprit, ajoute-t-il, et de l'attachement pour moi, je le sais (3). » A Sainte-Hélène, s'exprimant avec sévérité sur les médiocres ou les mauvais services rendus par ses frères, il reconnaissait que Joseph était « fort bon homme » et l'avait aimé sincèrement.

L'outrecuidante prétention de Joseph à l'hérédité de son frère fut peut-être ce qui troubla le plus gravement leur entente. Il est assez probable cependant que Napo-

---

(1) Sorel, *loc. cit.*
(2) A Campi, intermédiaire entre lui et Lucien (février 1810) ; F. Masson, *l'Exode de Lucien Bonaparte. Revue de Paris*, 1ᵉʳ janvier 1903.
(3) Conversation avec Rœderer, 11 février 1809. *Œuvres de Rœderer*, t. III, p. 537.

léon en fut moins ému que nous ne sommes disposés à le croire, étant assez Corse pour comprendre que le clan se préoccupât d'une éventualité, toujours à prévoir avec une existence aussi menacée que la sienne. Au lendemain de Brumaire, Lucien, que sa conduite ultérieure montre capable de renoncement, ne mit pas moins d'insistance que Joseph à décider le Premier Consul à fixer sa succession. L'aîné paraît difficile à satisfaire : il refuse avec un mépris affecté les fonctions, les titres nouveaux, fait ses conditions (1). On s'étonne de son ambition et de sa fatuité, on blâme cet esprit de dénigrement. Ne peut-on expliquer autrement ces longues hésitations ? Infatué, mais doué de bon sens, Joseph ne devait pas se sentir né pour l'action ; il éprouvait de la peine à quitter la vie facile, qui lui plaisait, pour encourir les responsabilités du pouvoir ; mais il n'avouait pas ou même ne découvrait pas clairement les raisons qui l'inspiraient et par amour-propre, respect humain, souci de l'opinion de son entourage, cherchait un prétexte honorable pour esquiver une charge qui ne l'attirait point. Il y gagnait d'ailleurs une auréole de libéralisme. Cette demi-opposition où Napoléon l'accuse de se complaire n'est peut-être tout simplement que le désir de garder son indépendance et sa tranquillité.

Au moment où Joseph se rendit à Naples, avec un em-

---

(1) Dans l'offre de la couronne d'Italie, E. Driault (*Napoléon en Italie*, Paris, 1907, p. 312) estime que Napoléon n'était pas très sincère. Déjà Marmont (*Mémoires*, t. II, p. 245) pensait que l'empereur avait peut-être cherché « un prétexte de garder pour lui ce qu'il ne voulait pas donner à d'autres ». Johnston (*The Napoleonic Empire in the Southern Italy*, Londres, 1904, t. I, p. 82) ne croit pas non plus à la sincérité de l'offre, y voit une tactique pour rassurer l'Autriche.

pressement qui contraste avec le refus du trône d'Italie, Talleyrand lui aurait, par l'intermédiaire de Miot, conseillé « une soumission aveugle et de ne plus compter sur aucun retour de tendresse. C'est un moyen épuisé totalement (1) ». Le mécontentement de l'empereur était-il si durable et n'était-il pas plutôt un moyen d'emporter l'assentiment de son frère ? Le ton menaçant, avec lequel il parlait à Miot d'un refus hypothétique de son frère, nous semble la preuve qu'il tenait à son concours. Le royaume de Naples devait devenir le pivot de vastes projets, un facteur essentiel dans la politique napoléonienne. Joseph était, en outre, chargé de prouver l'excellence du système du Grand Empire et il resta tout ce temps étroitement associé à la pensée impériale. Les rapports entre les deux souverains, le ton de leur correspondance démontrent que Talleyrand avait, tout au moins, exagéré la pensée du maître. Joseph obtint de son frère des concessions inaccoutumées, et il est manifeste que sa bonne volonté fut sincère et soutenue. Les algarades qu'il essuya, et qui étaient de style dans les lettres de Napoléon, furent compensées par d'affectueux compliments.

Si le roi improvisé a opposé aux besoins de l'armée ou du trésor impérial ceux de son royaume, cela permet-il de soupçonner sa fidélité ? Sans doute il ne pouvait être à Naples qu'un délégué de la France et les intérêts du souverain de qui il tenait son royaume devaient être le souci essentiel de sa politique. La question est de savoir s'il servait mieux ces intérêts en accablant ses sujets

(1) Extraits du Journal de Miot. A. N. AF iv, 1714 B.

qu'en les ménageant. Du désir de les épargner et de s'en faire aimer à celui de se rendre indépendant, il y a loin (1). Tout au contraire, il paraît avoir tenu la balance entre les Napolitains, qui déjà s'efforçaient d'accaparer, de nationaliser leur roi, et les Français, portés à se regarder comme les maîtres du pays. Son successeur n'aura ni la même prudence ni le même tact, et agira, en fin de compte, contre l'intérêt de ses sujets et le sien autant que contre celui de l'empereur. Quant à avoir cherché à se faire accepter, au moins par les classes éclairées ou possédantes, les seules qui pussent comprendre les réformes, n'était-ce pas le seul moyen de régner effectivement, même dans l'intérêt de l'Empire ?

La tendance de Joseph à s'entourer d'un cercle d'amis plutôt que d'une cour au goût de l'empereur, à rechercher des libéraux à la mode de la Constituante, même à conserver des rapports avec des opposants avérés, pourrait bien avoir été un moyen de ralliement, que l'empereur appréciait sans doute beaucoup plus qu'il n'en convenait : « Le Premier Consul et moi, disait le prince à un mécontent, nous ne sommes pas, nous ne pouvons être à jamais séparés, et ce sera moi qui vous remettrai dans ses bonnes grâces (2). »

A ne considérer que les intimes, la « maison », il ne paraît pas que Joseph ait mal placé ses affections. Au

---

(1) A Napoléon qui lui répétait : « J'ai conquis l'Espagne pour qu'elle soit française », Rœderer répondait qu'à Naples, en tout cas, Joseph « croyait son royaume dans votre Empire ». *Œuvres de Rœderer*, t. III, p. 538.

(2) A J. de Norvins (fin 1803), dans *le Mémorial* de celui-ci, t. III, p. 88. Ainsi il s'attacha peu après le comte de Clermont-Tonnerre, qu'un refus d'avancement, brutalement formulé par Berthier, était prêt à rejeter vers les royalistes. Le comte Ed. de Moustier demanda du service dans son régiment.

point de vue du loyalisme envers l'Empire, Jaucourt, royaliste convaincu, intime de Talleyrand, fait en somme exception. Miot, placé par Napoléon dans un poste de confiance avant de l'être par Joseph, sortira de la scène à la Restauration, ayant eu son fils blessé mortellement et son gendre tué à Waterloo. Rœderer, que l'empereur dissuada longtemps Joseph d'employer à Naples, avait été l'un des premiers et des plus zélés partisans du régime consulaire et deviendra ministre d'Etat pour Berg. Girardin sera préfet de l'Empire, député de l'opposition sous Louis XVIII. Saliceti, dont l'empereur prônait les mérites à Naples, y avait été appelé par Joseph, qui lui avait conservé son amitié en dépit des changements politiques. Jourdan, avec qui Joseph était auparavant en correspondance « philosophique » (Napoléon le lui reprochait en 1804), fut envoyé à Naples spontanément par l'empereur et chaudement recommandé par lui. Ce ne peut être par hasard que le royaume reçut tant de ralliés incertains ou de semi-disgraciés : les salons de Joseph avaient peut-être déjà, comme ceux de l'impératrice, servi à préparer les conversions un peu difficiles.

L'affection des deux frères (1), leur confiance mutuelle, survécurent aux orages. Après la catastrophe, Joseph essaya de faire passer en Amérique le vaincu de Waterloo. Quand il se fut réfugié lui-même aux Etats-Unis, il fit un accueil généreux aux bonapartistes exilés et parut s'intéresser à leurs projets chimériques (2). Nous ne par-

---

(1) Lucien témoigne de la sincérité de cette affection (notamment Iung, *Lucien Bonaparte*, t. II, p. 190).

(2) Georges Bertin, *Joseph Bonaparte en Amérique, 1815-32*, Paris, 1896; Jesse S. Reeves, *The napoleonic exiles in America, a study in ameri-*

lons pas de son intervention, sous forme d'une lettre à la Chambre des Députés, en faveur du roi de Rome.

Une cause d'erreur, ou du moins d'exagération, sur ce point comme sur bien d'autres, réside dans cette fougue de caractère propre aux Bonaparte, que leur tempérament corse, surexcité par l'orgueil de la puissance, entraîne à des accès de colère où ils brisent des objets, écrasant, nous dit-on, une montre, ou crevant d'une balle un portrait (?), et parlant d'emprisonner, de fusiller ou de « couper la tête » (1), sans que cela tire autrement à conséquence. Les contrariétés se traduisent chez eux par un flux de paroles inconsidérées, excessives, contradictoires, qui peut-être ne traduisent pas plus exactement leur pensée que ne font, chez leurs compatriotes, les imprécations atroces par lesquelles ils vouent à la mort la plus cruelle et maudissent jusqu'à sa postérité la plus lointaine un voisin avec qui ils ont une discussion.

Prendre à la lettre les reproches, les invectives qu'ils se lancent mutuellement ou profèrent devant des tiers paraîtra aussi imprudent que de tenir pour sérieux le conseil que donne Napoléon à son frère de se faire « casser une jambe » pour acquérir de la gloire (2). Le malheur est que les confidents, témoins des sorties de l'em-

---

can diplomatic history, 1815-19, dans *John Hopkins University studies in historical and political science*, octobre 1905. Pointe Breeze, dit ce dernier, était « un véritable bureau de bienfaisance pour les réfugiés du régime napoléonien ». Le commandant Persat (*Mémoires*, Paris, 1910, p. 18) se loue très vivement de l' « aménité » de l'ex-roi à son égard, de ses généreuses offres de services : il hébergeait, subventionnait nombre d'anciens officiers de l'Empire (Lallemand seul en aurait reçu plusieurs centaines de mille francs).

(1) Comme à Murat, lors des discussions à Compiègne, mars 1809.
(2) Conversation avec Miot, reprod. dans Du Casse, *les Rois frères*,

pereur et chargés par lui-même de « mettre de la confiture autour des paroles » (1), les ont transmises à la postérité dans toute leur amertume (2). De même Joseph, dont les goûts paisibles ne font que voiler l'ardeur de race et dont les accès de colère sont d'autant plus violents qu'il est plus réservé à l'ordinaire (3), a le tort de s'épancher beaucoup trop librement avec ses confidents, qui notent tout vifs des propos visiblement outrés.

L'ambition effrénée et l'égoïsme hypocrite s'accordent assez mal, d'autre part, avec les traits les plus manifestes du caractère de Joseph : modération, amabilité serviable, bienveillance, fidélité à ses amis, et cet attachement si marqué, qu'on lui reproche, pour une vie facile et mondaine. Si l'on ajoute son penchant pour les plaisirs, son goût sincère et éclairé des lettres et des arts, on aura, beaucoup plus que d'un ambitieux concentré, l'impression d'un gentilhomme philosophe, à la façon du xviiie siècle, d'un dilettante à la mode italienne.

Peut-on enfin récuser les témoignages presque unanimes

p. 12. A Naples le général C. Berthier fut destitué de ses fonctions de chef de l'Etat Major pour avoir pris au sérieux et surtout répété des propos que lui aurait tenus l'empereur. Voir Joseph à l'empereur, 15 avril 1807, *Mém.*, t. III : « Votre Majesté me rend la justice de penser que je sais à quoi m'en tenir. » Dans le fond il devait être persuadé, bien que l'empereur, assez contrit, eût approuvé la mesure prise contre Berthier, que les propos avaient été tenus réellement.

(1) Conversation avec Rœderer, 11 février 1809, *Œuvres de Rœderer*, t. III, pp. 535 et suiv.

(2) Sur la conversation de l'empereur avec Miot partant pour Naples, et qui a été publiée depuis, voici l'appréciation de Joseph lui-même : « Il ne faut pas en parler... Si elle est exacte, ce n'est pas pour qu'il l'imprime qu'elle a eu lieu. » (Note à « l'Esquisse », dont il est question plus bas).

(3) « Il est capable dans un accès, disait l'empereur, de tuer un homme. » A quoi Rœderer répondait en riant : « Sire, le roi l'a dit quelquefois, mais ce n'en est pas une bonne preuve. » (*Œuvres de Rœderer*, t. III, p. 546.) Lucien disait que les colères de Joseph, plus promptes encore que chez ses frères, étaient tout en surface (Iung, *Lucien Bonaparte*, t. II, p. 188).

des contemporains, quand ils nous parlent de sa modération, de sa physionomie ouverte, de son abord affable, même s'ils ne vont pas jusqu'à vanter « la douceur indécise et presque timide de son caractère (1) ». Ce serait lui supposer un véritable génie dans la dissimulation, et nous ne lui en croyons en aucun genre. Déjà ses maîtres le jugeaient d'un naturel aussi aimable que bien doué pour l'étude (2). Ses collègues des Assemblées, de l'Institut, se louaient de leurs rapports avec lui. Les Américains

(1) Ségur, *Histoire et Mémoires*, t. II, p. 541. Nous ne renvoyons pas aux témoignages élogieux des amis avérés de Joseph, Miot, Rœderer, Mathieu Dumas, Bigarré, Lamarque, ni aux éloges de commande qui, du moins, savaient qu'ils se mettaient dans le ton en louant sa sagesse, ou, comme à Naples, en le comparant à Titus. (« Heureux le peuple napolitain, écrit le prince Eugène, d'être gouverné par un monarque qui unit au même degré que vous la sagesse et la bonté. » A Joseph, 9 avril 1806. A. N., AF IV, 1714 B. Voir aussi les éloges de Fontanes à la séance du 11 mai 1806 du Corps législatif; de Rœderer, délégué du Sénat à Naples, etc.) Mais citons, par exemple, Méneval, *Souvenirs historiques sur Napoléon et Marie-Louise*, t. I, p. 20; d'Espinchal, *Souvenirs militaires*, t. II, p. 143; Duchesse d'Abrantès, *Mémoires* (Edit. Garnier), t. I, pp. 180, 410, 413 (éloge sans réserve.) — Joséphine, qui pourtant devait déjà se défier de son beau-frère, dit à Rœderer, le 6 novembre 1800 (*Œuvres de Rœderer*, t. III, p. 347) : « Joseph est un excellent homme, mais trop indifférent aux affaires. » De même Marmont, *Mémoires*, t. II, p. 243 : « Homme de mœurs douces, d'un esprit aimable et cultivé, sensible aux charmes de la littérature et des beaux-arts, il était fait pour l'amitié et peu propre aux grandes affaires. » Bausset (*Mémoires*, t. IV, p. 71) le montre satisfait de son existence de grand propriétaire aux Etats-Unis et estimé, grâce à « la simplicité de ses goûts, la bonté de son caractère, une vie toute patriarcale ».(Chaptal, *Souvenirs*, p. 344), très hostile aux Bonaparte, et le pamphlétaire anglais Lewis Goldsmith (*Hist. secrète du Cabinet de Buonaparte...*) lui reconnaissent du moins du bon sens, de la raison, de la modération. — Le Comte Orloff, *Mémoires sur le Roy. de Naples*, t. II, pp. 236-239 (la note XXXV, pp. 391-393, par A. Duval, est moins sévère), Mme de Rémusat (*Mémoires*, t. I, p. 130), le chancelier Pasquier le tiennent pour tout à fait nul. De même un article nécrologique virulent que lui consacre *le National*, 8 et 9 août 1844 : même hostiles, bien peu l'accusent de cacher un jeu d'ambition et d'intrigue.

(2) Rappelons, sans y attacher autrement d'importance, la lettre de l'abbé Chardon, ancien professeur d'humanités au collège d'Autun, à un collègue qui lui demandait des renseignements, 30 juillet 1823, publiée par *l'amateur d'autographes*, septembre 1899, p. 174.

du New-Jersey l'appelaient le « bon monsieur Bonaparte (1) ». Son amitié passait pour durable et sûre (2). C'est son affabilité que louent d'abord les Napolitains qui l'ont approché, même les moins bienveillants (3).

En faveur de son caractère plaide encore l'affection que lui conservèrent tous les membres de sa famille (4). S'il nous apparaît défiant et susceptible, notamment dans ses rapports avec les militaires, qui, bien malgré eux, souvent, étaient placés sous ses ordres, ce n'était pas toujours sans de fortes raisons, et si Murat, si Napoléon répètent qu'ils n'ont pas peur des généraux (5),

(1) G. Bertin, *op. cit.*, p. 116. A cette même époque, Barère (*Mémoires*, t. IV, p. 42) représente l'ex-roi exilé s'occupant utilement, « au milieu des fermiers de New-Jersey, où il exerce sa bienfaisance sans ostentation, ni vanité ». Dans ses dernières années, à Florence, un trait de sa bienveillance familière est cité par Ch. Limouzin, *Eug. Vivier, la vie et les aventures d'un corniste, 1817-1852*, Paris, s. d.

(2) Sur sa constance célèbre à l'égard de Mme de Staël, cf. Paul Gautier, *Mme de Staël et Napoléon*, Paris, 1902, pp. 33, 67. En 1805, il lui avait donné des recommandations pour son voyage d'Italie. En 1815, il est chargé de la regagner à la cause impériale. (*Ibid.*, p. 370.) V. aussi Mlle d'Arjuzon, *Joseph B. et le premier exil de Mme de Staël. Carnet hist. et milit.*, t. IV, p. 298.

(3) Ainsi Pepe, Pignatelli-Strongoli, l'auteur du *Diario Napoletano dal 1798 al 1825*, celui du « Compendio storico di quant' è avvenuto nel distretto di Rossano » (mss. de la *Società napoletana di Storia Patria*).

(4) Durant son règne à Naples, on voit Joseph s'entremettre une fois de plus pour réconcilier Lucien et Napoléon, puis aider le premier à sortir d'une crise financière. Aussi Lucien est-il généreux dans *la Vérité sur les Cent Jours*, où il montre en Joseph « l'un des esprits les plus éclairés, des cœurs les plus droits, des caractères les plus nobles qui aient jamais honoré le trône » (page 63). — « Joseph mérite tant d'être heureux, » écrivait-il à sa mère, 4 déc. 1808. (Cat. Charavay. Vente grand-duc Nicolas.) Louis, sollicité par Girardin, que Joseph avait envoyé en Hollande pour contracter un emprunt, montre un empressement parfait : « Tout ce qui m'appartient est à Joseph. Je ferai tout ce qui pourra dépendre de moi pour lui procurer la possibilité d'ouvrir un emprunt ici. Si ma garantie est nécessaire, je la donnerai et j'engagerai ma liste civile, s'il le faut. » Et, dans l'audience accordée par lui à Girardin, il répétait : « ce bon Joseph. »(Girardin à Rœderer, Ermenonville, 19 mai 1807. *Arch. Rœderer*, vol. 18, f. 289-294.)

(5) « Je ferai voir à MM. les généraux, s'écriait Murat (il s'agissait précisément de généraux auxquels venait d'avoir affaire Joseph), que moi, je n'ai besoin de personne pour commander mon armée... Le premier qui me

c'est sans doute qu'il y avait des motifs de les craindre ; on sait combien l'empereur lui-même avait peine à être obéi exactement de ses lieutenants, quand ils étaient loin de sa présence.

Ainsi, porté à l'indolence, mais capable d'en triompher, vaniteux avec une certaine candeur, très désireux de plaire et y réussissant assez souvent par sa bienveillance et sa bonne grâce, modéré par tempérament, mais capable au besoin de recourir lui aussi à la manière forte, Joseph est vraiment un Bonaparte. En dépit de son infatuation, plus bruyante que profonde, de prétentions parfois à l'encontre des intérêts immédiats de l'empereur, de récriminations réciproques, il est dévoué à son frère et reste malgré tout l'homme en qui Napoléon sait pouvoir davantage se fier. Tel nous apparaît Joseph, du moins jusqu'à ce que l'empereur l'éloigne de Naples et le jette dans des aventures pour lesquelles il était aussi peu fait que possible.

II

C'est sans aucun doute pendant son gouvernement de Naples que Joseph put le mieux donner sa mesure. Les lettres que nous possédons sur lui pendant cette période offrent donc un intérêt incontestable. Elles doivent être recueillies avec d'autant plus de soin que des essais timides ou détournés de mémoires n'ont abouti qu'à fort peu de chose.

manque, je le casse comme verre et je le renvoie en France. » (Audience à Antoine Rœderer, *Œuvres de Rœderer*, t. IV, p. 48.)

Très fier de son œuvre en Italie, Joseph avait de bonne heure songé à faire composer, sous son inspiration, une histoire de son règne. Rœderer lui écrivait en 1810 : « J'ai achevé mon grand travail sur votre gouvernement de Naples. Je n'ai plus à y ajouter qu'un tableau préliminaire, qui fasse connaître l'état où se trouvaient les choses quand Votre Majesté est entrée dans ce pays... Cet ouvrage forme un gros volume in-4° (1). » En réalité, l'œuvre annoncée n'a jamais été achevée ; les papiers de Rœderer contiennent de nombreux matériaux, dont quelques-uns ont été insérés dans ses *Œuvres*, des extraits d'économistes, notamment du célèbre Galanti, dont il avait de sa main analysé ou traduit beaucoup de passages, des données comparatives avec les autres pays : mais rien qui ressemble, même de loin, à un livre (2).

Dans les loisirs de l'exil, Joseph, à l'imitation du prisonnier de Sainte-Hélène, se préoccupe de gagner l'opinion en célébrant l'œuvre impériale : il commence par celle qui lui fut propre. De Pointe-Breeze il écrivait à Rœderer pour le remercier de l'envoi des lois de Naples, lui demander l'ouvrage qu'il avait rédigé et l'inviter à lui faire adresser par Girardin, Miot, Mathieu Dumas, Ferri-Pisani, les documents qu'ils possédaient (3). Il revenait sur cette idée avec plus d'insistance encore quand, dans le flot naissant de biographies et de mémoires, notamment les pu-

---

(1) Rœderer à Joseph, 22 avril 1810. *Œuvres de Rœderer*, t. IV, p. 31.
(2) *Notes éparses sur le royaume de Naples. Ibid*, t. IV, pp. 92-107. Une lettre au roi (p. 94) devait servir de préface.
(3) 26 novembre 1819. *Œuvres de Rœderer*, t. IV, p. 36. Les matériaux qu'il pouvait avoir réunis périrent sans doute dans l'incendie de sa maison de Pointe-Breeze, 4 janvier 1820. (Lettre à O'Meara, 10 mai 1820, *Mémoires de Joseph*, t. X, p. 235, et G. Bertin, *Joseph Bonaparte en Amérique*.)

blications de Las Cases, de Ségur, de Mme de Staël, l'œuvre des Bonaparte se trouva, selon lui, faussée ou calomniée ; c'est toujours à Naples qu'il songeait de préférence (1).

Ses secrétaires, James, Carret et de Presle, ainsi qu'un officier français devenu citoyen américain, Nancrède, furent chargés de s'aboucher avec ses anciens collaborateurs ; il était resté lié d'amitié avec presque tous : Rœderer (2), Dumas, Girardin, Jourdan (3), Lamarque, Desprez, Lucotte, Miot surtout, qui avait, « par un heureux hasard, conservé des papiers que nous avions tous perdus (4) ». — Ils durent rechercher le général Firmin Marie, naguère aide-de-camp du roi et auquel d'importants documents auraient été confiés (5). Presle avait, à Paris, classé les matériaux et commencé la rédaction, mais Joseph s'était résolu à la faire lui-même. En 1826, il envoyait à Miot une « notice » qu'il avait composée et le priait de la remettre à Rœderer, pour qu'il fît en toute franchise ses observations, « surtout à l'article de Naples (6) ».

(1) A Rœderer, Pointe-Breeze, 28 octobre 1823, 22 juillet 1824, 8 septembre 1826; lettre de Julie Bonaparte à Rœderer, Bruxelles, 28 octobre 1824, *Œuvres de Rœderer*, t. IV, pp. 38-39.
(2) Antoine Rœderer put remettre à l'ex-reine un certain nombre de papiers.
(3) Qui, en 1824, avait déjà écrit ses mémoires et en offrait à Presle communication.
(4) Presle à Joseph, Paris, 24 octobre 1824. *Mémoires du roi Joseph*, t. X, p. 409. Miot communiqua surtout son journal, d'où proviennent des extraits, parfois sensiblement différents des mémoires publiés et offrant l'avantage d'indications chronologiques suivies, formant un dossier intitulé « Extrait du Journal de M. le comte Miot de Melito pendant son séjour à Naples », 60 pages, conservé aux Arch. Nat. AF. iv, 1714 B.
(5) Esquisse sur le Royaume de Naples. — Mme Francis Roy de Pierreffitte, née Marie de Fréhaut, petite-fille du général Marie et qui possède toujours le château de Vittonville (M.-et-M.) où fut établi le majorat, a bien voulu nous dire que les papiers de son grand-père avaient été en partie perdus au départ d'Espagne, en partie brûlés depuis par accident. — Il est aussi question de l'Espagne dans ces recherches, mais au second plan.
(6) Joseph à Rœderer, Pointe-Breeze, 12 mai 1826. *Œuvres de Rœderer*, t. IV, p. 39.

Cette notice est vraisemblablement celle qui parut en 1828, en anglais, dans la *Quarterly American Review* (1), puis en français dans la *Revue Britannique* (2), avec cette mention du traducteur (anonyme). « Cette notice sur Joseph Bonaparte, frère d'un grand homme, et qui est lui-même un homme aimable et spirituel, est tirée d'un recueil périodique des Etats-Unis. On suppose généralement, en Amérique, que c'est le héros de cette histoire qui en est aussi le rédacteur. Quoi qu'il en soit, elle se distingue par un ton de simplicité et de candeur qui offre une analogie remarquable avec la grâce simple et l'aménité ordinaire de sa conversation..... Si ce n'est pas Joseph Bonaparte qui l'a écrite, il est évident du moins qu'elle l'a été sous ses yeux. » C'est par ordre de Joseph que Méneval l'avait fait insérer dans la *Revue Britannique* (3).

C'est encore avec son approbation, tout au moins, que parurent, en 1832, la *Biographie de Joseph Napoléon Bonaparte* (4), et, en 1833, *Joseph Napoléon jugé par ses contemporains* (5), œuvres (non signées) de l'avocat

---

(1) 1ᵉʳ juin 1828.
(2) 1ʳᵉ série, t. XX, pp. 71 et suiv.
(3) Méneval à Joseph, Paris, 26 août et 30 décembre 1828. *Mémoires du roi Joseph*, t. X, pp. 271 et 280. On le retrouve, et cette fois le nom de l'auteur figure en tête du livre, dans le recueil intitulé : *Bourrienne et ses erreurs ou observations sur ses Mémoires, par le général Belliard, le comte de Survilliers...*, Paris, 1830, 2 vol. — Joseph n'avait sans doute fait que revoir la « notice biographique » rédigée par Presle. (Cf. sa lettre, citée, du 24 octobre 1824.)
(4) Paris. Panégyrique publié au moment où Joseph est revenu des Etats-Unis, où il « avait vécu en véritable philosophe, faisant le bien, accueillant en père toutes les infortunes qui s'exilaient de France, et se conciliant l'estime universelle de l'Amérique de Washington » (p. 3).
(5) Paris. Réédite dans « ses parties les plus intéressantes » la biographie précédente et y ajoute des extraits d'auteurs estimés.

Louis Belmontel, un de ces républicains bonapartistes, comme on en voyait alors (1) : ce sont publications de circonstance, destinées à servir la popularité renaissante de Napoléon.

Dans ces divers écrits, le règne napolitain a la place d'honneur. C'est lui encore que glorifiait le général Lamarque, dans sa lettre lyrique au « comte de Survilliers », publiée en tête de la *Biographie* précitée : « Vous y avez réellement été le philosophe sur le trône, que Platon désirait pour le bonheur de l'humanité (2). »

C'est à Naples exclusivement que fut consacré un autre travail, élaboré dans les mêmes conditions : l'*Esquisse sur le royaume de Naples*. Le manuscrit, qui ne fut pas achevé, porte des corrections de la main de Joseph, suffisantes pour attester qu'il a suivi la rédaction de près (3). Cette esquisse est l'œuvre de Presle, qui commença

(1) Belmontel, rédacteur à *la Tribune*, célébra, en prose et en vers, la gloire napoléonienne.
(2) Paris, 27 mars 1824 ; dans la *Biographie*, pp. 28-31. Voir (*Ibid.*, pp. 31-33) une autre lettre de Lamarque à Joseph (22 févr. 1830) : « Sur le trône, vous aviez les vertus pratiques d'un philosophe, ami de l'humanité. »
(3) Arch. Nat., AFiv, 1714 B. Le titre est « Fragments de l'Esquisse ébauchée sur le royaume de Naples, auxquels M. le comte de Survilliers est prié de vouloir bien faire ou indiquer les changements qu'il jugerait convenables, et observations sur lesquelles il sera nécessaire de connaître son opinion, pour continuer cette esquisse. » Parmi les corrections de Joseph, notons qu'il supprime la conversation de Napoléon avec Miot (certifiée rigoureusement exacte par celui-ci) : « Il ne faut pas parler de la conversation de l'empereur avec M. Miot. Si elle est exacte, ce n'est pas pour qu'il l'imprime qu'elle a eu lieu. » Joseph déclare inexact un passage où l'on dit que les abus du commissaire Monglas faillirent amener le renvoi de Saliceti ; par contre, les éloges décernés à Saliceti pour sa découverte du complot de Mosca et les restrictions relatives à son indulgence pour « ces êtres qui suivent les armées comme des vampires » sont également estimés « sans but » ; en marge du récit du tumulte qui éclata lors de l'exécution de Palmieri : « sans utilité ». A propos de l'opposition au Conseil d'Etat : « Je n'ai trouvé dans le Conseil que des contrariétés d'opinion, que j'aimais à combattre. » Un seul passage développé, pour nier que Napoléon lui eût proposé l'Espagne à l'entrevue de Venise et que la mission du colonel Marie y eût rapport. Le voici *in extenso* :

en 1824 ce « résumé fait par un témoin oculaire » et dont l'ancien roi autorisait la publication, aussitôt terminé.

L'apparition des *Mémoires* de Stanislas de Girardin ne plut pas à Joseph, non plus que celle des *Histoire et Mémoires* de Ségur; leurs auteurs avaient séjourné à Naples sous son règne. Mais c'est en communion d'esprit avec lui que Mathieu Dumas, ancien ministre de la Guerre et grand-maréchal du Palais à Naples, publia en 1824-1826 son *Précis des événements militaires*, 1799-1807, dont le tome XIX contient une véritable apologie du règne (1).

Joseph cependant poursuivait sa documentation. Lamarque lui conseillait, dans la lettre citée plus haut, de rédiger ses mémoires. Mais le roi en exil, grand lecteur et conteur facile, écrivait fort peu (2). Les seules pages qu'il ait finalement rédigées, en 1830, sont le *Fragment Historique* (3), qui s'arrête précisément aux premiers moments de son installation à Naples. L'éditeur attribue cette brusque interruption à la répugnance de l'auteur à aborder les affaires d'Espagne, pour lesquelles il aurait dû avouer des dissentiments de plus en

---

« Lors de mon entrevue avec l'empereur à Venise, il me parla des troubles de la famille royale d'Espagne, comme pouvant amener des événements qu'il redoutait : j'ai assez de besogne taillée ; des troubles en Espagne ne peuvent servir que les Anglais, qui ne veulent pas de paix, en altérant les ressources que je trouve dans cette alliée pour continuer la guerre contre eux.— M. le général Marie porta en Russie des lettres et des compliments. Il me rapporta des lettres affectueuses même de l'empereur Alexandre et des compliments, et c'est tout. J. »

(1) Presle à Joseph. Paris, 24 octobre 1824. *Mémoires du roi Joseph*, t. X, p. 409.
(2) G. Bertin, *Joseph Bonaparte en Amérique*, p. 97.
(3) *Mémoires du roi Joseph*, t. I, pp. 23-108. Le fragment est daté de Pointe-Breeze, 11 avril 1830.

plus aigus avec l'empereur. Ce n'était pas une raison pour taire son œuvre à Naples, dont il était si fier. Il est plus probable que la rédaction fut interrompue par la Révolution de Juillet et le retour de Joseph en Europe. Après la mort du duc de Reichstadt, il paraît s'être désintéressé de l'action, ne montrant que fort peu de confiance en la personne et dans les procédés de celui qui reprenait alors pour son compte la propagande bonapartiste (1).

III

Tout ce travail collectif, que l'on vient de voir, n'aboutit, en définitive, qu'à des publications sommaires et incomplètes, qui firent apprécier davantage les *lettres* publiées dans les *Mémoires et correspondance politique et militaire du roi Joseph*, par le baron A. Du Casse (2). Antérieurs à la *Correspondance de Napoléon Ier*, ils ont contribué à en déterminer l'apparition, ainsi que celle d'autres collections essentielles pour l'histoire napoléonienne et dont plusieurs sont dues au même éditeur.

---

(1) On peut voir la preuve de sa renonciation dans les conseils de calme et le refus formel qu'il opposa à M. de Persigny, son hôte en avril 1835 à Londres, qui le pressait d'entrer dans la conspiration bonapartiste : « Jamais rien par une minorité factieuse. » Et il refusait de recevoir « l'ami qui lui est arrivé de Paris ». (Notes personnelles, citées par Du Casse, *les Rois frères de Napoléon Ier*, pages 82-83.) Il désapprouva hautement la tentative de Strasbourg. (*Ibid.*, p. 85.) Même, Sarrans rapportait que Joseph, ayant reçu à Londres la visite de Louis-Napoléon, priait l'auteur de rester pour lui éviter l'embarras d'un tête-à-tête avec le prince et ses « chimères ». (Taxile Delord, *Hist. du Second Empire*, t. I, p. 6.) Godefroy Cavaignac, fils d'un de ses anciens collaborateurs de Naples, qui vint à Londres en 1832, accompagné de Guinard et Bastide, avait eu avec Joseph plusieurs entretiens, sans plus de succès. (*Mémoires et corresp. du roi Jérôme*, t. VII, p. 468; Thureau-Dangin, *Hist. de la Monarchie de Juillet*, t. I, p. 404.)

(2) Paris, 1853-54, 10 vol. in-8.

Il n'est que juste de savoir gré à celui-ci de son entreprise. Sur bien des points, elle fut une véritable révélation : sur tous elle apporta du nouveau (1). Dans la suite, Du Casse donna encore quelques lettres de Joseph (2).

Presque toutes ces lettres lui avaient été communiquées par Joseph Napoléon, prince de Musignano, petit-fils du roi de Naples et de Lucien Bonaparte; elles se trouvent aujourd'hui aux Archives Nationales, série AFiv (Secrétairerie d'Etat impériale) 1714 A, B, C, D, et 1685 (3) et aux Archives de la Guerre (carton spécial coté 9/1) (4). Plusieurs des lettres imprimées présentent avec les originaux des Archives quelques divergences : elles peuvent provenir de ce que l'on aurait copié, suivant le cas, une minute ou un duplicata autre que la pièce actuellement conservée ; plus probablement elles s'expliquent par de simples négligences de copie. D'autre part, l'éditeur a laissé de côté d'assez nombreuses lettres, réunies dans ces mêmes cartons.

(1) L'importance de la publication fut tout de suite attestée par des reproductions partielles. Ainsi :
The confidential correspondence of Napoleon Bonaparte with his brother Joseph. Londres, 1855-56, 2 vol. in-8.
Achthundert bis jetzt ungedrückte Briefe, p. par Adolf Wolff. Berlin, 1855, in-16.
Memorias y correspondencia politica y militare del rey José. Bayonne, 1855, 2 vol. in-12.
(2) *Les Rois frères de Napoléon I*er, documents inédits relatifs au Premier Empire, p. par le baron Du Casse. Paris, 1883, in-8.
(3) Ce sont les lettres adressées par Joseph à l'empereur, minutes déposées aux Archives le 23 décembre 1869. Quelques autres sont en copie, dans cinq petits registres rouges (AFiv, 1714 D), dont le premier seul intéresse le sujet. AFiv, 1714 B contient un « registre de lettres aux généraux », daté du 2 février 1807 : la première lettre est datée du 30 janvier 1806 et les autres suivent régulièrement jusqu'au 19 février, puis très espacées jusqu'en août.
(4) Contenant beaucoup de lettres autographes, dont AFiv, 1714 C n'a que les duplicata.

En même temps que nous prenions soin de recueillir les lettres inédites de ce genre, qui paraissaient en valoir la peine, nous avons cru utile de comparer le texte de celles qui ont été publiées avec les originaux. Nous avons relevé d'abord, comme il était inévitable, un certain nombre de fautes, portant sur l'orthographe ou l'identification de noms propres et de termes italiens (1).

Il pourra ne pas paraître inutile de signaler quelques variantes ou de faire quelques corrections ou additions, en dehors, bien entendu, de celles qu'a déjà indiquées Du Casse lui-même (2).

Ainsi la proclamation de Joseph aux Napolitains (*Mémoires*, t. II, pp. 9-10) présente quelques divergences avec le texte imprimé au quartier général (3). Au premier paragraphe, au lieu de la courte phrase : « Mais la Cour

---

(1) Ainsi : t. II, 50, lire Ceprano pour Cipriano ; 52 Sujos, Cassino, Presenzano ; 53 Carapelle ; 60 Lanciano pour Guaciado ; 74 Caracciolo ; 99 Noce pour Nova ; 110 Rodio pour Rhodio ; 111 galériens pour italiens ; 112 et 122 *arrendamenti* ; 122 Damas pour Dumas ; 157 Pentimelle ; 163 Domni (au lieu d'*un petit village*) ; 168 Nocera ; 218 et III, 423 Lecce pour Leca ; 234 Sarpi ; 253 Scalea ; 317 Maratea et Baguenault ; 346 *arrendamenti* pour arrondissements ; 355 Amantea ; 376 Maratea ; 385 Marchand-Duchaume n'est qu'une seule personne ; 404 la lettre est datée de Caserte (au lieu de Naples) ; 422 lire Bisignano.

T. III, 106, lire Cutrò ; 109 Falsetti ; 123 Moltedo ; 164 Fiumefreddo ; 229 Gambs ; 301 *Cavallari* pour cavalerie ; 419 Afan de Rivera ; 426 séparer Mathieu et Dumas ; 431 Brice ; 432 etc. Moore ; 436 Mileto.

T. IV, 69 lire Barbara ; 73 Le Sénécal ; 84 Guiraud ; 120 tomoli ; 149 Pentimelle ; 185 La Feuillade ; 244 Laborie et Lanzetta.

T. X, 403-4 de Gambs, Chavardès, Micheletti, Costanzo.

Certaines fautes sont courantes : Hesse-Philipstadt au lieu de Philippsthal ; Bourcard ou Broccard (autre général sicilien) au lieu de Burckhardt ; Pezzo pour le Pizzo ; Waterville (régiment suisse) pour Watteville ; Saliceti.

Il ne saurait plus y avoir aucun intérêt à remplacer par une initiale les noms de Masséna et Solignac (lettres du début), du Duc de Vintimille (II, 235), Rusca (II, 346), Frégeville (II, 389), Lechi (II, 293, 313).

(2) *Les Rois frères de Napoléon Ier*.

(3) Un exemplaire à AF iv, 1714 C, en français et italien ; il est daté de Ferentino, 9 février 1806 (au lieu de Ceprano, 8).

de Naples... », il y a *mais déjà depuis vingt jours la cour était entrée dans la coalition, elle ouvrait ses Etats aux Russes et aux Anglais et préparait par la trahison une guerre à cette même France qu'elle appelait encore son amie dans le traité qu'elle ratifiait à Portici le 8 octobre* (1). Au troisième paragraphe il y a : « Ce n'est pas contre vous que sont dirigées *ces* armes. *Vos autels, les ministres de votre culte sont aussi les nôtres. Vos lois, vos propriétés seront respectées. Vos magistrats seront conservés.* Les soldats français seront vos frères. » Au quatrième, un léger changement : « L'armée française est telle que, toutes les forces promises à vos princes *par la coalition* fussent-elles sur votre territoire, *elles* ne sauraient les défendre. »

Dans l'ordre du jour aux soldats, du même jour, le texte imprimé, dans les deux langues, au quartier général, offre de notables différences avec le texte publié (II, pp. 10-11) : « L'empereur des Français et roi d'Italie », au lieu de « L'empereur, notre auguste frère et souverain » : « Vous aurez [pour les habitants]... tous les égards que vous voudriez qu'un ennemi généreux eût en pareil

(1) Cette variante indique bien plus clairement que l'empereur savait parfaitement l'existence, sinon la date absolument précise du traité secret conclu le 10 septembre 1805 entre Naples et la Russie. Ce traité secret, bien que reconnu par Ferdinand dans un acte officiel, fut nié par les écrivains bourboniens.
Un texte manuscrit, qui se trouve à Arch. Nat., AF1v, 1714 B et à Arch. Guerre, représente sans doute une première rédaction, beaucoup moins concise, de la même proclamation : « La guerre se rallume entre la France et les Deux-Siciles, et c'est la troisième fois depuis dix années.... » On y insistait sur l'existence des deux traités : « Ces deux actes sont authentiques ; le premier, passé avec les coalisés, a précédé de vingt jours celui passé avec les Français le 21 septembre. » On montrait la folie coutumière de cette cour qui, après avoir fait tomber ses sujets « sous la hache sanglante des bourreaux », « osa toucher aux armes d'Hercule ». Ce style rappellerait davantage Joseph.

cas pour vos familles et vos amis », au lieu de « que commande leur état ; nous les prenons sous notre spéciale protection ». Il y avait à la fin : « Je n'ai pas besoin de vous la recommander davantage [la modération]; l'on sait assez que le soldat français, si terrible à ses ennemis, ne voit dans les hommes désarmés que des frères (1). » Le texte suivi par Du Casse étant celui qui parut au *Moniteur*, faut-il en conclure que la censure impériale a passé par là? Pour l'ordre du jour aux soldats, on peut penser que le ton en parut trop humanitaire et qu'il exprimait aussi une hypothèse déplacée.

Joseph à Napoléon, 12 mars 1806 : à la dernière ligne, au lieu de : « Une frégate et deux corvettes y sont » (à Messine), il faut lire *sont entrées à Gaëte, où elles ont débarqué quelques troupes napolitaines et des vivres* (2).

Id. à *id.*, 14 mars 1806 : le passage relatif au général César Berthier contenait en outre ces mots : *et plein d'empressement pour mes moindres désirs* (3).

La lettre de la reine Marie-Caroline, trouvée dans les papiers du marquis Rodio, organisateur de l'insurrection, est dite absente (4) : elle est aux Archives et le comte Boulay de la Meurthe l'a publiée (5).

L'autographe de la lettre de Joseph à Napoléon, 29 mars 1806, est daté du 27. (AF<small>IV</small>, 1714 C).

(1) La signature est : le lieutenant de l'empereur, commandant en chef l'armée de Naples, Joseph Bonaparte.
(2) Lettre autographe de Joseph, Arch. Nat., AF<small>IV</small>, 1685.
(3) AF<small>IV</small>, 1714 B. Supprimé déjà dans la copie.
(4) II, 104, note et 110, note.
(5) *Quelques lettres de Marie-Caroline. Revue Hist. Diplom.*, II (1888), 541, note 4. Elle est datée du 9 octobre 1805.

La réponse de Joseph aux délégués du Sénat impérial, venus le saluer au Palais-Royal le jour de son entrée dans sa capitale (1), est abrégée et si inexactement que nous avons cru devoir la reproduire dans le présent recueil.

T. III, p. 122 (lettre à Napoléon, 13 août 1806), lire : « Les insurgés des Calabres, ce sont les malheureux auxquels on faisait espérer le pillage des riches et de Naples (2). » Et p. 180, ligne 18, au lieu de « puisque » : *ce sont des montagnes pires que Vizzavona, et* (AF IV, 1714 C). P. 218, au début de la lettre du 1ᵉʳ octobre 1806 : « Voici l'état des forces russes dans l'Adriatique. »

Plus grave est l'intercalation (III, 327), à la date du 1ᵉʳ avril 1807, d'une prétendue lettre de Joseph au duc de Feltre (titre qui suffisait à indiquer l'erreur, ainsi que les noms du général Grenier et du Corps d'observation du Midi) (3) : elle est de Murat.

La lettre du 9 avril 1807 se termine par l'annonce d'un rapport de Sicile et d'une lettre de M. Anthoine (parent de la reine Julie) et le remerclment à l'empereur « de vouloir bien me donner tous les ans cent conscrits » (AF IV, 1714 C). A la fin de celle du 10 mai suivant, ce passage : « La pièce ci-jointe paraîtra peut-être peu importante à V. M. ; elle la trouvera au moins bien bizarre et bien impertinente; j'ai fait envoyer l'auteur à Milan. » (AF IV, 1714 C) (4).

(1) *Mém.*, II, 141-2.
(2) AF IV, 1714 C. Le sens paraît différent et l'on se demande si Du Casse a voulu ménager le dogme des Bonaparte démocrates.
(3) L'ordre de Clarke à Grenier, pour constituer ce corps, est du 7 juillet 1811.
(4) Cette pièce est intitulée « formule de serment pour les Suisses » au service de Russie : c'est une profession de haine aux « principes impies et

A Reynier, 29 mai 1807, expliquant que sa position est meilleure que quelques mois auparavant : « Les *Turcs* étaient alors chancelants, Michelson étant éloigné de Naples comme vous » (AF iv, 1714 B).

A la fin de la lettre du 3 novembre 1807 : « Etat des troupes : troupes françaises 44.040, troupes napolitaines 20.653, dans les Iles Ioniennes 9.700 : 74.393 hommes » (AF iv, 1714 D). — A l'avant-dernier paragraphe de celle du 3 janvier 1808 : « Tout le royaume jouit de la plus parfaite tranquillité. » — 8 février 1808, Joseph dit, au sujet de deux mariages, qu'ils « sont de *mon* choix » et termine la même lettre par un blâme, plus énergique que dans le texte imprimé, aux généraux qui avaient accordé la capitulation de Reggio, Reynier et Cavaignac : ce dernier « a eu la bassesse de dissimuler ce titre [d'écuyer]. Il faut que ces gens-là soient bien vils et bien sots pour penser que je puisse supporter de pareils manquements » (AF iv, 1714 D).

Le 14 avril 1808, le roi dit avoir reçu, outre les lettres de l'empereur lui annonçant son prochain départ pour l'Espagne, « celle qui me charge de faire partir Lucien pour Florence ; il doit être parti aujourd'hui de Rome avec toute sa famille pour cette ville » (AF iv, 1714 D).

Les lettres de Joseph à Napoléon, que nous ajoutons aux recueils de Du Casse, sont trop peu nombreuses pour justifier, à leur occasion, une appréciation d'ensemble sur cette correspondance, l'une des plus instructives,

séditieux », suivis en France et introduits en Suisse, et l'engagement de rompre toute relation avec les Suisses soumis à ce régime « monstrueux ». La pièce fut prise sur le secrétaire de la légation russe de Lisbonne : c'est lui sans doute qu'il est question d'envoyer à Milan.

des plus attachantes et, pourrait-on ajouter, des plus piquantes qui existent. Du côté de l'empereur, à cette époque, c'est une lucidité et une précision admirables. D'abord des conseils, développés et précis, des leçons sur le placement des troupes, des vues profondes sur les effets du Code civil, sur la fragilité de l'opinion, sur la lenteur des institutions militaires à porter leurs fruits, un véritable cours d'art militaire et de haute politique, dont Joseph s'inspirait beaucoup plus qu'on ne le croit. A tout moment on retrouve cette brusquerie prime-sautière qui n'abandonnait pas Napoléon en travaillant et qui nous est décrite par ses secrétaires : allant et venant, les mains derrière le dos, s'arrêtant court et repartant, prenant un nom pour un autre, laissant à la plume, qui s'efforce fébrilement à le suivre, à rétablir ensuite la pensée (1). Semonces et marques d'affection (2), railleries et compliments se heurtent, avec les inévitables contradictions d'un esprit toujours en fermentation, qui passe d'un objet à un autre, mêle les rêves d'avenir aux visées immédiates et, trop souvent déjà, veut voir les choses comme il lui convient qu'elles soient (3). Il n'est pas douteux non plus que les conseils et le ton de l'empereur ne soient souvent adaptés au caractère de ses correspondants, aux tendances qu'il leur attribue. Il croit Joseph porté à la faiblesse, à la « métaphysique » : il lui

---

(1) C'est dans les souvenirs de Méneval, de Chaptal, surtout du baron Fain qu'apparaît le mieux la façon de travailler de l'empereur.

(2) Ainsi lettres du 23 août 1806, 4 mai 1807, 18 avril 1808, encadrant les blâmes virulents du 12 novembre 1807 (à propos de la Sicile) et du 17 février 1808 (à propos des cardinaux).

(3) De ce genre sont les variations sur les effectifs militaires, exagérés par l'empereur, quand il s'agit de prouver à Joseph qu'il doit pouvoir se

prêche la vigueur en des termes qui semblent féroces, mais peut-être ne doivent pas être pris tout à fait à la lettre. Il convient, en les lisant, de se rappeler les conseils qu'il adresse, à la même époque, à Jérôme, dont il redoute la légèreté, l'égoïsme, la prodigalité, et qu'il invite à fonder son trône « sur la confiance et l'amour de la population », à s'inspirer des « idées libérales », à être « roi constitutionnel (1) ». Il faut constater aussi que sur certains points l'empereur est mal renseigné, peut-être même, comme s'en plaignait Joseph, trompé par de « faux rapports » et « des intrigues » (2), à moins que là encore il cherche en partie à tenir le personnel de Naples en haleine. Il faut donc lire avec attention, interpréter prudemment cette correspondance, dont le caractère d'intimité, visible et expressément certifié, fait d'ailleurs un document incomparable.

Du côté de Joseph, ce que nous voyons, c'est une déférence parfois trop humble ou trop oratoire, contrastant avec des prétentions dont l'excès n'a d'égal que la facilité

---

garder, soudainement réduits, quand celui-ci demande de l'argent pour les payer : « Des sots vous diront que la cavalerie ne sert de rien en Calabre », dit l'empereur, qui n'est pas fâché de laisser des corps coûteux à la charge du royaume, mais, lorsque la guerre de Prusse les lui fait désirer, la cavalerie « ne peut rien à Naples ». De même quand il est question des revenus du royaume (au besoin même de la valeur du ducat). Il est à noter que Napoléon a parfois conseillé le premier ce qu'il blâme ensuite (la Garde, l'Ordre). Variations analogues sur les personnes : ainsi Saliceti, qu'il ne veut pas « refuser » à Joseph, puis dont il s'engoue ; après avoir recommandé qu'on l'empêche de « voler », il estime qu'il eût fait « un bon ministre des finances » ; les talents de Masséna ne lui paraissent pas bien remarquables, en attendant qu'il les juge dignes qu'on « se prosterne » devant eux ; la reine Caroline tantôt est « le crime personnifié » et tantôt ne fait que « son métier de reine ».

(1) 15 nov. 1807. *Corr.*, XVI, n° 13361.
(2) Ainsi pour Gaëte, pour les difficultés, qui n'étaient que trop réelles, de la défense des côtes et du placement des troupes, pour les états de situation, pour les réformes financières et les ressources du pays.

à en rabattre, — procédé de marchandage qu'emploient Napoléon lui-même et toute l'administration impériale, — une présomption personnelle, qui fait sourire (1), mais qui s'explique chez un souverain en apprentissage, auquel on a recommandé de parler et d'agir en maître.

La plupart des lettres que nous publions, qui ne sont pas adressées à l'empereur, le sont à des militaires. Ce n'est pas l'effet du seul hasard de nos trouvailles : Joseph mettait au premier rang, et les circonstances lui en faisaient une nécessité, ses fonctions de général en chef.

De même, si, parmi les ministres, Rœderer tient ici la plus grande place, c'est assurément grâce à la générosité de ses descendants; c'est aussi à cause de l'intérêt très direct que le roi prenait aux affaires financières et économiques (2).

Pour les autres correspondants, notre enquête, bien que méthodique, a été subordonnée encore davantage à la complaisance d'autrui et au hasard des recherches.

---

(1) Il y apporte assez volontiers des atténuations, tout aussi plaisantes, mais dont il faut lui savoir gré : « Certes, je ne suis pas un grand militaire » : « Tout le monde ne peut pas lever le siège de Mantoue comme V. M. » : « Qu'un prince confiant et bon est un grand fléau du ciel ! »

(2) Rœderer fut d'ailleurs celui des ministres qui se trouva le plus souvent séparé de Joseph (il ne l'accompagna ni dans ses tournées provinciales, ni à Venise, ni en Espagne). En dehors de ce que possèdent les dépôts publics, nous ignorons ce que sont devenus les papiers de Miot et de Mathieu Dumas; ceux de Saliceti sont actuellement dispersés, sinon tous détruits. Ceux de Gallo, récemment acquis par l'*Archivio di Stato* de Naples, compteraient dix-neuf lettres de Joseph, espacées de 1801 à 1813 (et deux de Julie). Cf. A. Lumbroso, *Catalogo dell' Archivio privato del duca di Gallo*, *Revue Napoléonienne*, n[lle] s[ie], V, janvier 1910.

IV

Les Archives Nationales de Paris nous ont fourni un grand nombre de lettres ; elles appartiennent à la série AF IV, indiquée plus haut, et à la série F¹⁰, liassés 88310 et 88314 (1), papiers de César Berthier, le frère du maréchal, et qui fut chef d'état-major général de l'armée de Naples jusqu'au 16 avril 1807, puis commandant de la division militaire de Pouille, puis gouverneur général des Iles Ioniennes ; dans l'exercice de ces trois fonctions, surtout de la première, il reçut du roi Joseph un très grand nombre de lettres, la plupart autographes, portant principalement sur des mouvements de troupes et des détails d'administration, mais très souvent intéressantes.

Quelques lettres ont été trouvées aux archives du ministère des Affaires étrangères : Correspondance, Naples 131 ; Naples suppl. 7 ; Napoléon, famille de l'empereur, lettres de divers, 1798-1812 (registre en maroquin vert, aux armes impériales, portant le n° 1797). D'autres, plus nombreuses, aux archives de la Guerre : carton cité et armée de Naples, Correspondance, 1806-1808. A celles de la Marine (versées aux Archives Nationales), quelques annotations seulement. La section des Manuscrits de la Bibliothèque Nationale ne nous a fourni que quelques lettres, contenues dans des collections d'autographes (2).

En Italie, le seul dépôt public qui nous ait offert des

(1) Cette dernière contient une table analytique des « lettres et ordres du roi », du 2 février au 28 décembre 1806.
(2) Et non portées à l'index alphabétique des noms propres : nous devons donc en avoir laissé échapper d'autres.

lettres du roi — en nombre respectable, d'ailleurs, — est l'*Archivio di Stato* de Naples, surtout dans la série *Guerra*, 1048 et 1049 (1), quelques autres aux séries *Interno* et *Finanze* (2).

Les archives privées restent toujours, pour cette époque, une des sources les plus importantes. Nous devons beaucoup, pour notre étude sur le royaume de Naples et pour cette publication, à celles qui nous ont été ouvertes si libéralement.

Nous tenons à exprimer ici toute la gratitude que nous gardons à M. le prince d'Essling et à M. Guibourg, descendant de Rœderer, dont les archives nous ont procuré la moisson la plus abondante, à Mme G. Cavaignac, à Mme la comtesse Reynier, au marquis Di Gregorio (petit-fils du duc de Noja, chambellan de Joseph), au défunt duc de Clermont-Tonnerre, ainsi qu'aux historiens et collectionneurs érudits de l'époque impériale, en particulier MM. Fréd. Masson, François Castanié, Noël Charavay, baron Alberto Lumbroso, Paul Marmottan, qui nous ont aidé à retrouver des lettres de Joseph dans des mémoires et journaux du temps, à en relever tout au moins la trace dans des catalogues de vente d'autographes (3).

(1) Papiers de l'état-major général.
(2) Aucune n'est indiquée au catalogue; par contre, F. Trinchera (*Degli archivi napoletani relazione di* —, *Naples*, 1872), note des lettres de Joseph dans le fonds du Conseil d'État de cet *Archivio* et, en fait, il ne s'y trouve que la copie de la lettre accompagnant l'envoi de la Constitution (V. ci-dessous n° 205).
(3) Beaucoup sont perdues définitivement : l'incendie de Pointe-Breeze doit avoir détruit des copies intéressantes, celui des Tuileries en 1871 des papiers de toute sorte de Joseph, et les gouvernements en ont fait disparaître certainement. Nous ne savons s'il s'en trouvait dans les 200 cartons de correspondance, détruits par Talleyrand et Méneval en 1814, mais dans la liasse de papiers de Lucien, retirée des Affaires étrangères par ordre de Napoléon III, en 1856, et qui n'y retourna point, on sait qu'il y avait 151 let-

Cette dernière recherche, par excellence ardue et fastidieuse, a visiblement été productive pour plusieurs historiens, mais le mode de communication des dépôts publics la découragerait bientôt. Observons qu'un pareil dépouillement ne peut être complet et qu'il ne saurait essayer de l'être pour une époque étroitement délimitée ; une remarque consolante est que très souvent les mêmes lettres sont repassées en vente, indiquées ou analysées de façon identique. A ce genre d'investigation se rattachait le dépouillement de *l'Amateur d'autographes*, publié par la maison Charavay (1).

Les ouvrages et périodiques suivants, qui ne sont assurément pas les seuls, contiennent des lettres de Joseph, roi de Naples. Leur liste nous paraît constituer la seule bibliographie nécessaire pour cette publication.

Archivio Storico per le Province Napoletane (Naples), t. XXXIII (1908), 274.

AURIOL (Ch.), *la France, l'Angleterre et Naples de 1803 à 1806.* Paris, 1904, in-8, t. II.

BIGARRÉ (A.), *Mémoires du général (1775-1813),* publiés par L. de la B. Paris, s. d., in-8.

BUNBURY (lieut.-général sir HENRY), *Narratives of some passages in the great war with France from 1799 to 1810.* Londres, 1854, in-8.

tres de Joseph à Lucien, Colonel Iung, *Lucien Bonaparte et ses Mémoires,* t. I, p. IV.

(1) Dépouillement facilité par la *Table générale des lettres et documents contenus dans l'Amateur d'autographes,* I (1862-74), p. en 1877, et II (1875-91) p. en 1900 par M. Tourneux. La *Revue critique d'histoire et de littérature* notamment donne l'analyse de *l'Amateur.* M. Noël Charavay a bien voulu, en outre, nous communiquer des fiches relatives à Joseph. Par contre, nous n'avons que partiellement dépouillé la *Revue des autographes.*

Les deux généraux Cavaignac, Souvenirs et Correspondance. Paris, s. d., in-8.

Diario Napoletano dal 1798 al 1825. Naples, 1899-1906, in-8, t. II.

Driault (Ed.), *Napoléon en Italie.* Paris, 1907, in-8.

Gachot (Ed.), *Histoire militaire de Masséna, la troisième campagne d'Italie*, Paris, 1911, in-8 (1).

Journal politique (de Leyde).

Jung (Th.), *Lucien Bonaparte et ses mémoires.* Paris, 1882, 3 vol. in-8, t. III.

Journal de Paris.

Koch, *Mémoires de Masséna.* Paris, 1850, in-8, t. V.

Masson (Frédéric), *Napoléon et sa Famille.* Paris, 1903, et suiv., in-8, t. IV.

Melzi d'Eril, *Memorie e documenti.* Milan, 1865, in-8, t. II.

Méneval, *Napoléon et Marie-Louise.* Bruxelles, 1843, 2 vol. in-24.

Moniteur universel.

Monitore napolitano.

Rœderer (P.-L.), *Œuvres du comte...*, publiées par Antoine Rœderer. Paris, 1856, in-8, t. IV (2).

Nous avons relevé toutes les lettres de Joseph, pendant son gouvernement à Naples (3), qui nous ont paru

---

(1) Notre recueil était sous presse quand a paru cet ouvrage, qui contient en appendice 40 lettres de Joseph à Masséna, provenant des archives du prince d'Essling et que nous y avions copiées. Nous les avons conservées (les ayant d'ailleurs annotées), sauf quelques-unes, que nous avons réduites à une analyse : pour celles-ci, nous renverrons au livre de M. Gachot.

(2) Deux lettres, qui se trouvent au t. III, sont reproduites à leur date au t. IV.

(3) En commençant toutefois à son départ pour l'Italie (9 janvier 1806) et finissant à sa renonciation officielle au trône de Naples (1er août 1808).

inédites (sans nous illusionner sur la valeur relative de ce terme), ou que nous avons rencontrées, éparses, dans des imprimés autres que les recueils de Du Casse. Nous avons négligé les pièces qui nous ont paru insignifiantes (ordres de détail, mouvements de troupes, décisions parues au *Bullettino delle Leggi*, etc.) et dressé, par ordre de dates, une liste analytique des autres. Cette liste renvoie par des numéros au Recueil où nous donnons *in extenso* les lettres les plus importantes.

Les notes porteront principalement sur les noms propres, si les dictionnaires usuels d'histoire et de géographie n'y peuvent suppléer. Elles ne donneront d'indications un peu détaillées que pour les personnages sur lesquels on ne trouve que des renseignements rares ou inexacts.

La reproduction littérale de l'orthographe est généralement estimée superflue quand il s'agit de textes de l'époque impériale. D'ailleurs, si son écriture, souvent peu lisible, pourrait intéresser les graphologues, l'orthographe du roi académicien, bien que fautive, offre rarement des particularités notables. Pour les noms propres, à plus forte raison, avons-nous toujours rétabli, autant que possible, la forme correcte.

La provenance du document est indiquée dans la liste générale, ainsi que le caractère autographe en partie ou en tout (*aut.*).

⁂

Ce complément à la correspondance déjà publiée pourra paraître trop volumineux : son poids seul sera un argument en faveur de la bonne volonté et de l'activité de Joseph qui, s'il ne pouvait lutter avec sa rivale Marie-Caroline (on prétend qu'elle écrivit quatre-vingts lettres de caractère politique en deux jours), a laissé du moins un monument épistolaire plus solide et plus cohérent (1).

J'exprime, en terminant, mes remerciements à mon ancien maître, M. Ernest Denis, qui a suivi ce travail avec une bienveillance dont je lui suis profondément reconnaissant.

(1) Rappelons ici la valeur du ducat, la monnaie napolitaine dont il sera souvent question : 4 fr. 40.

LETTRES INÉDITES OU ÉPARSES
DE
JOSEPH BONAPARTE
A NAPLES 1806-1808

LISTE ANALYTIQUE ET CHRONOLOGIQUE
DE LETTRES INÉDITES OU ÉPARSES (1)

1806

14 janvier, *St-Michel de Maurienne*. — A Napoléon. AF IV 1714 A. — Le Mont Cenis serait fermé par les neiges. — N° 1.

20 janvier, *Bologne*. — Au général de division Gouvion Saint-Cyr, nommé à l'armée de Naples. AF IV 1714 B. — Étonné d'apprendre qu'il vient de passer par cette ville, se rendant à Paris, espère que le courrier le ramènera; ton d'ailleurs affectueux : « J'espère, M. le général, que vous rendrez justice aux sentiments d'attachement et d'estime que je vous porte et dont je suis charmé de trouver l'occasion de vous donner des témoignages. »

20 janvier, *Bologne*. — Au maréchal Masséna, commandant l'armée de Naples. AF IV 1714 B. — Lui annonce qu'il vient prendre le commandement en chef de l'armée de Naples; il rejoindra Masséna à Rome, où il le prie de lui faire préparer

---

(1) Nous indiquons le grade ou la fonction du destinataire la première fois qu'il en est question. — Reg. ou R. = registre.

une maison : « J'ai avec moi sept personnes et une vingtaine de domestiques. »

28 janvier (1), *Albano*. — Au prince héréditaire de Naples, François. Ch. Auriol, *la France, l'Angleterre et Naples de 1803 à 1806*, t. II, p. 800, et Arch. Guerre, Naples, 1806. — Lui répond avec politesse, mais ne peut arrêter la marche de l'armée.

30 janvier, *Albano*. — Au général de division Reynier, commandant le corps de droite. AF iv 1714 B (Reg.) (2). — Mesures prises pour fournir ses soldats de capotes et souliers : « Agréez, je vous prie, général, l'assurance du désir que j'ai de vous être agréable, fondé sur l'estime que j'ai de votre caractère et de vos talents. »

1ᵉʳ février, *Albano*. — Au général de division César Berthier, chef de l'Etat-major général de l'armée de Naples. Comm. par Noël Charavay. — Ne tolérer au quartier général aucun Français non attaché à l'armée. Fournir un état nominatif de toutes les personnes qui se présenteront dans la journée. — N° 2.

3 février, *Albano*. — A Reynier. Arch. Guerre, 9/1. — Lettre accompagnant les instructions repr. par Du Casse (*Mém.*, t. II, p. 51) : « Agréez, général, l'expression de ma considération et de ma confiance. »

4 février, *Albano*. — A P. L. Rœderer, sénateur. *Œuvres du comte Rœderer*, t. IV, p. 8. — Nouvelles de son voyage.

7 février, *Albano*. — A Reynier. Arch. Guerre, 9/1. — Diriger sur le quartier général les courriers qui pourraient être expédiés de Paris à Ruffo, Gallo ou autre agent de la Cour. Sommer Gaëte.

9 février, *Albano*. — A C. Berthier. F¹⁰ 88314, *Aut.* — Adresser au quartier-général tous les courriers et voyageurs venant de Naples. Mesures pour la sécurité de la route de Terracine ; recommandation de ne pas laisser marcher isolément. Faire avancer le grand parc d'artillerie à Frosinone.

---

(1) Du moins est-ce dans la lettre à Napoléon, du 28, qu'il dit avoir rédigé cette réponse. La lettre du prince est également dans Auriol, t. II, p. 799.
(2) Nous désignons par cette abréviation le registre des lettres aux généraux indiqué page XXVI.

10 février, *Ceprano*. — A l'adjudant-commandant Cacault, attaché à la division Partouneaux. AF iv 1714 B (Reg.). — Reproches sévères pour avoir pris pour son service particulier des chevaux d'ambulance. — N° 3.

10 février, *Ceprano*. — Au général de division Partouneaux, du corps du centre. AF iv 1714 B (Reg.). — Sur l'incident relaté dans la lettre précédente. Eloges de la conduite du général. — N° 4.

12 février, *Teano*. — A C. Berthier. F40 88314. *Aut.* — Diriger par la route de Terracine tout ce qui arrivera sur Rome.

14 février, *Capoue*. — Au colonel de Pignatelli-Strongoli. AF iv 1714 B (Reg.). — L'avise de sa nomination comme colonel du 1er régiment d'infanterie légère napolitaine, à former : tous les officiers devront être napolitains, les soldats seront pris dans les garnisons de Capoue, Gaëte, Naples.

15 février, *Capoue*. — A C. Berthier. AF iv 1714 B (Reg.). — A autorisé la formation de quatre compagnies de canonniers napolitains et d'une de sapeurs : n'y mettre que des militaires quittant volontairement le service du roi.

15 février, *Capoue*. — A Masséna. AF iv 1714 B (Reg.). — Au sujet d'un soldat coupable d'avoir assassiné un officier. — N° 5.

15 février, *Capoue*. — A Reynier. AF iv 1714 B (Reg.). — Exiger rigoureusement l'exécution de la capitulation de Gaëte. — N° 6.

18 février, *Naples*. — Au général de division Girardon, commandant la Terre de Labour. AF iv 1714 B (Reg.). — Réprimer les abus des officiers. Voir si les environs de Capoue conviendraient pour faire cantonner de la cavalerie. — N° 7.

18 février, *Naples*. — A C. Berthier, *Ib.* — Faire délivrer au général Vallongue vingt exemplaires de la carte du royaume par Zannoni. Vallongue en enverra six au général Reynier ; Zannoni fera décalquer pour celui-ci les parties non encore gravées de la carte des Calabres. Défense de délivrer d'autres exemplaires sans autorisation du prince.

19 février, *Naples*. — A C. Berthier, F 40 88314. — Ordre du jour témoignant sa satisfaction de l'armée et rappelant la

défense d'exiger la table des habitants, de réquisitionner des chevaux et des voitures ou tout autre objet.

19 février, *Naples*. — A Masséna. Arch. Essling, R. 44, f° 75. — Sur le soldat assassin signalé précédemment. Mesures de police à prendre à l'égard des troupes à Naples. — N° 8.

1er mars, *Naples*. — Au général de division Dulauloy, commandant l'artillerie, AF iv 1714 B (Reg.). — Veut mettre fin aux réquisitions de voitures pour transports militaires. — N° 9.

1er mars, *Naples*. — Au marquis de Beauharnais, ministre de France en Étrurie. Aff. étr., Papiers Bonaparte 1797, f° 90. — Bâtiments napolitains à Livourne ne pouvant faire retour, parce qu'il n'y a personne pour les expédier: le prie de charger le commissaire des relations commerciales de France de faire le nécessaire.

2 mars, *Naples*. — A Decrès, ministre de la Marine de l'Empire. Arch. Marine, BB³ 267, f° 331. *Aut.* — Réclame des bâtiments. — N° 10 (Extrait).

2 mars, *Naples*. — A Masséna. Arch. Essling, R. 44, f° 124 bis. *Aut.* — Envoyer des détachements à Nola, où un Français a été assassiné, et à Torre dell'Annunziata, où on opérera le désarmement. — N° 11.

4 mars, *Naples*. — A Reynier. AF iv 1714 B (Reg.). — Envoi de biscuits (1).

12 mars, *Naples*. — A Dulauloy, AF iv 1714 B (Reg.). — Un officier d'artillerie ira examiner les points de la côte, de Castellamare à Reggio, où il conviendrait d'établir des batteries. Il suivra les mouvements du corps de Calabre.

19 mars, *Gaëte*. — A Rœderer. Œuvres du comte Rœderer, t. IV, p. 8. — « La Calabre est entièrement conquise ; Naples est aussi tranquille que Paris. » Demande à l'empereur Rœderer et Collin (conseiller d'État).

24 mars, *Naples*. — A Napoléon. AF iv 1714 C. — Offre un sabre de fabrication napolitaine. — N° 12.

5 avril, *Persano*. — A Reynier. Arch. Guerre, 9/1 *Aut.* — Promesse d'employer son frère. La région de Nicastro

---

(1) Plusieurs autres lettres à ce sujet (14, 23 mars).

et Cosenza fort agitée. Y envoyer des troupes. Lui-même s'y rend. Le gouverneur de Scigliano « fort affectionné à la France ».

7 avril, *Lagonegro*. — A Masséna; Arch. Essling, R. 44, f° 180. *Aut.* — Verdier a dispersé les insurgés de Soveria. — N° 13.

7 avril, *Lagonegro*. — A Francesco Melzi, chancelier garde des sceaux du royaume d'Italie, dans MELZI D'ERIL, *Memorie e Documenti*, t. II, p. 460. — Lui promet sa bienveillance pour son beau-frère et l'assure de son attachement. — N° 14.

9 avril, *Rotonda*. — A Saliceti, ministre de la Police générale à Naples. AF IV 1714 B. — Projet pour réduire le nombre des mendiants à Naples. — N° 15.

9 avril, *Rotonda*. — A Mathieu Dumas, ministre de la Guerre AF IV 1714 B. — Ordre de fixer le prix des rations que les communes fournissent aux troupes pour le compte de l'entreprise générale des vivres, opération qui soulève beaucoup de discussions : « Les universités continuent à être victimes des agents de l'administration. »

10 avril, *Bisignano*. — A Masséna. Arch. Essling, R. 44, f° 182 *bis*. — Empêcher les rixes entre habitants de Naples et garnison. Se loue de l'accueil qu'il reçoit. Demande l'état des prisonniers et galériens à faire partir. — N° 16.

14 avril, *Scigliano*. — A Masséna. *Ib.*, f° 184 *bis. Aut.* — Recommandations pour Gaëte, satisfaction à l'égard des Calabrais. — N° 17.

16 avril, *Palmi*. — A Masséna. *Ib.*, f° 186. *Aut.* — Satisfaction continue. — N° 18.

18 avril, *Reggio*. — A Masséna. *Ib.*, f° 187. *Aut.* — Expédition de « galériens ». Habitants satisfaits de sa proclamation comme roi. — N° 19 (¹.

19 avril, *Reggio*. — A Masséna. *Ib.*, f° 188. *Aut.* — Toujours satisfait des habitants. — N° 20.

19 avril, *Reggio*. — Au général Lamarque, sous-chef de l'État-major général. AF IV 1714 B. — Ordre de hâter le départ des « bouches à feu, munitions et outils nécessaires

(1) Dans ED. GACHOT, *op. cit.*, ces trois dernières lettres ont des paragraphes intervertis de l'une à l'autre.

à l'armement de la côte depuis Salerne jusqu'à Reggio ».

19 avril, *Reggio*. — Au général Campredon, commandant en chef le génie. *Ib.* — Lui envoie des officiers du génie pour l'informer de l'état d'abandon de la côte et de la nécessité d'y élever des batteries. Se hâter de mettre quelques grosses pièces au cap de la Licosa.

19 avril, *Reggio*. — Au prince de Pignatelli-Cerchiara, ministre de la Marine. *Ib.* — Lui accorde un crédit supplémentaire de 10.000 ducats.

23 avril, *Squillace*. — A Masséna. Arch. Essling, R 44, f° 190 *bis*. *Aut.* — L'appuie de son mieux près de l'empereur (affaire de Vénétie). — N° 21.

24 avril, *Catanzaro*. — A Masséna. *Ib.*, f° 190 *ter*. *Aut.*, et *Archivio Storico per le Province napoletane*, t. XXXIII (1908), p. 274. — N° 22.

25 avril, *Catanzaro*. — A François de Beauharnais. Aff. étr., Papiers Bonaparte 1797, f° 90 *bis*. — Le remercie de ses félicitations pour son avènement.

26 avril, *Cotrone*. — Au marquis de Gallo, ministre des Affaires étrangères. AF iv 1714 B. — Demande un travail sur les ordres de chevalerie du royaume.

27 avril, *Rossano*. — A Reynier. Arch. guerre, 9/1. — Met 10.000 francs à sa disposition pour ouvrir immédiatement le chemin reconnu par M. de Ségur. Peut y employer des paysans, en les payant, et des soldats.

28 avril, *Rossano*. — A Masséna. *Ib. Aut.* — Lui envoie le lieutenant de frégate Bausan. « L'artillerie part à force de France. » Promet des biscuits.

28 avril, *Cariati*. — A Reynier. *Ib. Aut.* — Envoyer un régiment à Matera, où il relèvera le 14° léger, nécessaire dans les Abruzzes.

28 avril, *Rossano*. — Au maréchal Marmont. *Revue des autographes*, mai 1881 (analyse). — Annonce son avènement : « Je suis très satisfait de l'accueil des provinces que je viens de parcourir. »

1er mai, *Rocca Imperiale*. — Au général Cavaignac. *Les deux généraux Cavaignac*, p. 23. — L'invite à continuer auprès de lui ses fonctions d'écuyer.

3 mai, *Tarente.* — A Masséna. AF iv 1714 B. et Arch. Essling, R. 44, f° 196. — Fonds à remettre au général Lacour, devant Gaëte, pour une négociation secrète. — N° 23.

3 mai, *Tarente.* — Au même. AF iv 1714 B. *Aut.* — Désire qu'il prenne sous son commandement les deux régiments napolitains : « Je vous les recommande particulièrement, et je ne doute pas que sous vos yeux ils ne fassent bientôt des progrès. »

3 mai, *Tarente.* — Au maréchal Jourdan. *Ib.* — Lui adresse ses lettres de service comme gouverneur de Naples.

3 mai, *Tarente.* — A Talleyrand, ministre des Affaires étrangères de l'Empire. Aff. étr., Naples 131, f° 93. *Aut.* — Remerciements pour la notification de son avènement et pour ses félicitations. — N° 24.

4 mai, *Tarente.* — A C. Berthier. F^{40} 88314. — Prescrit une enquête sur l'arrestation, par un sergent de garde au port, sur l'ordre d'un officier français, du chevalier Caracciolo, un des chefs du tribunal de santé.

4 mai, *Tarente.* — Au ministre de la Marine. AF iv 1714 B. — Se réjouit de l'annonce de Forfait, un des ingénieurs du camp de Boulogne. Se hâter de construire des chaloupes.

7 mai, *Minervino.* — Au général Duhesme, commandant la Basilicate. *Ib.* — Sur un sieur Spada, « auquel le préfet de Matera a dû donner l'ordre de remettre sa recette au sieur Courtois et de se rendre à Naples, pour rendre ses comptes. »

7 mai, *Cerignola.* — Réponse aux députés des cités de Pouille. *Monitore Napolitano*, 16 mai 1806 (en italien). — Promet justice et protection. Nécessité d'une armée nationale. Rendra compte de l'emploi des impôts. — N° 25.

8 mai, *Foggia.* — A Masséna. Arch. Essling, R. 44, f° 203, *Aut.* et AF iv 1714 B. — Approuve les mesures prises pour Gaëte. — N° 26.

8 mai, *Foggia.* — A C. Berthier. F^{40} 88314. — Du général Lucotte (chef d'état-major du gouvernement de Naples) : « Vous savez que je suis très content de lui, mais je suis bien aise qu'il serve à l'expédition... »

9 mai, *Foggia.* — A C. Berthier. F^{40} 88314. — Envoyer

Lamarque et Cacault à Gaëte, Frégeville à Paris. Gouvion Saint-Cyr pourvoira au remplacement de ses subordonnés.

10 mai, *Caserte*. — A C. Berthier. F⁴⁰ 88314. — Annonce son retour pour le lendemain ; a écrit directement à Jourdan « qui, dans sa qualité de gouverneur de Naples, ne doit avoir de rapports qu'avec moi ».

11 mai. *Naples*. — Réponse au discours des délégués du Sénat de l'Empire. *Rapport* sur la mission confiée aux sénateurs Rœderer, Pérignon et Férino, Naples, 16 mai 1806, impr. par ordre du Sénat ; reprod. dans *Œuvres du comte Rœderer*, t. III, pp. 523-526 ; en italien dans *Monitore Napolitano* et dans *Moderatore* du 16 mai 1806 (1). — Nº 27.

12 mai, *Naples*. — Au général Dulauloy. AF ɪᴠ 1714 B. — Gouvion Saint-Cyr se plaint de n'avoir pas un seul canonnier à Pescara : « Une escouade d'artillerie française, la seule que l'on ait envoyée dans les Abruzzes, ne suffit pas au siège de Civitella del Tronto. »

15 mai, *Naples*. — A Reynier. Arch. Guerre, 9/1. — Lui annonce « avec beaucoup de plaisir » sa nomination de grand officier de la Légion.

16 mai, *Naples*. — A C. Berthier. F⁴⁰ 88314. — Mander à Naples, pour rendre compte de leur conduite, le général Frégeville, commandant la Pouille, et le capitaine Mathieu, commandant de place à Sessa.

19 mai, *Naples*. — A C. Berthier. *Ib*. — Nomination des généraux Ottavi, de Gambs, Caracciolo au commandement des provinces de Lecce, Chieti, Matera. Congé de vingt jours au général Lacour malade. « Le général Strongoli-Pignatelli sera employé sous les ordres du général Reynier, auquel je désire que le chef d'état-major le recommande. »

19 mai, *Naples*. — A Masséna, Gouvion Saint-Cyr, Reynier, commandant les trois divisions militaires. AF ɪᴠ 1714 B. — Circulaire sur l'organisation des gardes provinciales. — Nº 28.

22 mai, *Naples*. — A Masséna. Arch. Essling, R. 44, fº 221.

(1) Nous nous sommes reporté aussi au texte manuscrit, de la main de Deslandes. Papiers Rœderer, vol. 25.

Aut. — Fournir une escorte au marquis de Gallo arrêté à Rome. — N° 29.

23 mai, *Naples.* — A Masséna. Arch. Essling, R. 44, f° 224. — Dispositions pour le siège de Gaëte. — N° 30.

25 mai, *Naples.* — A Alquier, ambassadeur de France à Rome. Arch. Guerre, Naples, 1806. — Le cardinal Ruffo (de Scilla), archevêque de Naples, avait précédemment refusé de faire chanter pour l'empereur et n'avait cédé que sur le conseil du Saint-Siège. Aujourd'hui, il a refusé le serment de fidélité : « Je lui ai fait donner l'ordre de quitter sur le champ mes Etats. » En avertir le Pape et faire connaître ses dispositions, car Joseph se propose de nommer un nouvel archevêque.

27 mai, *Naples.* — A C. Berthier. F40 88314. — Ordre au colonel Goriz, commandant le 14ᵉ léger, d'aller renforcer Verdier avec 4 à 500 h. de son régiment.

30 mai, *Naples.* — A C. Berthier. *Ib.* — Mettre à l'ordre du jour la prise de Civitella del Tronto et la belle action du sous-lieutenant Malsrit et de son détachement polonais, qui au cap Tumulo, le 8 mai, ont repoussé deux « lances » ennemies.

31 mai *Naples.* — A Napoléon. Arch. Guerre, 9/1. *Aut.* — Annonce le colonel Lafon-Blaniac. — N° 30 *bis.*

31 mai, *Naples.* — A C. Berthier. AF IV 1714 B. *Aut.* — Mesures relatives à des abus commis dans la division Frégeville et dénoncés au pont du Garigliano. — N° 31 (extrait).

31 mai, *Naples.* — Au général de Frégeville. AF IV 1714 B. — Le félicite de la prise de Civitella, dont il a reçu la relation avec les drapeaux. L'arrangement des affaires avec la Russie rassure sur le danger d'un débarquement sérieux. Cependant être prêt à faire face sur tous les points, exercer les cavaliers à la manœuvre du canon.

Mai, *Naples.* — Au ministre de la Marine. *Ib.* — Batteries et signaux à établir sur la côte de Salerne à Reggio.

2 juin, *Naples.* — A C. Berthier. F40 88314. — Ne veut plus du logement chez l'habitant à Naples : les officiers recevront une indemnité.

5 juin, *Naples.* — A Alquier. AF IV 1714 B. — Affaire du

cardinal Ruffo de Scilla et désignation d'un vicaire général pour le remplacer à Naples. — N° 32.

13 juin, *Naples*. — A Napoléon. AF ıv 1714 A. *Aut.* — Ordre honorifique à établir. — N° 33.

14 juin, *Naples*. — A J.-B. Cavaignac, directeur général des Domaines. Arch. Cavaignac. — Demande quel serait le revenu moyen des biens dont la suppression est projetée.

20 juin, *Naples*. — Au cardinal Fesch. Catal. Charavay (vente 14 février 1887). — Rapports avec le Saint-Siège. — N° 34.

27 juin, *Naples*. — A Napoléon. AF ıv 1685. — Félicitations pour le mariage de Stéphanie de Beauharnais avec le prince de Bade. — N° 35.

27 juin, *Naples*. — A Masséna. Arch. Essling, R 44, f° 260. — Envoi de renforts devant Gaëte. — N° 36.

30 juin, *Naples*, — A J.-B. Cavaignac. Arch. Cavaignac. — — Demande comment va l'administration des Domaines. — N° 37.

2 juillet, *Naples*. — A C. Berthier. F^{40} 88314. — Avertir l'adjudant-commandant Fournier (Sarlovèze), employé au siège de Gaëte, de l'étonnement du roi de le voir à Naples.

3 juillet, *Naples*. — A Masséna. Arch. Essling, R 44, f° 278. *Aut.* — Envoi de canonnières et d'artilleurs devant Gaëte, recommande le bataillon du 1er napolitain. — N° 38.

3 juillet, *Naples*. — Au même. *Ib.*, f° 280. — Quand pourra commencer le feu devant Gaëte ? — N° 39.

3 juillet, *Naples*. — Au même. *Ib.*, f° 282. *Aut.* — Presser le siège de Gaëte, Reynier annonçant qu'une expédition anglaise se prépare en Sicile. — N° 40.

3 juillet, *Naples*. — Au même. *Ib.*, f° 279. *Aut.* — Heureux que le bombardement puisse commencer. Renforts. — N° 41.

4 juillet, *Naples*. — Au même. *Ib.*, f° 282. *Aut.* — Annonce six chaloupes canonnières et quatre cents Napolitains avec le général Caracciolo. — N° 42.

6 juillet, *devant Gaëte*. — A Napoléon. AF ıv 1714 C. *Aut.* — Est venu assister à l'ouverture du feu. Escadre anglaise en présence. — N° 43.

9 juillet, *Naples*. — A Masséna. Arch. Essling, R. 44, f° 308

bis. *Aut.* — Mauvaises nouvelles de Reynier. La prise de Gaëte devient d'une importance capitale. — N° 44.

9 juillet, *Naples.* — A C. Berthier. F⁴⁰ 88314. *Aut.* — Série d'ordres concernant la mise en défense des places et le placement des troupes : Gouvion Saint-Cyr enverra à Naples le 14ᵉ léger, les 24ᵉ et 28ᵉ de dragons et concentrera le reste de ses troupes à Pescara, Civitella, Manfredonia, Barletta, Tarente. Reynier fera sa jonction avec Verdier à Cosenza ; ceux de ses détachements, qui ne seraient pas dans des places capables de tenir six semaines, auront ordre de se réunir et de percer sur Cotrone, pour rejoindre le corps d'armée. Mermet sera prêt à marcher en masse sur tout point de débarquement (1).

11 juillet, *Naples.* — A C. Berthier. F⁴⁰ 88314. *Aut.* — Faire payer par préférence les officiers ordinaires avant les généraux et les officiers sans troupes, et avant les frais de table.

11 juillet, *Naples.* — A Masséna. Arch. Essling, R 44, f° 327. *Aut.* — Bonnes nouvelles de Verdier, point de nouvelles de Reynier. — N° 45.

12 juillet, *Naples.* — [A. C. Berthier]. AF ɪv 1714 B. — On a envoyé à Gaëte des canonniers anglais. Il faut accroître l'approvisionnement du siège en poudre. Envoie le colonel Marie à Ancône, pour demander celle qui pourra encore s'y trouver et l'envoyer, au besoin par la poste.

12 juillet, *Naples.* — A Masséna. Arch. Essling, R. 44, f° 337. *Aut.* — Zèle à fournir au siège de Gaëte le matériel demandé ; nécessité de « précipiter » les opérations. — N° 46.

12 juillet, *Naples.* — Au même. *Ib.*, f° 338. *Aut.* — Envois pour le siège. Verdier a battu encore les insurgés, mais il n'avait pas de nouvelles de Reynier. — N° 47.

12 juillet, *Naples.* — Au même. *Ib.*, f° 340. *Aut.* — Le presse toujours d'en finir avec Gaëte et l'assure de sa confiance. — N° 48.

12 juillet, *Naples.* — Au prince Eugène, vice-roi d'Italie. AF ɪv

---

(1) Tous ces ordres sont autographes, ainsi que beaucoup d'autres, que nous négligeons, de la même époque : siège de Gaëte, départ de troupes pour la Calabre, changements dans les commandements de provinces.

1714 B. — Urgence extrême de poudre pour Gaëte. — N° 49.

12 juillet, *Naples*. — Au capitaine Tascher de la Pagerie, adjoint du Palais. AF IV 1714 B. — Le charge de la mission (indiquée dans la lettre précédente) auprès du vice-roi, lui recommandant le plus grand zèle ; il ne devra pas tenir compte de la poudre que pourra obtenir à Ancône le colonel Marie ; expédiera la moitié de ce qu'il recevra par la poste.

15 juillet, *Naples*. — A Masséna. Arch. Essling, R. 44, f° 357. *Aut.* — Fait renforcer Terracine : y envoyer un officier. Tâcher « d'enlever » Gaëte le 17. — N° 50.

18 juillet, *Naples*. — Au même. *Ib.*, f° 362. *Aut.* — S'en remet complètement à lui des mesures à prendre pour faire céder Gaëte. Débarquement anglais à Sapri. — N° 51.

18 juillet, *Naples*. — Au même. *Ib.*, f° 363. *Aut.* et GACHOT, p. 390. — Approuve d'avance la capitulation de Gaëte. —

18 juillet, *Naples*. — A Napoléon. Arch. Guerre, 9/1. *Aut.* — Gaëte rendue demain. — N° 52.

19 juillet, *Naples*. — Au même. *Ib.*, f° 366 *bis*. *Aut.* — Approuve la capitulation et tout ce qu'a fait Masséna. Campredon ira rendre compte à l'empereur. — N° 53.

20 juillet, *Naples*. — Circulaire aux colonels des 1er, 10e et 62e de ligne, 24e et 28e de dragons, Légion Corse, pour qu'ils envoient un contingent à la Garde royale. F^{10} 88314. *Aut.*

22 juillet, *Naples*. — Ordre du jour aux troupes du siège de Gaëte. *Journal de Paris* du 18 août 1806. — N° 54.

26 juillet, *Naples*. — A Masséna. Arch. Essling, R 44, f° 366 *ter*. *Aut.* — Lui restitue un prêt de 100.000 fr. — N° 55.

27 juillet, *Gaëte*. — A C. Berthier. F^{10} 88314. — Ne veut pas former un état-major particulier pour le corps de réserve (commandé en personne par le roi).

27 juillet, *Caserte*. — A Masséna. Arch. Essling, R. 44, f° 367. *Aut.* — Le corps d'armée confié à Masséna ne pourra avoir que 18.000 h. à peine, avec 12 généraux. Crédits et traitement fixés. — N° 56.

29 juillet, *Naples*. — A C. Berthier. F^{10} 88314, *Aut.* et AF IV 1714 B. (Reg.). — Ordre au général Mermet, com-

mandant la province de Salerne, d'envoyer 300 hommes avec le commissaire désigné par le ministre de la Police, pour désarmer toutes les villes entre Naples et Salerno et y arrêter les principaux rebelles. Autre colonne, partant de Naples le même jour, chargée de la même opération dans la montagne dominant le golfe de Naples : elle rejoindra la première à Amalfi.

29 juillet, *Naples.* — A Masséna. Arch. Essling, R. 45, f° 372. *Aut.* et AF IV 1714 B. — Hâter la jonction avec Verdier, puis avec Reynier. Opérations facilitées par la paix signée avec la Russie ; sévérité nécessaire. — N° 57.

29 juillet, *Naples.* — Au général Verdier. AF IV 1714 B. — Verdier affecté au corps Masséna. Éloges sur sa fermeté. Paix avec Russie. Promesse de renforts. — N° 58.

31 juillet, *Naples.* — A Masséna. Arch. Essling, R. 44, f° 375. *Aut.* et AF IV 1714 B (Reg.). — Le 6ᵉ de ligne, seul corps qui reste disponible, est en marche vers Salerne, pour être échelonné de là jusqu'à la Chartreuse de la Padula, assurant ainsi les communications du corps d'expédition jusqu'à Lagonegro : « C'est l'affaire du général d'Espagne et j'en fais aussi la mienne. Il n'y a pas un instant à perdre pour marcher au secours du général Reynier. »

Juillet, *Naples.* — Au général Reynier. Signalée dans une lettre de Boothby (*Under England's flag*, Londres, 1900, p. 95 et 96, note)(1), du 24 juillet 1806 : il dit avoir vu cette lettre, interceptée, et qu'elle donnait à Reynier l'ordre formel de se retirer sur Cassano ; le roi s'affligeait de la conduite des troupes, leur rappelait qu'elles étaient françaises, ajoutant qu'il n'instruirait pas l'empereur de leur conduite avant qu'elles ne l'eussent réparée.

1ᵉʳ août, *Naples.* — A C. Berthier. F⁴⁰ 88314. — Ordre aux 1ᵉʳ, 6ᵉ, 10ᵉ, 20ᵉ, 62ᵉ, 101ᵉ de ligne, 14ᵉ et 32ᵉ légers, de fournir un chiffre (indiqué pour chacun) de voltigeurs pour la Garde royale : « Ces hommes doivent être pris dans les

(1) Peut-être s'agit-il de la lettre de C. Berthier à Reynier, du 8 juillet, interceptée et publiée dans les *Notizie Officiali, Armata britannica in Calabria*, n° 4 (27 juillet 1806), qui est dans ce ton : « S. M. a été vivement affectée et encore plus surprise de la conduite des troupes, qui a rendu vos bonnes dispositions nulles. »

compagnies de voltigeurs et choisis parmi les chevrons et les meilleurs sujets. »

2 août, *Naples.* — A Masséna. Arch. Essling, R 45, f° 97. *Aut.* — Général Verdier parti ce matin de Matera pour être à Cassano le 4 ou le 5 ; il importe que Castrovillari soit occupée à cette époque. Le 25 juillet, Reynier était en avant de Catanzaro.

4 août, *Naples.* — A C. Berthier. F⁴⁰ 88314. *Aut.* — « Je me décide à partir pour la Padula, où vous pouvez me rejoindre », ainsi que Lamarque, Dulauloy, Arcambal, quand ils auront assuré leur service. 20.000 ducats seront mis à la disposition de l'artillerie.

5 août, *Chartreuse de S. Lorenzo della Padula.* — A Masséna. Arch. Essling, R. 45, f° 101. *Aut.* — Demande de nouvelles. Désarmer rigoureusement. Regrets de la mort du général Degiovianni. Espoir de paix avec l'Angleterre. — N° 59.

6 août, *S. Lorenzo della Padula.* — A Masséna. Arch. Essling, R. 45, f° 101 bis, *Aut.* et AF iv 1714 B. — Envois divers. Marche sur Salerne, menacée d'un débarquement. Après sa jonction avec Reynier et Verdier, prendra Cosenza comme centre. — N° 60.

6 août, *S. Lorenzo della Padulla.* — A Napoléon. Arch. Guerre, 9/1. *Aut.* — Mermet, vainqueur des insurgés du Cilento, s'est réuni à Gardanne et marche sur Castrovillari. Lui-même retourne à Salerne où un corps de 4 à 5.000 h. fait mine de débarquer.

7 août, *S. Lorenzo della Padula.* — A Masséna. AF iv 1714 B. — L'empereur annonce que la paix, avec cession de la Sicile à Joseph, sera signée dans dix jours ; sinon, il enverra un renfort de 20.000 hommes par Ancône : « Il paraît que ce renfort serait suivi par un autre de 10.000, qui précéderait l'empereur lui-même. » Tout subordonner à la jonction avec Reynier et Verdier. La conduite à tenir ultérieurement dépendra des événements d'Europe.

7 août, *Eboli.* — Au même. Arch. Essling, R. 45, f° 102. *Aut.* et Gachot, p. 392. — Envoie la loi abolissant la féodalité et 4.000 ducats. Va envoyer 100.000 rations de biscuit,

de l'eau-de-vie, 200 fournitures d'hôpital, des chirurgiens. Demande ce dont il a encore besoin. Le détachement de 600 hommes, qui escortera le convoi, n'ira que jusque Lagonegro et reviendra à Nocera, d'où un autre détachement de même force partira cinq jours après pour rejoindre Masséna. La garnison de Capri n'a pas bougé.

9 août, *Naples*. — Au même. Koch, *Mém. de Masséna*, t. V, p.426, et Gachot, p.392. — Recommandation de ne se compromettre avec les Anglais qu'à forces à peu près égales, de ne pas « s'enfourner » au fond de la botte, d'exécuter le décret « à la rigueur », de pendre les chefs au lieu de les fusiller.

9 août, *Naples*. — Au même. Arch. Essling, R. 45, f° 103 *Aut.* et AF iv 1714 B (Reg). — Le presse de hâter la jonction avec Reynier. Placement des troupes pour la correspondance. Lui-même se rend à Vietri. Estafette journalière. Renforts nous arrivent. Mesures de répression.

9 août, *Naples*. — A Reynier. AF iv 1714 B (Reg.). — A reçu sa lettre de Cassano du 3 août. Il doit avoir été rejoint par Verdier, et Masséna doit être aujourd'hui à Castrovillari : « Je vous sais gré de la constance et de la persévérance avec laquelle vous vous êtes soutenu dans ces circonstances difficiles. »

9 août, *Naples*. — Au général Verdier. *Ib.* — Encouragements. — N° 62.

10 août, *Castellamare*. — A Masséna. Arch. Essling, R. 45, f° 103 *bis. Aut.* — Espère que sa lettre le trouvera au-delà de Castrovillari, la jonction faite avec Reynier. Etablit une estafette qui partira tous les jours à midi de Naples pour le quartier-général de Masséna. Ignore la situation de Reynier et si les garnisons de Scilla et Reggio ont pu tenir. Lui a envoyé la veille Marius Clary avec des lettres. Attend à chaque instant des nouvelles décisives de la négociation de paix.

11 août, *Vietri*. — A Masséna. Arch. Essling, R. 45, f° 105, *Aut.* et Gachot, p. 392. — Nouvelles de Sicile portant que quatre régiments y sont arrivés, le 24 juillet, d'Angleterre. Bruit d'un débarquement projeté du côté de Naples. Ici on est en état de faire face, mais lui recommande la prudence :

« Empêchez que l'on ne brûle les villages », Reggio et Scilla ont capitulé le 28 juillet; donc ne plus s'enfoncer dans la botte : « Prenez une bonne position. Occupez Cosenza, si vous le jugez nécessaire. » Convoi de biscuits attaqué par les « brigands » à Sicignano.

12 août, *Castellamare*. — A Masséna. Arch. Essling, R. 45, f° 107. *Aut.* et AF ɪv 1714 B. — L'affaire Ardent arrangée. Félicitations pour la prise de Lauria. Exemples à faire. — N° 63.

12 août, *Castellamare*. — A C. Berthier. F⁴⁰ 88314. *Aut.* — Ignorait que le général Lemarrois, dont on annonçait un voyage dans les Abruzzes, fût chargé d'aucune opération militaire : « Le général Dombrowski lui a bien répondu. »

15 août, *Naples*. — Au même. Arch. Naples, Guerra 1048. *Aut.* — Ordre d'arrêter l'évêque de Lauria, complice de la révolte. — N° 64.

15 août, *Naples*. — A Masséna. AF ɪv 1714 B. — Marius Clary, arrivé la veille au soir, lui a donné des nouvelles de Masséna. Depuis l'arrivée à Paris de lord Lauderdale, la paix paraît imminente : les Anglais abandonneraient la Sicile.

16 août, *Naples*. — A C. Berthier. Arch. Naples, Guerra 1048. — Le général Lamarque laissera 300 hommes du 6ᵉ de ligne à La Padula et fera porter le reste du régiment vers la tour de la Licosa; il laissera 400 hommes du régiment napolitain à Castelluccio et marchera avec le reste de ses détachements sur le même point ; le commandant Capitaine avec 300 hommes de la Garde partira ce soir de Naples pour rejoindre les 130 hommes déjà expédiés par le général Montbrun pour la même destination. Lamarque combinera le mouvement de ces trois colonnes pour dégager ce poste, attaqué par une escadre anglaise, et pour nettoyer le Cilento, infesté par des brigands débarqués de cette flotte : « Le général Lamarque prendra ses mesures pour faire vivre ses troupes avec ordre et régularité. »

16 août, *Naples*. — A C. Berthier. F⁴⁰ 88314. — Retirer aux 14ᵉ et 22ᵉ légers, 6ᵉ, 20ᵉ, 29ᵉ, 52ᵉ, 101ᵉ, 102ᵉ de ligne leurs compagnies de grenadiers et les compagnies d'élite des 4ᵉ et 25ᵉ chasseurs, à compter du 1ᵉʳ août dernier, pour passer au

régiment de grenadiers et au régiment de chevau-légers de la Garde royale. Les chefs de corps en formeront de nouvelles. Mettre à l'ordre des félicitations au génie, artillerie et autres troupes du siège de Gaëte. Chaque régiment recevra quatre décorations de la Légion d'honneur pour les officiers, quatre pour les sous-officiers et soldats.

17 août, *Castellamare*. — [A Dubois-Thainville, consul général de France à Alger]. AF IV 1714 B. — Négociation à entamer pour l'échange des Napolitains esclaves en Alger. — N° 65.

17 août, *Castellamare*. — A C. Berthier. F40 88314. — Ne pas prendre trop d'anciens soldats aux régiments français pour la Garde royale : accepter dans les contingents non encore fournis moitié de jeunes gens de la dernière levée, pourvu qu'ils soient de bonne taille et bons sujets.

19 août, *Castellamare*. — A Masséna. Arch. Essling, R. 45, f° 118. *Aut.* et AF IV 1714 B. — Lui annonce des renforts, attend de ses nouvelles avec impatience, demande s'il a reçu l'argent envoyé et la loi sur la féodalité. Les négociations de paix continuent. Quelques débarquements ennemis au Cilento, une escadre de 20 bâtiments en vue.

19 août, *Castellamare*. — A C. Berthier. F40 88314. *Aut.* — Nécessité de réunir les corps trop dispersés : « Je désire avoir un état de situation le plus exact possible. »

20 août, *Naples*. — A Masséna. Arch. Essling, R.45, f° 126. *Aut.* — Inquiétude de n'avoir reçu aucune lettre de lui depuis celle que Marius Clary apporta de Castrovillari. Les malveillants répandent des bruits. Le prie d'écrire tous les jours par l'estafette qu'il lui envoie.

21 août, *Naples*. — A C. Berthier. F40 88314 et AF IV 1714 B. — Envoie un aide de camp à Gaëte pour examiner les travaux de comblement et de réparation. Y envoyer le général Valentin, pour commander la place et la côte depuis le Garigliano jusque Itri et Fondi. Relever fréquemment les postes de ces trois points, vu le mauvais air : « Occupez-vous par tous les moyens possibles de la formation d'un état de situation exact de l'armée. Erreur commise sur le chiffre de la garnison même de Naples. »

22 août, *Naples*. — A Masséna. Arch. Essling, R. 45, f° 132. *Aut.* — Reçu enfin ses lettres de Cosenza du 15. Trente-trois bâtiments sont en vue, qui peuvent porter 4.000 soldats, que les ennemis « se contentent toutefois de promener des îles d'Ischia à Capri ». Prière d'écrire chaque jour ; promesse d'argent, si besoin est.

25 août, *Capodimonte*. — A C. Berthier. F¹⁰ 88314. — Lui renvoie l'état de situation de l'armée « attendu les nombreuses inexactitudes que j'y ai trouvées. » : « Il faut parvenir à en faire un sans la moindre inexactitude » (ceci *Aut.*)

27 août, *Naples*. — A Masséna. Arch. Essling, R. 45, f° 148. *Aut.* et Gachot, p. 394. — Reçu ses lettres du 24. Demande les huit militaires par régiment et les officiers sans troupe à proposer pour la Légion d'honneur.

29 août, *Capodimonte*. — A Masséna. Ib. f° 151 et Gachot, p. 394. — Derniers efforts de l'ennemi : il menace à la fois les îles, le Cilento, la Calabre. Renforts annoncés du nord : brigade Tisson, que suivra la brigade Laplanche-Morlière. Enverra renforts pour occuper Reggio, Scilla, et autres points.

29 août, *Capodimonte*. — Au maréchal Jourdan, gouverneur de Naples. AF ɪᴠ 1714 B. — Se plaint de la facilité avec laquelle on laisse communiquer les parlementaires. Jourdan seul doit recevoir les dépêches et les communiquer au roi.

31 août, *Naples*. — Au général d'artillerie Chambarlhac. AF ɪᴠ 1714 B. — Demande son avis sur la conservation ou démolition des fortifications de Gaëte ; il faudrait en tout cas conserver une citadelle comme réduit pour défendre la presqu'île.

1ᵉʳ septembre, *Naples*. — A Masséna. AF ɪᴠ 1714 B. — Renforts au général Debelle pour disperser un rassemblement de 1.500 insurgés entre Lauria et Lagonegro. 10.000 hommes de renfort déjà entrés dans le royaume, 10.000 autres en mouvement dans la Haute-Italie, 25.000 partis de différents points de la France : « Ainsi nous aurons bientôt plus de monde qu'il ne nous faudra pour rétablir l'ordre dans les Calabres et pour conquérir la Sicile. »

2 septembre, *Capodimonte*. — A C. Berthier. F¹⁰ 88314. *Aut.* — Le général Dombrowski invité à établir des communica-

tions avec Ancône, Lemarrois ayant ordre de secourir au besoin Pescara.

5 septembre, *Capodimonte*. — A Napoléon. AF ıv 1714 C (paragraphe non compris dans le texte publié dans *Mém. du roi Joseph*, t. III, p. 183). — Réclame les palais des Farnèse à Rome. — N° 66 (extrait).

5 septembre, *Capodimonte*. — A C. Berthier. F^{10} 88314. *Aut.* — Autorise Dombrowski à garder la brigade Tisson, bien qu'il doive recevoir aussi celle de Laplanche-Morlière.

5 septembre, *Capodimonte*. — Au même. *Ib. Aut.* — Ordre au colonel Franceschi, aide de camp de Masséna, de se rendre à Paris avec une dépêche pour l'empereur.

6 septembre, *Capodimonte*. — A Masséna. Arch. Essling, R. 45, f° 171. *Aut.* et GACHOT, p. 395. — L'avise de l'envoi de Franceschi à Paris. Ne doutait pas que l'affaire Ardent ne s'arrangeât au gré de Masséna. Brigands battus dans le Cilento. Va remplacer les troupes qui ont fait campagne avec Reynier par d'autres ayant fait le siège de Gaëte.

9 septembre, *Naples*. — A C. Berthier. F^{40} 88314. *Aut.* — Le général Girardon, commandant la Terre de Labour, rendra compte du complot des 300 *aggraziati* (condamnés graciés) à Capoue pour enclouer les canons et rejoindre les brigands; il est autorisé à créer une commission militaire.

9 septembre, *Naples*. — A Masséna. Arch. Essling, R. 45, f° 172, *Aut.* et GACHOT, p. 395. — Plusieurs bandes débarquées, mais toutes dispersées. Fra Diavolo cependant a échappé. Envoi de renforts et de Marius Clary. L'empereur ordonne que Reynier reprenne Reggio et Scilla.

13 septembre, *Capodimonte*. — A C. Berthier. Arch. Naples, Guerra 1072. — Demande de rapports d'officiers habiles sur Gaëte, sur le pays compris entre le Vésuve, Naples, Portici, sur la presqu'île de Castellamare : en vue du grand camp retranché projeté.

14 septembre, *Naples*. — A C. Berthier. AF ıv 1714 B. — Autorisation au général Dufour, malade, de se rendre à Naples. Réunir à Lagonegro tout le 1er régiment d'infanterie légère napolitaine et donner le commandement de la place au colonel Pignatelli. Mouvements nombreux de troupes.

14 septembre, *Naples*. — A Masséna. *Ib.* — Le général Debelle, malade, a dû quitter Lagonegro; toutefois Lauria, Lagonegro et la route jusque-là sont assurés. Le général Espagne s'est porté jusqu'à Maratea, les bandes débarquées sont partout taillées en pièces, celle de Fra Diavolo est détruite, mais lui-même a échappé. Envoi de renforts à Castrovillari.

17 septembre, *Naples*. — A C. Berthier. AF iv 1714 B. — Dombrowski fera des mouvements à Aquila, Popoli, Sulmona, pour s'éclairer sur la marche de Fra Diavolo et empêcher sa jonction avec les rebelles des Abruzzes; Cavaignac aura pour objectif « d'enfermer la bande de Fra Diavolo, de la prendre ou de la détruire » : il est autorisé à faire « tout ce qu'il jugera le plus convenable ».

20 septembre, *Naples*. — Au même. *Ib.* — Poursuite de Fra Diavolo : l'adjudant-commandant Forestier, avec 500 hommes, sera le 21 à Civitella di Roveto, le 22 à Tagliacozzo, où Cavaignac arrivera le 23 par Sulmona et Celano (avec 600 hommes); le général Tisson gardera Venafro et Castel di Sangro pour empêcher les communications entre Abruzzes et Molise; autre poste à S. Germano; le chef d'escadron Gault, commandant de Ponte-Corvo, enverra 100 hommes à Ceprano et 100 à Sora, pour garder le Garigliano.

21 septembre, *Capodimonte*. — A C. Berthier. F40 88314. — Il faut que Pescara et Tarente soient mises en état de résister à une attaque et d'attendre des secours.

1er octobre, *Capodimonte*. — A Masséna. AF iv 1714 B. — Constitution d'une réserve à Cassano. Envoi de conscrits et invitation à évacuer les malades. Défaite de Fra Diavolo et soumission de Sciabolone. Autorisation de s'emparer de Scilla, s'il est possible ensuite qu'une garnison y tienne un mois. — N° 67.

4 octobre, *Portici*. — A C. Berthier. F40 88314. *Aut.* — Ordre à plusieurs généraux de se rendre à la Grande Armée. Envoi de forçats dans l'Italie du Nord. Gratification aux troupes qui participeront à la parade du dimanche suivant (20 sous aux sous-officiers et caporaux, 10 aux soldats, double ration de vin).

6 octobre, *Capodimonte*. — Au prince Eugène. AF iv 1714 B.

— Envoie 2.000 forçats vers la Haute Italie; en a encore 10.000. Ils sont escortés de deux régiments de cavalerie, dont Eugène pourra disposer, car Joseph ne peut les nourrir. Pourrait en envoyer deux autres, voudrait expédier encore 2.000 forçats.

13 octobre, *Naples*. — A C. Berthier. F⁴⁰ 88314. — Demander des nouvelles du sous-lieutenant Lemercier, du 9ᵉ chasseurs, détaché en Calabre, fils du sénateur.

14 octobre, *Naples*. — Au prince de Bisignano, ministre des Finances. AF IV 1714 B. — Ordre de soumettre au roi les arrêtés importants, de lui remettre régulièrement l'état des denrées en magasin, des recettes et versements du Trésor. Préférer l'armée aux autres départements. — N° 68.

14 octobre, *Capodimonte*. — A C. Berthier. F⁴⁰ 88314. *Aut.* — Le colonel Franceschi partira demain avec sa colonne : il viendra lui-même prendre les dépêches du roi.

15 octobre, *Capodimonte*. — A Masséna. Arch. Essling, R. 45, f° 238, *Aut.*, et GACHOT, p. 396. — Nécessité d'attaquer Amantea. Renfort de 1.500 hommes. Etablissement de 1.500 lits à la Chartreuse de la Padula, pour y évacuer tous les malades des Calabres. Une attaque sérieuse n'est plus à craindre avant le printemps. Sacrifier l'occupation de l'extrême Calabre à la sûreté des communications.

15 octobre, *Naples*. — Au général X... (employé dans l'administration de la Guerre de l'Empire). Arch. Guerre, Naples, 9/1. *Aut.* — Se loue d'avoir à correspondre avec lui. Genre de guerre auquel il a à faire. — N° 69.

21 octobre, *Portici*. — A C. Berthier. F⁴⁰ 88314. *Aut.* — Le général Camus se rendra à Lagonegro et dirigera les opérations jusqu'à la dispersion du rassemblement de Sapri. Faire partir les 500 premiers galériens avec le 24ᵉ dragons.

26 octobre, *Portici*. — A Mathieu Dumas, ministre de la Guerre. AF IV 1714 B. — Vu les occupations « écrasantes » de Dumas comme ministre, nomme un chambellan pour faire son service de cour.

30 octobre, *Portici*. — A Talleyrand. Aff. étr., Naples Suppl. 7. — Bon effet des victoires de l'empereur sur ce pays, d'autant plus que la paix semble devoir en être le résultat : « Les

bandes des brigands posent les armes et l'ordre se rétablit partout. »

3 novembre, *Portici*. — A C. Berthier. F40 88314. — Communique un décret impérial du 30 septembre 1806 autorisant vingt officiers de cavalerie (les noms suivent) à passer dans la Garde royale.

4 novembre, *Portici*. — A Talleyrand. Aff. étr., Naples Suppl. 7, et IUNG, *Lucien Bonaparte*, t. III, p. 445. Remercie de l'envoi du 14e bulletin : « Le plus redouté des chefs de masses du royaume vient d'être pris ; il s'appelle Fra Diavolo. La presque totalité du royaume jouit aujourd'hui de la tranquillité. » Les victoires de l'empereur feront le reste.

10 [novembre, *Portici*. — A C. Berthier. F40 88314. — Envoyer une colonne mobile sous le major Guyo (légion corse) dans le Cilento : « Je veux voir moi-même les 300 hommes de la colonne mobile et m'assurer qu'ils ont deux paires de souliers dans leur sac et leurs capotes. »

10 novembre, *Portici*. — A l'ordonnateur en chef, Arcambal. *Ib.* — Presser l'envoi des 2.000 capotes en Calabre. Distribuer capotes et souliers aux conscrits qui vont rejoindre Masséna : « Je verrai moi-même ces troupes avant leur départ. »

17 novembre, *Portici*. — A Bernardin de Saint-Pierre. *L'Amateur d'autographes*, 1er mars 1863, et F. MASSON, *Napoléon et sa famille*, t. IV, p. 64. — Compliments. — N° 70. (Extrait).

18 novembre, *Naples*. — A C. Berthier. F40 88314. *Aut.* — Verra demain les conscrits qui arrivent, sur la place du Palais. Gratification de dix sols par homme, vingt par sous-officier.

20 novembre, *Naples*. — A Napoléon. Aff. étr., Naples 131. — Félicitations pour ses nouveaux triomphes, qui assurent le « grand et imposant système qui doit cimenter pour jamais les destinées de la France, assurer la paix de l'Europe ». Regrette le camp de Boulogne, où il servait sous ses ordres. « Votre bon frère. »

20 novembre, *Naples*. — Au même. Catalogue Charavay (analyse). — Le prince de Cassano-Serra (désigné comme député

auprès de l'empereur) étant malade, demande à le remplacer par le prince d'Angri-Doria, « fort attaché au système ».

22 novembre, *Naples*. — Au prince de Bisignano (en italien). *Monitore Napolitano*, du 25 novembre 1806, reproduit dans *Diario Napoletano*, t. II, p. 305, en français à Arch. Guerre, Naples, 1806. — Accepte sa démission de ministre des Finances, lui conserve toute sa confiance et, en attendant d'autres fonctions, lui laisse son traitement. — N° 71.

24 novembre, *Naples*. — A Lucien Bonaparte. Catalogue Lajariette; l'*Amateur d'autographes*, 1er mars 1863. — Fait toujours « la guerre des chouans ». — N° 72 (extrait).

1er décembre, *Naples*. — A Masséna. F^{40}88314; Arch. Essling, R. 45, f° 305 bis; Gachot, p. 397. — Envoyer à Naples les Polonais, à Cosenza les Corses (après l'expédition d'Amantea). Le général Valentin remplacera Calabre citérieure Verdier, à qui un congé est accordé.

8 décembre, *Naples*. — A C. Berthier. AF iv 1714 B. — Reproches à Lamarque d'avoir publié des proclamations et d'avoir menacé un pays d'interdit. — N° 73.

10 décembre, *Naples*. — Au major Bigarré, aide de camp du roi. AF iv 1714 B. — Instructions pour conduire aux corps de Calabre des fonds et des vêtements : « Il fera payer les servi extraordinaires qui lui seront prêtés par les gens du pays. »

15 décembre, *Naples*. — A Masséna. AF iv, 1714 B. — L'empereur demande Masséna pour lui donner le commandement d'un corps d'armée. — N° 74.

17 décembre, *Naples*. — Au général Lamarque. Arch. Naples, Guerra 1046. — Corps francs à former avec les insurgés qui ont capitulé à Maratea; rassemblement des 6e de ligne et 1er léger napolitain. — N° 75.

18 décembre, *Naples*. — Au général Lamarque. Arch. Naples, Guerra 1046. — Envoie, pour le distribuer, un article de journal relatif à Maratea. — N° 76.

20 décembre, *Naples*. — [A Canova]. AF iv 1774 B. — Félicitations pour le buste de Napoléon et commande d'une statue équestre de l'empereur. — N° 77.

20 décembre, *Naples*. — Au chef de l'Etat-major général.

Arch. Naples, Guerra 1046. *Aut.* — Hâter le transport des capotes en Calabre. Demande de renseignements sur l'inspecteur des équipages nommé Lieutaud. — N° 78.

22 décembre, *Naples.* — [Au général Campredon]. AF IV 1714 B. — L'invite à hâter les travaux de la route de Lagonegro à Cassano. Suppléer aux grands ouvrages d'art par des ouvrages de campagne. Si les gens du pays et soldats ne suffisent pas, on pourra fournir des galériens. — N° 79.

22 décembre, *Naples.* — A Napoléon. Arch. Guerre, Naples, 9/1. *Aut.* — (Addition à la lettre publiée aux *Mémoires du roi Joseph*, t. III) : « La seule chose que je demande à V. M. c'est toujours une avance de quelques millions. »

1807

4 janvier, *Venafro*. — A Rœderer. *Œuvres de Rœderer*, t. IV, p. 10. — Arrange l'affaire du théâtre français suivant son avis. L'invite à venir à Venafro, où l'on a tué, aujourd'hui, cent sangliers. A levé les arrêts de « M. l'aide de camp » (le fils aîné de Rœderer).

6 janvier, *Venafro*. — [A Thibaud, trésorier de la Maison du Roi.] AF iv 1714 B. — Exige le paiement régulier de sa Cassette et de la Bouche. — N° 80.

10 janvier, *Venafro*. — A C. Berthier. F40 88314. *Aut.* (3 pages). — Sur les bons de fournitures admis en paiement d'impôt pour les communes où la régie n'a pas d'établissement. On ne devra accepter que les bons imprimés, délivrés aux corps : c'est le seul moyen d'empêcher les fournitures fictives et l'enrichissement de quelques fripons.

11 janvier, *Naples*. — A Lamarque. Arch. Naples, Guerra 1048. — Gratification de 1.000 fr. au chef d'escadron Lebrun, du 1er chasseurs napolitain.

15 janvier, *Naples*. — A Rœderer. Papiers Rœderer, Corr. Impér., f° 60. *Aut.* — Aviser au moyen de subvenir aux dépenses extraordinaires de la Guerre. — N° 81.

20 janvier, *Naples*. — Au général Lamarque, faisant fonctions de chef de l'Etat-major général. Arch. Naples, Guerra 1048. *Aut.* — Mouvements de troupes. Prescriptions en faveur de celles qui se rendent en Calabre. — N° 82.

24 janvier, *Naples*. — Au même. F40 88314. — A fait verser 194.000 fr. au payeur de l'armée française : il devra payer par préférence un mois d'appointements aux officiers particuliers des corps du gouvernement de Naples; le reste pour la solde. Revue le lendemain à midi : « Donnez l'ordre pour

que le soldat ait son sac et la capote roulée derrière; je veux m'assurer par moi-même de ce qui manque. » Veut faire compléter immédiatement les souliers à trois paires par homme. Renvoyer aux dépôts les cadres des troisièmes bataillons qui seraient encore à Naples. Envoyer le général Severoli à Milan, le général Verdier à la Grande Armée.

25 janvier, *Naples*. — A Reynier. Arch. Guerre, 9/1. *Aut.* — Lui envoie les généraux Franceschi et Goulus. L'empereur annonce 10.000 conscrits. Verdier part pour la Grande Armée.

26 janvier, *Naples*. — Au même. Arch. Guerre, 9/1. *Aut.* — Diriger immédiatement vers la Haute-Italie les 4 bataillons du 1er léger et du 42e de ligne. Conscrits annoncés pour le 1er mars. Envoi d'un bataillon de la Tour d'Auvergne pour protéger les travaux des routes, et du général Franceschi-Delonne avec quelque argent.

26 janvier, *Naples*. — Au même. AF iv 1714 B. — Ordre d'envoyer tous les Corses à Gaëte, ce corps ayant besoin d'être réformé « par une discipline très sévère ».

26 janvier, *Naples*. — A Lamarque. Arch. Naples, Guerra 1048. — Les dix régiments d'infanterie française vont recevoir chacun 400 conscrits, le 1er 500, le 23e 600. Ordres à ce sujet à Reynier et Partouneaux. Réunir les Corses à Gaëte.

28 janvier, *Naples*. — Au même. F40 88314. — Le général Franceschi écrit de Salerno pour demander un congé et l'ordre de se rendre à la Grande Armée. Exiger d'abord que, s'il ne l'a fait, il se rende à Lagonegro, dont il a eu ordre de prendre le commandement.

31 janvier, *Carditello*. — Au même. Arch. Naples, Guerra 1048. *Aut.* — Signaler l'oubli d'un régiment dans les corps à fournir de conscrits. — N° 83.

2 février, *Naples*. — A Napoléon. AF iv 1714 C. — Communique un rapport (non joint) : « On remarque ici depuis quelques jours que les négociants autrichiens font des dispositions pour envoyer leurs fonds en Allemagne. »

6 février, *Naples*. — A... Vente Ant. de Latour, 12 juin 1885

(analyse). — Mande qu'il nommera à un évêché le vicaire général Arrighi, dès que cela sera possible (1).

8 février, *Naples*. — A Reynier. Arch. Guerre, 9/1. — A nommé Louis Reynier, frère du général, son commissaire en Calabre. N° 84.

16 février, *Persano*. — A Rœderer. *Œuvres de Rœderer*, t. IV, p. 10. — Envoie un projet de décret pour hâter la vente des domaines, même à perte. Remerciments reçus pour avoir aboli les jeux de hasard.

19 février, *Persano*. — A Lamarque. F^{40} 8831 4. *Aut*. — Le général commandant l'artillerie expose la nécessité d'augmenter le détachement de mineurs français employés à la route de Calabre (25 hommes, réduits à 15).

25 février, *Naples*. — A Rœderer. Papiers Rœderer, Corr. Impér., f° 62. — Faire rentrer à la Trésorerie 13.380 ducats provenant de la vente d'un bâtiment séquestré à Brindisi, et se faire rendre compte des 50.000 fr. provenant des deux autres bâtiments pris en même temps et attribués à la Garde (elle n'en a reçu que 18.000).

26 février, *Naples*. — Au prince Pignatelli-Cerchiara. AF IV 1714 B. — 50 barques de pêche, et éventuellement des canonnières, à mettre à la disposition du maréchal Jourdan. — N° 85.

1er mars, *Naples*. — A Lamarque. Arch. Naples, Guerra 1048. — Urgence de renforcer les troupes chargées de protéger les travaux de la route de Castrovillari ; y envoyer six cents hommes du 23e et veiller à ce qu'ils aient, comme tous les détachements envoyés en Calabre, trois paires de souliers et des bons imprimés pour les vivres.

2 mars, *Naples*. — A Reynier. Arch. Guerre, 9/1. *Aut*. — L'autorise à maintenir le général Franceschi-Delonne en Calabre Ultérieure ; il lui laissera seulement deux régiments d'infanterie et un peu de cavalerie. Lui-même gardera trois régiments français, pour lesquels des conscrits sont en marche, et quelques cavaliers, et renverra le reste. Compte réunir

(1) Le catalogue porte comme destinataire : à sa nièce. Nous ne savons de quelle nièce (nièce de Julie Clary) il peut s'agir. C'est Napoléon qui avait recommandé Arrighi.

des troupes dans un camp, à Campagna : « Je n'exige pas l'impossible, mais je suis sûr que vous tirerez toujours le meilleur parti des moyens que les dispositions générales me permettent de laisser sous vos ordres. On nous annonce de grandes victoires à la Grande Armée. »

2 mars, *Naples*. — Au général de brigade Franceschi-Delonne, commandant le 9ᵉ chasseurs à cheval. *Ib*. — Lui annonce son maintien en Calabre et l'encourage dans la conduite qu'il a suivie. — N° 86 (extrait).

5 mars, *Venafro*. — A Rœderer. Papiers Rœderer, Corr. Impér., f° 65. — Faire verser entre les mains du payeur de l'armée française les 400. 045 ducats restants sur les fonds envoyés de France.

5 mars, *Naples*. — Au général Lamarque. F¹⁰ 883:4. *Aut*. — Ordre au général Lafon-Blaniac de se porter sur Castelluccio, bloqué par les brigands. Les quatre cents hommes de La Tour d'Auvergne, retour de Calabre, et les noirs, déjà à Castelluccio, seront ensuite mis à la disposition du chef de bataillon du génie Campredon, préposé aux travaux de la route de Calabre.

7 mars, *Naples*. — Au même. *Ib*. — Dans chaque régiment, il serait bon de former à la manœuvre du canon une compagnie, dont les hommes toucheraient un sol de haute paye.

7 mars, *Naples*. — Au même. *Ib*. — Incident relatif à la mise en entreprise des jeux de hasard à Campagna. — N° 87.

8 mars, *Naples*. — Au même. *Ib*. — Inviter pour le spectacle de ce soir quatre cents officiers français. La parade n'aura pas lieu, vu le mauvais temps.

8 mars, *Naples*. — A Reynier. Arch. Guerre, 9/1. *Aut*. — Instructions : en cas de danger sérieux, on se concentrera sur le centre du royaume. Fait fortifier, dans cette intention, Brindes, Tarente, les îles du golfe de Naples : « Faites ruiner les mauvais châteaux où les brigands pourraient encore s'établir. » Occuper le petit réduit d'Amantea et détruire les autres défenses. Assurer la protection des ouvriers de la route de Castrovillari à la Rotonda, qui peut être d'un très grand secours.

8 mars, *Naples*. — A Rœderer. Papiers Rœderer, Corr. Impér.,

f° 56. *Aut.* — Vente de mérinos appartenant à l'Etat. — N° 88.

9 mars, *Naples.* — Au général Lamarque. F^{40} 88314. — Ordonner au colonel de l'infanterie polonaise de fournir pour la Garde royale deux cents hommes de bonne volonté, de belle taille et bonne conduite.

13 mars, *Naples.* — Au même. F^{40} 88314. — Ordonner au général Reynier d'envoyer à Cassano le 14ᵉ léger, que l'on placera en échelons sur la route de Cassano à Tarente jusqu'à Bernalda.

13 mars, *Naples.* — Au même. *Ib.* — Recommandation d'envoyer des bons réguliers, signés du ministre des Finances au 102ᵉ de ligne (Castrovillari) et 14ᵉ léger (Cassano).

14 mars, *Naples.* — Au même. *Ib.* — Un adjoint d'état-major accompagnera le détachement du 14ᵉ léger qui se rend à Matera et fournira un rapport exact sur la route, les ressources qu'elle présente, les dispositions des habitants ; un autre, au retour, sur le château de Brindisi (1).

15 mars, *Naples.* — A Rœderer. Papiers Rœderer, Corr. Impér., f° 66. *Aut.* — Règlements financiers à presser, vu les besoins urgents. — N° 89.

19 mars, *Naples.* — A Arcambal, conseiller d'Etat, chargé par intérim du portefeuille de la Guerre. Arch. Naples, Guerra 1048. — Enquête sur le colonel Zenardi à Foggia. A comptes à donner aux troupes de Pouille. — N° 90.

20 mars, *Naples.* — A Madame Lœtitia. Catal. Charavay (analyse). — La remercie de l'envoi de son portrait, reçu le jour même de la fête du roi.

22 mars, *Naples.* — A Rœderer. Papiers Rœderer, Corr. Impér., f° 67. — Mesures financières : centraliser la négociation des délégations (fournies par les receveurs des provinces) chez le banquier Falconet ; vendre le cuivre en excédent ; fournir l'état des sommes qui doivent se trouver dans les caisses des receveurs de Principato Ultra, Basilicate, Capitanato et Terre de Bari.

24 mars, *Foggia.* — Au même. *Ib.*, f° 70 et AF iv 1714 B. —

(1) Nombreux ordres de mouvements de troupes et de généraux, les jours qui suivent.

Affaire de blés à vendre à une société d'exportation. — N° 91.

26 mars, *Foggia.* — Au même. *Ib.*, f°ˢ 71-73. — Relative à l'exécution de la loi sur le Tavoliere. — N° 92.

26 mars, *Foggia.* — A Lamarque. F¹⁰ 88314. — Verra les troupes sur la route de Cerignola. Leur distribuer du vin ou eau-de-vie.

28 mars, *Barletta.* — Au même. *Ib.* — Le général de Frégeville devra partir le 1ᵉʳ avril pour la Grande Armée, avec ses deux aides de camp et le chef d'escadron napolitain De Gennaro. Sera remplacé dans la division par le général Donzelot.

30 mars, *Mola di Gaeta.* — A Rœderer. *Œuvres de Rœderer*, t. IV, p. 10, et Papiers Rœderer, Corr. Impér., f° 74. — Mécontent d'avoir trouvé à Bari, comme administrateurs des Domaines, quatre Français, dont l'un, âgé de vingt-trois ans, réfractaire, qui devra être renvoyé en France. Il doit y avoir moitié de Napolitains au moins dans cette administration. Constate beaucoup d'abus, et cependant beaucoup de bonne volonté chez les habitants. A dû remplacer bien des fonctionnaires. Réunit les notables et leur parle à cœur ouvert. — N° 93 (extrait, ne figurant pas dans le texte imprimé).

2 avril, *Lecce.* — [Au général Campredon]. AF IV 1714 B. — Mesures pour mettre Brindisi et Barletta en état de défense. — N° 94.

2 avril, *Lecce.* — Au général Dedon, commandant l'artillerie. *Ib.* — Armement des îles des golfes de Naples et Tarente, des Tremiti, de Gaëte, et, en second lieu, des points à défendre sur l'Adriatique. — N° 95.

4 avril, *Gallipoli.* — A Napoléon. Arch. Guerre, 9/1. *Aut.* — Envoie un rapport sur les troupes anglaises de Sicile. Recevra avec plaisir les 1.600 hommes annoncés : « Ce pays est tranquille. »

5 avril, *Lecce.* — A Rœderer. Papiers Rœderer, Corr. Impér., f° 77. — Se félicite de son voyage. Recommande le budget de la Police. — N° 96.

7 avril, *Tarente.* — A Rœderer. *Œuvres de Rœderer*, t. IV, p. 11. — Le rassure sur les scrupules qu'il a à rester au ministère contre le vœu de l'empereur.

7 avril, *Tarente*. — Au maréchal Berthier. F⁴⁰ 88314. *Aut.* et AF IV 1714 B. — Condoléances pour la mort de Léopold Berthier. — N° 97.

8 avril, *Altamura*. — A Rœderer. Papiers Rœderer, Corr. Impér., f° 80. *Aut.* — : « Je trouve à mon retour plus de contentement qu'à mon premier passage. » Faire constater les friponneries. A éconduit des receveurs, qui demandaient à ne pas fournir de cautionnement.

8 avril, *Altamura*. — A la reine Julie. Foreign Office, Sicily, 30 (copie). — Paroles affectueuses; succès de ses efforts pour le bien du pays. — N° 98.

9 avril, *Venosa*. — A la même. *Ib.* (copie). — Souvenirs littéraires. — N° 99.

9 avril, *Venosa*. — A Napoléon. *Ib.* (copie). — N° 100 (extrait non publié dans les *Mémoires du roi Joseph*).

9 avril, *Venosa*. — A Rœderer. Œuvres de Rœderer, t. IV, p. 11. — Répondra sur le projet d'un Théâtre français.

10 avril, *Venosa*. — A la reine Julie. Foreign Office, Sicily, 30 (copie) et Bunbury, *Narratives of military transactions in the Mediterranean*, p. 444 (datée du 9 au lieu du 10). — N° 101 (1).

11 avril, *Campagna*. — Harangue aux députés des communes des environs. Citations dans le *Journal de Paris* du 27, le *Moniteur universel* du 28, le *Journal politique* (de Leyde) du 8 mai. — N° 102.

11 avril, *Persano*. — A Rœderer. Œuvres de Rœderer, t. IV, p. 12. — «... Je me porte bien. Avez-vous beaucoup d'argent, pour l'armée surtout ? »

11 avril, *La Valva*. — A Reynier. Arch. Guerre, 9/1. *Aut.* — Conscrits déjà partis ou à partir. La Basilicate pacifiée. Qu'il continue à combattre les abus et ramener la confiance. — N° 102 *bis*.

13 avril, *Naples*. — A C. Berthier. F⁴⁰ 88314. — Mouvements de troupes, en particulier pour le camp à former à Campa-

---

(1) Cette lettre avait été interceptée par les Bourboniens, à Itri, ainsi que les deux lettres à Julie (n°⁸ 98 et 99) et deux à Napoléon, 8 avril (publiée dans *Mémoires du roi Joseph*, t. III) et 9 avril (*ib.*, moins quelques lignes que nous donnons n° 100).

gna (général Maurice Mathieu commandant, généraux Lanchantin et Lamarque, 20e, 62e et 102e régiments de ligne). Le génie allouera 4.500 ducats par mois pour les baraquements et matériel de campement. Adresser au roi « tous les soirs, cacheté, à dix heures, copie des lettres et ordres donnés dans le jour par l'Etat-major général » et, pour les affaires moins urgentes, travailler directement avec lui tous les lundis à une heure.

14 avril, *Naples*. — A Napoléon. AF IV 1714 C. — Réexpédie des lettres interceptées. Bonnes nouvelles de l'administration et de Constantinople. — No 103.

15 avril, *Naples*. — Au général de Frégeville. AF IV 1714 B. — Lettre très sévère. — No 104.

15 avril, *Naples*. — A C. Berthier. *Ib.* — Vifs reproches sur des propos tenus à son retour de la Grande Armée. Le fait passer de l'Etat-major au commandement de la division de Pouille. — No 105.

16 avril, *Naples*. — Au maréchal Berthier. *Ib.* — Même sujet que la précédente. — No 106.

16 avril, *Naples*. — A C. Berthier. F40 88314. — Nomination officielle au commandement de la Pouille. — No 107.

18 avril, *Naples*. — Au duc de Cassano, ministre des Affaires ecclésiastiques. AF IV 1714 B. — Forcé de supprimer son ministère, le nomme Grand Veneur. — No 108.

19 avril, *Naples*. — A Rœderer. Papiers Rœderer, Corr. Impér., fo 84. — Autoriser le Commissaire du roi en Calabre à remplacer par des gens du pays les employés des Domaines qui n'ont pas rejoint leur poste. Procéder aux ventes de domaines en province. Les couvents de la Padula, la Cava, Monteverde, destinés à conserver beaucoup de religieux, ont été dépouillés de leur mobilier : s'informer et réparer le mal. Etudier le moyen de fournir l'équivalent des pensions à payer aux religieux, et des frais d'entretien des maisons, en bien-fonds, dont l'administration serait confiée à l'ancien abbé, assisté de quatre religieux, désignés par l'Intendant sur une triple liste de présentation.

22 avril, *Naples*. — Au général Lamarque, chef de l'Etat-major général. Arch. Naples, Guerra 1048. — Autorisation

de faire lever chez le Payeur de l'armée française la suspension du paiement de 4500 ducats sur les sommes dues au général de Frégeville, si M. Spada n'a plus de réclamations à faire.

23 avril, *Naples*. — Discours à l'Académie d'Histoire et d'Antiquité. *Monitore napolitano*, 1er mai 1807. — N° 109.

23 avril, *Caserte*. — A Lamarque. Arch. Naples, Guerra 1048. *Aut.* — Autorise la publication d'éloges sur la conduite des gardes civiques. — N° 110.

24 avril, *Naples*. — A Rœderer. *Œuvres de Rœderer*, t. IV, p. 12. — Écrire au rédacteur du *Journal de Paris* « de ne jamais mettre le premier aucun article sur le royaume de Naples ».

25 avril, *Naples*. — Au général Lamarque. Arch. Naples, Guerra 1048. — Colonnes mobiles à former dans la province de Salerne, sous la direction du général Pignatelli-Strongoli, et dans celles de Terre de Labour et d'Avellino. Presser le départ de Donzelot pour la Pouille et celui de Frégeville. — N° 111.

27 avril, *Naples*. — A Napoléon. Arch. Guerre, 9/1. *Aut.* — Nouvelles d'Egypte et des Dardanelles (source anglaise) et arrivée des escadres Duckworth et Smith en Sicile. — N° 112.

29 avril, *Naples*. — A Lamarque. Arch. Naples, Guerra 1048. — « Général, je ne pense pas qu'il faille faire imprimer les jugements portant peine de mort. »

29 avril, *Naples*. — Au même. *Ib. Aut.* (en marge d'une lettre du général Partouneaux, de Chieti, 20 avril, avertissant qu'il a dû emprisonner pour extorsions un M. Ricci, que, dans la disette d'officiers, il avait employé): « Faire renvoyer M. Ricci en Toscane, selon mes ordres qui ont un an de date. »

29 avril, *Naples*. — A Napoléon. Aff. étr., Naples, 131, et E. Driault, *Napoléon en Italie*, p. 465. — Félicitations pour l'heureux accouchement de la vice-reine d'Italie (naissance de Joséphine-Maximilienne-Eugénie-Napoléone, le 14 mars 1807 ; c'est la future reine de Suède).

1er mai, *Naples*. — A Stanislas de Girardin, Premier écuyer du roi, AF IV 1714 B. — Relative à l'envoi de Macdonald à Naples. — N° 113.

1ᵉʳ mai, *Naples*. — Aux membres de l'Académie des Arts de Gand. *Journal Politique* de Leyde, 29 mai 1807. — N° 114.

6 mai, *Naples*. — A C. Berthier, commandant la division militaire de Pouille. F⁴⁰ 88314. *Aut*. — S'occuper de l'approvisionnement de Raguse en blé. Témoignage d'estime et d'amitié. — N° 115 (extraits).

6 mai, *Naples*. — A Napoléon. Arch. Guerre, 9/1. *Aut*. — D'après des nouvelles de Malte, du 23 avril, les Anglais auraient essuyé un échec en Égypte; une seconde expédition se prépare à Messine.

8 mai, *Naples*. — A Rœderer. Papiers Rœderer, Corr. Impér., f° 89. *Aut*. — Comment s'exécute le décret sur le poisson salé (interdit comme produit anglais)? Presser la vente des domaines : « Il faut que cela finisse. »

9 mai, *Naples*. — Au même. *Ib.*, f° 87. — On lève, dans des localités voisines, des taxes locales, qui ne paraissent point autorisées : demander un rapport aux syndics, en les assurant du « but bienveillant et protecteur que je me propose ».

9 mai, *Naples*. — A Saverio Fiorentini, marchand à Sorrento. AF IV 1714 B. — Invitation à venir lui parler directement au sujet d'extorsions dont il a été victime. — N° 116.

9 mai, *Naples*. — A Mᵐᵉ de Staël. Bibl. Nation. Mss. Acq. Nouv. Fr. 1309, f° 6. *Aut*. — Promet bon accueil à Corinne. — N° 117.

12 mai, *Venafro*. — A Rœderer. Papiers Rœderer, Corr. Impér., f° 89. En partie *Aut*. — Tient « conseil de la Maison ». Désire savoir ce que le Trésor lui a versé et peut lui verser : « Tous les services de ma maison sont dans le plus grand besoin. »

12 mai, *Naples*. — Au même. *Ib.*, f° 88. — Donner une place à Pallu-Duparc, colon de Saint-Domingue, recommandé par le roi de Hollande.

15 mai, *San Germano*. — Au même. *Ib.*, f° 94. En partie *Aut*. — Mauvais état du Mont-Cassin. Urgence de prendre des mesures. — N° 118.

15 mai, *San Germano*. — Au poète Andrieux. AF iv.1714 B. — Compliments et don d'argent à transmettre à l'auteur des *Poésies* qu'il a envoyées. — N° 119.

16 mai, *Sora*. — A Rœderer. Papiers Rœderer, Corr. Impér., f° 92. — Sur l'ex-fief de Sora, qui, évalué à 16.000 ducats de revenus, en vaut 40.000. Si la vente n'est entièrement consommée, ajourner jusqu'au retour du roi. Est-il vrai que l'exemption d'impôt pour les orphelinats et hôpitaux ait été abolie ?

19 mai, *Aquila*. — Au même. *Ib.*, f° 93. *Aut.* — Résolu à réserver la vente des biens de Sora et Ripalda. — N° 120.

19 mai, *Aquila*. — A Saliceti, ministre de la Guerre et de la Police. AF iv 1714 B. — Débarquement du prince de Hesse en Calabre. L'entreprise étant évidemment en rapport avec l'agitation surprise à Naples, il faut frapper les chefs de l'intrigue. Fait marcher des troupes sur Naples. Dans son voyage, très content des populations et des autorités. — N° 121.

19 mai, *Aquila*. — Au maréchal Jourdan, gouverneur de Naples. *Ib.* — Satisfaction que lui causent les Abruzzais en travaillant aux routes. — N° 122 (Extrait).

21 mai, *Teramo*. — A Rœderer. Papiers Rœderer, Corr. Impér., f° 95. *Aut.* — L'inspecteur des Domaines Sacco, qui vole, doit être destitué ; son collègue Boutet, « jeune homme honnête », mais qui s'est absenté sans congé, doit être puni. Satisfaction d'avoir vu les habitants travailler aux routes. Pourquoi y a-t-il deux recettes, pour Teramo et Aquila ? Quel espoir y a-t-il de recouvrer l'arriéré d'impôts depuis 1806 ? Mécontentement sur la conduite des agents des Domaines. — N° 123 (Extrait).

24 mai, *Sulmona*. — Au même. Papiers Rœderer, Corr. Impér., f° 97. *Aut.* — Approuve la réclamation de la Guerre, à laquelle avaient été affectés, pour le mois de mai, 650.000 ducats, indépendants de l'arriéré, qui est à payer peu à peu, en partie avec le secours de France.

31 mai, *Naples*. — Au même. *Ib.*, f° 99. — Demande un « tableau des progrès de l'administration des finances » depuis le début.

3 juin, *Naples*. — A J.-B. Cavaignac. Arch. Cavaignac. *Aut.*
— Lui demande les titres du domaine de Sora. — N° 124.

3 juin, *Naples*. — A Lamarque. Arch. Naples, Guerra 1048.
— Ordre au général Cavaignac de se rendre en Calabre, en emmenant le bataillon suisse d'Eboli, qui escortera les 500.000 fr. envoyés à Reynier (1).

4 juin, *Naples*. — A Rœderer. Papiers Rœderer, Corr. Impér., f° 100. — Désire savoir quel est l'Intendant qui l'a le plus efficacement secondé dans son administration.

9 juin, *Naples*. — Au même. *Ib.*, f° 100. En partie *Aut.* — Blâme de nouveau l'indépendance des agents des Domaines à l'égard des Intendants : ainsi le duc de S. Arpino, « préfet à Lecce », se plaint de n'en pas recevoir les renseignements nécessaires.

9 juin, *Naples*. — Approbation sur une note relative aux prisonniers faits à Mileto. Arch. Naples, Guerra 1461. *Aut.* — N° 125.

10 juin, *Naples*. — Ordre du jour. F40 88314. *Aut.* — Explique le système des bons de fourniture à remettre aux communes par les troupes et compte que les faiseurs d'affaires ne pourront plus tromper la bonne foi des militaires, en se faisant donner par eux des bons pour fournitures fictives, par suite de quoi « le soldat souffre, les habitants du pays s'exaspèrent et se révoltent; quelques fripons seuls tirent quelques faibles avantages du malaise de tous. Le général en chef connaît trop le soldat français pour n'être pas convaincu qu'il sentira bientôt la vérité de cette observation ».

12 juin, *Naples*. — Circulaire aux archevêques et évêques. *Monitore napolitano*, supplément au n° du 12 juin 1807.
— Invitation à célébrer un *Te Deum* pour la capitulation de Dantzig et la découverte de la conspiration de Naples.
— N° 126.

14 juin, *Naples*. — Réponse au *Corpo* (municipalité) de Naples. *Monitore napolitano*, 16 juin 1807 (extrait). — Sur

(1) Le jour même, Cavaignac venait d'être remplacé au commandement de Naples par le général Lafon-Blaniac.

le double succès remporté sur les coalisés et sur les conspirateurs. — N° 127.

14 juin, *Naples*. — A Lamarque. Arch. Naples, Guerra 1048. *Aut*. — Recommande le capitaine de vaisseau Romatuelli, en mission sur la côte de Vietri.

26 juin, *Naples* (1). — A Talleyrand. Aff. étr., Naples Suppl. 7 (copie). — Le rassure sur la façon dont Bénévent est traitée. — N° 128 (extrait).

27 juin, *Vietri*. — A Rœderer. Papiers Rœderer, Corr. Impér., f° 103. — Mesures urgentes à prendre en faveur du couvent de La Cava. — N° 129.

28 juin, *Castellamare*. — A Lamarque. Arch. Naples, Guerra 1048. — Ordre de payer à Barbara, officier de marine, 1200 fr. (2).

29 juin, *Naples*. — A Aug. de Frénilly. AF IV 1714 B. — Compliments élogieux, souvenirs de l'Arioste. — N° 130.

10 juillet, *Capodimonte*. — A Rœderer. Papiers Rœderer, Corr. Impér., f° 104. *Aut*. — Réserver les biens nationaux sis entre Amalfi et Castellamare. — N° 131.

12 juillet, *Capodimonte*. — Circulaire à tous les prélats du royaume. *Monitore napolitano*, 14 juillet 1807. — Célébrer un *Te Deum* pour Friedland et l'armistice, annonce de la paix.

14 juillet, *Naples*. — Décision en marge d'une requête des concessionnaires de la manufacture de porcelaines. Arch. Naples, Interno 5057. *Aut*. — N° 132.

18 juillet, *San Leucio*. — A Lamarque. Arch. Naples, Guerra 1048. *Aut*. — Ordre au général Huard de surveiller la plaine de Pestum. — N° 133.

18 juillet, *San Leucio*. — A Antoine Rœderer, chambellan, « commissaire du Roi près le Théâtre-français ». Cabinet d'Antoine Rœderer, I. — Désire qu'on joue *Andromaque*, avec Larive.

(1) Ici se placerait une lettre de Joseph à Ali, pacha de Janina, dont celui-ci le remercie par lettre du 25 juin-6 juillet 1807 (en italien, Arch. Naples, Consoli di Francia, n° 37) : nous n'avons retrouvé que cette dernière.

(2) Nous la signalons à cause du nom de Barbara, qu'on soupçonna plus tard d'avoir trahi Murat au Pizzo. C'était un ancien corsaire maltais, semble-t-il.

19 juillet, *Ariano*. — Au colonel Clermont-Tonnerre, aide de camp du roi en mission. F⁴⁰ 883 14. — Porter à cent hommes le détachement chargé de protéger les cinq cents ouvriers employés à abattre les arbres du bois de Bovino, de part et d'autre de la route, du Pont de Bovino à Ariano. La coupe doit être faite bien au ras du sol et les propriétaires devront enlever le bois dans la huitaine ; sinon le brûler. Détruire les baraques avoisinantes, qui sont autant de repaires. Les ouvriers seront fournis, à titre de corvée, par les communes : « l'Intendant les fera payer s'il le juge à propos. »

20 juillet, *Ariano*. — Au ministre de la Marine. AF IV 1714 B. — Le major russe Schœping, chargé par l'empereur de Russie de porter à l'escadre de la Méditerranée l'ordre de cesser les hostilités, se rend à Otrante : lui fournir toutes les facilités et accorder aux bâtiments russes, qui pourront aborder, tous les rafraîchissements nécessaires, que l'on paiera ou portera en compte particulier.

22 juillet, *Naples*. — A Lamarque. Arch. Naples, Guerra 1048. — Envoyer du génie, de l'artillerie et le 52ᵉ de ligne à Tarente ; y mettre en état les batteries de la côte et des îles (1).

23 juillet. *Naples*. — A Napoléon. AF IV 1685, *Aut*. et AF IV 1714 C. — Effet produit par Tilsit. — N°. 134.

23 juillet, *Naples*. — A Lamarque. Arch. Naples, Guerra 1048. En partie *Aut*. — Relatif au capitaine Desprez et aux colonels du génie et artillerie. — N° 135.

26 juillet, *Capodimonte*. — Au même. *Ib*. — Observer à C. Berthier qu'il ferait mieux d'emmener à Corfou un général d'infanterie que le général Destrès.

26 juillet, *Capodimonte*. — A Rœderer. Corr. Impér., f° 101. — Quels droits doivent être perçus par les agents des Domaines sur les acquéreurs de biens d'Etat, avant de les mettre en possession ? Boutet, directeur des Domaines en Terre de

---

(1) On voit que Joseph anticipe, en écrivant à l'Empereur le 24 (*Mém. du roi Jos.*, t. III) : « Sire, Tarente est bien armé. » Le 30 juillet, Joseph (à Lamarque, Arch. Naples, Guerra 1048) décommandait même l'envoi du 52ᵉ, qui n'avait pas 400 hommes disponibles, et devait désigner un autre régiment.

Labour, a reçu du « prétendu acquéreur de Sora » 6.000 ducats : « S'il ne s'excuse pas, j'en serai fâché, mais ce serait un friponneau. »

28 juillet, *Capodimonte.* — Au même. *Ib.*, f° 104. *Aut.* — Demande le projet qu'il lui a remis sur les maisons d'éducation, et ses observations.

2 août, *Castellamare.* — Au même. *Ib.*, f° 105. — Voudrait avoir, en même temps que le budget du ministre des Finances, le détail des ordonnances qu'il a délivrées dans le mois précédent et de celles qu'il compte délivrer dans celui-ci.

3 août, *Naples.* — A C. Berthier. F^{40} 88314 *Aut.*, et Arch. Guerre, Naples 1807. — Lui transmet l'ordre d'aller prendre possession de Corfou. — N° 136.

5 août, *Naples.* — A tous les prélats du royaume. *Monitore Napolitano*, 7 août 1807. — *Te Deum* pour Tilsit. — N° 137.

12 août, *Naples.* — A Lamarque. Arch. Naples, Guerra 1048. *Aut.* — Fournir l'état de situation tous les 15 jours. — N° 138.

13 août, *Capodimonte.* — A Antoine Rœderer. Cabinet d'Antoine Rœderer, I. — Blâme le choix de *Henri V* pour la fête de l'empereur. Dimanche, spectacle « invité ». Engager Larive à y jouer, « sans trop le presser » ; il choisira la pièce : « Elle sera suivie du *Bulletin*, si ce vaudeville réussit. »

15 août, *Naples.* — A Napoléon. AF IV 1714 C. — Sur sa fête et sur les états de situation. — N° 139.

24 août, *Naples.* — A Lamarque. Arch. Naples, Guerra 1048. — Accorde au 20° rég. d'infanterie une gratification de 500 paires de souliers, au sous-lieutenant Labourdonnaye, du 25° dragons, une gratification de deux mois d'appointements, avec félicitations ; mettre à la disposition du général Dufour 1.200 paires de souliers pour les troupes dont il sera le plus content.

28 août, *Naples.* — A M... Vente A. Renouard, 1855 (analyse). — Il n'a pas encore fait faire son buste, sans quoi il le lui enverrait, sûr qu'il ne lui est pas demandé par flatterie.

28 août, *Naples.* — A Masséna. Arch. Essling, Famille, f° 90. *Aut.* — Félicitations et amitiés. — N° 140.

29 août, *Capodimonte.* — A Lamarque. Arch. Naples, Guerra 1048. — Pour éviter le reproche de l'empereur de ne pas envoyer régulièrement les états de situation au ministre de la Guerre, expédier à l'empereur le duplicata de tous les états, « ainsi que des rapports importants » (1).

30 août, *Naples.* — A Napoléon. AF IV 1714 C. — Etats de situation. — N° 141.

1ᵉʳ septembre, *Naples.* — Au même. *Ib.* — Même objet. — N° 142.

1ᵉʳ septembre, *Naples.* — A Lamarque. Arch. Naples, Guerra 1048. *Aut.* — Un membre de la municipalité, à Barletta, arrêté par le commandant de place ; des amnisties publiées par des officiers particuliers. — N° 143.

5 septembre, *Naples.* — A Napoléon. AF IV 1714 C. — Etats de situation. — N° 144.

5 septembre, *Naples.* — A Mgr Rosini, évêque de Pouzzoles, *Cappellano Maggiore.* De Nicola, *Diario napoletano,* t. II, p. 370. — Au moment de le remplacer comme Grand chapelain, l'assure de son estime et de sa bienveillance. — N° 145.

10 septembre, *Capodimonte.* — A Antoine Rœderer, Cabinet d'Ant. Rœderer, I. — Désire entendre dimanche *Britannicus.*

11 septembre, *Capodimonte.* — A Lamarque. Arch. Naples, Guerra 1048. — Presser Digonet et Donzelot de se rendre à leur destination. — N° 146.

15 septembre, *Naples.* — A Lamarque. Arch. Naples, Guerra 1048. *Aut.* — Réprimer les empiètements, en matière de police, du colonel Christophe dans la province de Bari. — N° 147.

16 septembre, *Naples.* — A C. Berthier. F⁴⁰ 883t4 et AF IV 1714 B. — Les Sept-Iles dépendent de l'Armée de Naples. Instructions à ce sujet. — N° 148.

18 septembre, *Naples.* — A Lamarque. Arch. Naples, Guerra 1048. — Avertir les commandants de Molise et Terre de

---

(1) Cette addition est de la main du roi.

Labour que le voyage du roi n'aura pas de caractère officiel. — N° 149.

18 septembre, *Naples*. — A Napoléon. AF IV 1714 A, *Aut.* et 1714 C. — Confirme le contenu d'une note sur le prince Pignatelli-Belmonte (qui lui a prêté serment par écrit et a cédé à son cadet, resté à Naples, tous ses biens du royaume) : « Je ne vois pas d'inconvénient à ce qu'il continue son séjour à Paris. »

18 septembre, *Naples*. — A Paroisse, chirurgien du roi. AF IV 1714 B. — Compliments et don généreux à l'occasion du mariage de sa fille. — N° 150.

20 septembre, *Venafro*. — A Gallo, ministre des Affaires étrangères. AF IV 1714 B. — Rechercher quel était le pavillon des rois normands. — N° 151.

20 septembre, *Venafro*. — A Saliceti. AF IV 1714 B. — Plaintes de la ville de Venafro au sujet des fournitures : mesures à prendre à l'égard des fournisseurs. — N° 152.

20 septembre, *Naples*. — A Miot, ministre de l'Intérieur. AF IV 1714 B. — Le presse de s'occuper de l'établissement des tribunaux, en ce qui le concerne : voudrait pouvoir les installer en novembre. S'est-il occupé de la dotation des établissements fondés par des lois ? Désigner les maisons qui, dans les diverses provinces, serviront de collèges et préparer l'ouverture prochaine de ceux de Sulmona, Lecce et de l'institution d'Aversa. Réparer la route de Terracine à Naples et tracer un chemin carrossable de Portici à Caserte sans passer par Naples.

21 septembre, *Venafro*. — A Rœderer. *Œuvres de Rœderer*, t. IV, p. 13, et Papiers Rœderer, Corr. Impér., f° 107. En partie *Aut*. — Sur le non-paiement des pensions monastiques. — N° 153 (extrait non publié).

22 septembre, *Bojano*. — Au ministre des Affaires ecclésiastiques (1). AF IV 1714 B. — Non-application de la loi fermant les couvents contenant moins de 12 religieux. — N° 154.

23 septembre, *Campobasso*. — A C. Berthier, gouverneur général des Iles Ioniennes. F¹⁰ 88314. — Tâcher de faire

---

(1) Le même que celui de la Marine : Pignatelli-Cerchiara.

connaître à l'escadre russe les affaires de Copenhague, « où les Anglais sont en mauvaise posture. »

24 septembre, *Morcone*. — A Clément [de Ris]. AF iv 1714 B. — Lui parle de son voyage actuel, notamment de l'archiprêtre Giampaolo. — Nº 155.

1ᵉʳ octobre, *Naples*. — A Miot. AF iv 1714 B. — Peu satisfait de son inspection des travaux de la route de Miano. Urgence de prendre des mesures, notamment à l'égard des habitants expropriés. Craint que le ministre ne soit trop confiant dans ses agents. — Nº 156.

1ᵉʳ octobre, *Naples*. — A Macedonio, Intendant des domaines royaux. *I'*. — Hâter les indemnités pour la route de Miano. — Nº 157.

4 octobre, *Naples*. — A Rœderer. Papiers Rœderer, Corr. Impér., f° 109. — Désire être renseigné au sujet de la perte que les fournisseurs prétendent éprouver sur les délégations.

4 octobre, *Capodimonte*. — Au duc de Noja, chambellan. Comm. par le marquis di Gregorio. — Approuve des conditions relatives à l'engagement de danseurs pour le San-Carlo. — Nº 158.

6 octobre, *Capodimonte*. — A Saliceti, AF iv 1714 B. — Décidé à retirer sa licence à la compagnie milanaise de jeux de hasard, à moins qu'elle ne consente à l'augmentation de sa redevance. — Nº 159.

7 octobre, *Capodimonte*. — Approbation sur une demande d'Arditi, directeur du Musée. Arch. Naples, Interno, 52, nº 2. *Aut.* — Autorise l'échange de tableaux avec diverses églises. — Nº 160.

9 octobre, *Naples*. — A Lamarque. Arch. Naples, Guerra 1048. *Aut.* — Approvisionnement des batteries du Golfe et des Iles. Féliciter le général Huard pour sa conduite dans les Abruzzes contre les insurgés. — Nº 161 (extrait).

10 octobre, *Portici*. — A Lamarque. *Ib. Aut.* — Ordre au capitaine Alvary de se rendre sur-le-champ à Corfou : s'il hésitait, ce serait donner prise à ses accusateurs, « s'il en avait ».

12 octobre, *Portici*. — A Lamarque. *Ib.* — Ordre au général

Donzelot de partir pour Corfou, « où il est appelé par la confiance de l'Empereur ».

14 octobre, *Naples.* — A Rœderer. Papiers Rœderer, Corr. Impér., f° 112. *Aut.* (en italien). — Demande pourquoi la *grancia* de Cangiano, appartenant au *Monte Borbonico*, jusqu'à présent louée pour 700 ducats, ne l'est point cette année.

16 octobre, *Naples.*— A Reynier. Arch. Guerre, 9/1. *Aut.* — Faire partir sans retard le 29° de dragons pour Naples. Bonnes nouvelles de Corfou et des provinces.

16 octobre, *Naples.* — A C. Berthier. F¹⁰ 88314. — Reproches pour avoir déclaré sans ordre les Iles Ioniennes partie de l'Empire. Conseils de prudence. Instructions développées sur Parga, la défense des Iles, le placement des troupes. Annonce Donzelot. — N° 162.

16 octobre, *Portici.* — Au duc de Laurenzana, commissaire général de la Police de Naples. AF IV 1714 B. — Reproches sur un abus de pouvoir. — N° 163.

16 octobre, *Portici.* — Au général Donzelot, commandant la Terre de Labour. AF IV 1714 B. — Ecrit à C. Berthier de lui donner le commandement de Sainte-Maure : il devra rendre compte à Berthier, mais correspondre aussi directement avec le roi « qu'il instruira exactement de tout ce qui se passe dans ces parages, qui paraissent destinés à fixer l'attention publique ».

17 octobre, *Portici.* — A C. Berthier. F⁴⁰ 88314, *Aut.* et AF IV 1714 B. — Lui fait expédier de Pouille 10.000 quintaux de blé. Lui demande de tenir un journal de sa correspondance avec Ali-Pacha, les Grecs et les Turcs et de lui en envoyer régulièrement copie, « afin que je puisse remplir les intentions de l'Empereur ».

19 octobre, *Portici.* — A Rœderer. Papiers Rœderer, Corr. Imp., f° 115. *Aut.* — Le nouveau système d'impôts pourra-t-il être mis en action au 1ᵉʳ janvier? En ce cas, urgence de s'occuper des Conseils de province et d'aviser le Conseil d'Etat : « Occupez-vous de cet objet si important. »

20 octobre, *Portici.*— A Lamarque. Arch. Naples, Guerra 1048. *Aut.* — Faire partir les 250.000 fr. en or pour Corfou par le

capitaine Granger et lui exprimer satisfaction pour son rapport. L'invite à amener dîner le colonel Goriz, du 14º léger.

21 octobre, *Naples*. — A Napoléon. Arch. Guerre, 9/1. *Aut.* — Une barque arrivée de Corfou, « ou tout était tranquille » ; une frégate anglaise toujours dans le canal.

23 octobre, *Portici*. — Au général Dedon. AF IV 1714 B. — La flottille de Barbara arrivée heureusement à Amantea avec de l'artillerie (destinée au siège de Reggio).

24 octobre, *Portici*. — A C. Berthier. F40 88314, *Aut.* et AF IV 1714 B. — Etablissement d'une correspondance avec Corfou ; renforts ; projet d'un régiment albanais. — Nº 164.

29 octobre, *Portici*. — A Napoléon. AF IV 1714 C. — Veillera à compléter l'effectif des régiments napolitains qui passent en France. Envois à Corfou bien arrivés. — Nº 165.

29 octobre, *Portici*. — A Clarke, ministre de la Guerre de France. AF IV 1714 B. *Aut.* — Renouvelle l'affirmation que l'argent envoyé de France a toujours été employé à la solde. — Nº 166.

30 octobre, *Portici*. — A Lamarque. AF IV 1714 B. — Presser le départ pour Corfou, avec l'expédition Donzelot, du général Lecamus ou du général Destrès et du 14º léger. — Nº 167.

30 octobre, *Portici*. — Au même. Arch. Naples, Guerra 1048. — Demander l'état des officiers commandant les provinces avec des observations sur chacun.

30 octobre, *Portici*. — Au général Donzelot. *Ib.* — Le presse énergiquement de hâter le départ de son expédition pour Corfou. — Nº 168.

30 octobre, *Portici*. — A Féraud, inspecteur général aux revues. *Ib.* — Réclame un travail régulier sur les revues.

31 octobre, *S. Leucio*. — Circulaire aux ministres. Papiers Rœderer, Corr. Impér., fº 116. — Reproche de n'être pas assez accessibles. — Nº 170.

octobre. — A Lamarque. Arch. Naples, Guerra 1048. *Aut.* — Le colonel du régiment La Tour d'Auvergne, qui commande provisoirement Gaëte, est à Naples : « Donnez-lui l'ordre de partir dans le jour. »

9 novembre, *Naples*. — A C. Berthier. F40 88314. *Aut.* —

Recommande le service de correspondance : « On se plaint dans les ports de l'Adriatique que les bâtiments (envoyés à Corfou) ne retournent pas. »

10 novembre, *Naples*. — A Arcambal, commissaire général des guerres (copie). Arch. Naples, Guerra 1048. — Les 1.500 conscrits arrivés récemment ont leurs chaussures en très mauvais état : leur en distribuer, au compte des corps, pour qu'à la revue de cette semaine chaque homme ait au moins deux paires de souliers en bon état : « J'exige la même chose pour les autres corps de l'armée, ce qui n'est au reste que l'exécution des règlements. »

10 novembre, *Naples*. — A Lamarque. *Ib.* — Lui transmet la lettre précédente et recommande aux généraux de veiller strictement à l'exécution de l'ordre. Verra dimanche toutes les troupes qui ne sont pas à plus d'une journée de Naples.

12 novembre, *Naples*. — A C. Berthier. F40 88314. *Aut.* — Expédition de denrées : « Tout va bien ici et en France. »

15 novembre, *Naples*. — A Napoléon. Arch. Guerre, 9/1. *Aut.* — A donné l'ordre au détachement du 81e, qui est à Corfou, de rejoindre son corps en Italie.

16 novembre, *Naples*. — Au colonel Bigarré (alors en route vers la France avec le 1er régiment de ligne napolitain). *Mémoires de Bigarré*, p. 219. — Le rappelle pour organiser à Mantoue le 2e de ligne.

20 novembre, *Naples*. — A Masséna. Arch. Essling, Famille, II, f° 91. *Aut.* — Témoignages d'amitié. — N° 171.

21 novembre, *Naples*. — A Lamarque. Arch. Naples, Guerra 1048. *Aut.* — Reproche d'avoir insisté sur les prélèvements faits pour la garde royale et sur l'insuffisance des canonniers napolitains. — N. 172.

21 novembre, *Naples*. — A Napoléon. AF IV 1685, *Aut.*, et AF IV 1714 D (Reg.). — Effectifs trop lourds pour les ressources. — N° 173.

21 novembre, *Naples*. — A Antoine Rœderer. Cabinet d'Ant. Rœderer, I. — La loge de la famille du maréchal Jourdan au théâtre du *Fondo* ne doit pas être à la charge des entrepreneurs.

22 novembre, *Naples*. — A Lamarque. Arch. Naples, Guerra

1048. *Aut.* — Préparatifs pour les sièges de Scilla et Reggio. — N° 174.

Novembre, *Naples.* — A Napoléon. AF iv 1685 (copie). — Répond à l'annonce du mariage de Jérôme et de la princesse Catherine de Würtemberg.

1er décembre, *Bologne.* — A Lamarque. Arch. Naples, Guerra 1048. *Aut.* — Départ de troupes. Se rend à Venise. — N° 175.

5 décembre, *Venise.* — A Rœderer. Œuvres de Rœderer, t. IV, p. 14, et t. III, p. 533. — Voudrait savoir le résultat de son décret sur les polices de banque et la négociation des 100.000 ducats destinés à la solde. L'empereur lui a donné « les marques les plus touchantes de son affection » et lui a parlé souvent de Rœderer avec intérêt.

7 décembre, *Venise.* — Au même. *Ib.* — L'empereur a nommé Rœderer grand-officier de la Légion d'honneur : « J'ai été très satisfait de l'empereur. »

7 décembre, *Venise.* — A Lamarque. Papiers Lamarque (copie). — Lui annonce sa promotion au grade de divisionnaire. — N° 176.

11 décembre, *Modène.* — A Méneval, secrétaire de l'empereur. MÉNEVAL, *Napoléon et Marie-Louise*, t. I, p. 165. — Le charge de remettre à l'empereur une lettre par laquelle Joseph annonce l'arrivée de Lucien et d'obtenir pour celui-ci une entrevue.

24 décembre, *Naples.* — A Lamarque. Arch. Naples, Guerra 1048. — Faire rentrer à leur régiment et remplacer les capitaines du La Tour d'Auvergne commandant à Pisciotta et à Bonati.

25 décembre, *Naples.* — A Rœderer. Papiers Rœderer, Corr. Impér., f° 122. *Aut.* — Demande d'explications sur les crédits de la Guerre, à qui il manque encore pour décembre 100.000 ducats.

26 décembre, *Naples.* — A C. Berthier. Catal. Lajarriette (vente 15 novembre 1860). Analyse. — Rupture entre Russie et Angleterre, entrée des Français à Lisbonne.

26 décembre, *Carditello.* — A Rœderer. Œuvres de Rœderer,

t. IV, p. 14. — Rœderer, l'aide de camp du roi, est allé à Paris sans ordres [pour chercher la reine].

27 décembre, *Carditello*. — Au même. *Ib.*, p. 16. — Le prince Aldobrandini, frère du prince Borghèse, se rend à Naples pour les affaires de celui-ci. Lui procurer toutes facilités.

1808

1ᵉʳ janvier, *Naples*. — A Napoléon. AF ıv 1714 A. *Aut.* — Souhaits de nouvel an. — N° 177.

1ᵉʳ janvier, *Naples*. — Réponses aux compliments présentés, pour le nouvel an, par les autorités (en italien). *Monitore napolitano*, 5 janvier 1808. — N° 178.

7 janvier, *Naples*. — A Napoléon. Arch. Guerre, 9/1. *Aut.* — Adresse un état des troupes disponibles (pour l'expédition de Sicile) : observations à ce sujet. — N° 178 bis.

11 janvier, *Naples*. — A Antoine Rœderer. Cabinet d'Ant. Rœderer, I. — Demande qu'on joue au Théâtre Français des tragédies, n'aimant point la comédie.

13 janvier, *Naples*. — A Rœderer. Papiers Rœderer, Corr. Impér., f° 130. — Recommandation pour M. Bréa, beau-frère du général Partouneaux, qui désirerait être placé dans les finances : désire qu'il le soit au plus tôt.

21 janvier, *Persano*. — Au même. *Ib.*, f° 134. *Aut.* — Projet de Miot (sur l'administration de la Ville de Naples) à examiner confidentiellement. Rappelle la recommandation de l'empereur pour Ferrante, beau-frère de Melzi.

23 janvier, *Persano*. — A Reynier. Arch. Guerre, 9/1. — Est en mesure de repousser toute tentative ennemie dans le golfe de Policastro. De même Salligny dans celui de Santa-Eufemia. Envoie de l'argent pour la solde. Comptait bien que Reynier et Salligny s'accorderaient aisément. La flottille qui revenait de Gioja, attaquée, « s'est très bien tirée d'affaire ».

24 janvier, *Persano*. — A Napoléon. AF ıv 1714 D (Reg.). — Les dispositions, qu'il prescrit par sa lettre du 10, « sont exécutées. »

28 janvier, *Vibonati*. — A Reynier. Arch. Guerre, Naples, 9/1.— A ici un corps mobile prêt à se porter où besoin serait, notamment à relever Salligny, s'il allait soutenir Reynier. La solde sera désormais « payée exactement » : « Tout est en bon ordre ici. »

5 février, *Naples*. — A Napoléon. AF iv 1714 D (Reg.). — Affaire du marquis Ferrante. — N° 179.

5 février, *Naples*. — A C. Berthier. F⁷⁰ 88314. — Donner ordre à Donzelot de venir à Corfou, à Cardenau ou autre de le remplacer à Sainte-Maure. Concentrer les troupes françaises et italiennes à Corfou et Sainte-Maure.

6 février, *Naples*. — Au même. *Ib*. — Conformément à l'ordre impérial du 28 janvier, Donzelot prendra le gouvernement général des Sept-Iles ; C. Berthier restera 15 jours pour le mettre au courant, puis reviendra à Paris par Cattaro et la Dalmatie, qu'il inspectera.

9 février, *Carditello*. — A Masséna. Arch. Essling, Famille, II, f° 93. *Aut*. — Amitiés. — N° 180.

10 février, *Naples*. — A Ant. Rœderer. Cab. d'Ant. Rœderer, I. *Aut*. — Annotation sur une supplique de l'acteur Guillemin, congédié sans raison. Prend chaudement sa défense et celle de son maître Larive.

16 février, *Naples*. — Au chef d'escadron, comte de Clermont-Tonnerre, aide de camp du roi. Comm. par le duc de Clermont-Tonnerre. — Instructions relatives à l'approvisionnement et au renforcement de Corfou. — N° 181.

17 février, *Naples*. — Annotation sur une supplique de la commune de Bitonto. — Pap. Rœderer, Corr. Impér., f° 137. *Aut*. — Cette commune chargée abusivement par le directeur des contributions Caputi : remédier et punir. — N° 182.

18 février, *Naples*. — A Reynier. Arch. Guerre, Naples, 9/1. *Aut*. — Lui accorde, pour la France, le congé qu'il avait désiré avoir après la prise de Scilla. — N° 182 *bis*.

18 février, *Carditello*. — A Lamarque. Arch. Naples, Guerra 1048. *Aut*. — Envoi d'argent à Corfou ; urgence de poursuivre le chef Pannetta. — N° 183.

18 février, *Carditello*. — A Rœderer. Pap. Rœderer, Corr.

Impér. f° 135. *Aut.* — Presser l'envoi des 500.000 fr. en or (à Corfou) : « Ne négligez pas la marine. »

24 février, *Naples*. — A Lamarque. Arch. Naples, Guerra 1048. *Aut.* — Sur l'expédition d'argent à Corfou. — N° 184.

24 février, *Naples*. — Au contre-amiral Ganteaume. Arch. Guerre, Naples, 9/1 (copie). — Le colonel Guye lui remettra le duplicata de la lettre de Decrès, portée par le capitaine de vaisseau Roquebert. 10.000 hommes prêts à être embarqués pour la Sicile, si l'amiral peut assurer le passage et compléter les moyens de transport. A Messine, un vaisseau en mauvais état. 2 ou 3 frégates, 60 à 80 canonnières.

25 février, *Naples*. — Au même. *Ib. Aut.* — Questions en vue de l'expédition de Sicile. — N° 185.

26 février, *Naples*. — Au général Duhesme. Arch. Guerre, Naples 1808 (copie). — Heureux d'apprendre qu'il est satisfait du contingent napolitain sous ses ordres. — N° 186.

26 février, *Naples*. — A Clermont-Tonnerre. Comm. par le duc de Clermont-Tonnerre. — Eloge pour son activité (préparatifs destinés à Corfou), que le colonel Guye vient seconder. — N° 187.

26 février, *Naples*. — A Lamarque. Arch. Naples, Guerra 1048. *Aut.* — Gratification au général Digonet.

28 février, *Naples*. — Au même. *Ib.* — Visites de corps à faire à l'ambassadeur de France. Envoi de Strolz en Calabre, pour coopérer avec Merlin. Congé au général Reynier. — N° 189.

28 février, *Naples*. — A Louis Reynier, commissaire du roi en Calabre. Comm. par Mme la comtesse Reynier. En partie *Aut.* — L'invite à prolonger son séjour en Calabre pour terminer les affaires, approuve d'avance ses mesures et ses dépenses. — N° 190.

28 février, *Naples*. — A Reynier, Arch. Guerre, Naples, 9/1. *Aut.* — Lui renouvelle l'avis qu'il lui a accordé un congé sur sa demande. — N° 190 *bis*.

28 février, *Naples*. — [A Lamarque]. Arch. Naples, Guerra 1048. *Aut.* — Presser Partouneaux de tenir tout prêt à être embarqué pour Corfou au premier signal; Maurice Mathieu va remplacer Salligny en Calabre Citérieure. — N° 191.

3 mars, *Naples*. — A Clermont-Tonnerre. Comm. par le duc de Clermont-Tonnerre. — Aucune nouvelle de l'amiral Ganteaume. Conseil à donner au contre-amiral Cosmao. Insuffisance de moyens de passage pour la Sicile : s'en remet à Cosmao de la décision à prendre sur cette entreprise. — N° 192.

7 mars, *Naples*. — Au même. *Ib*. — Approbation; invitation à rester jusqu'au départ des navires français. — N° 193.

8 mars, *Naples*. — A Lamarque. Arch. Naples, Guerra 1048. *Aut*. — Actes arbitraires commis par le colonel Pastol et par le conseil de guerre de Naples contre des autorités civiles. — N° 194.

10 mars, *Naples*. — Au même. *Ib*. — Nouvelles de l'amiral Ganteaume : Possibilité qu'il rallie Cosmao et arrive à Tarente. — N° 195.

12 mars, *Naples*. — A C. Berthier. F^{40} 88314. — Depuis le retour de son aide de camp Rœderer, pense que Corfou a été bien ravitaillé. Ne peut autoriser Berthier à ne pas obéir à l'ordre impérial le rappelant, mais espère l'avoir tranquillisé sur les motifs de l'ordre.

16 mars, *Naples*. — A Rœderer. Papiers Rœderer, Corr. Impér., f° 140. En partie *Aut*. — A reçu un mémoire de moines bénédictins non payés depuis six mois : faire tout le possible pour les régler : « Ne travaillez pas trop aux détails. »

16 mars, *Naples*. — Au même. *Ib*., f° 141. *Aut*. — « On m'assure de tous les côtés que l'impôt foncier ne va pas. » Ne reçoit plus le compte-rendu mensuel. Payer le tiers de l'arriéré des fournisseurs de la Marine en domaines, pour qu'ils ne cessent point leurs fournitures. Les biens-fonds doivent suppléer à l'argent.

18 mars, *Naples*. — Au même. *Ib*., f° 143. — Verser à la Banque le million en or venu de France. Plaintes sur l'entêtement de Poydevant (Payeur général de l'armée française) : ne saurait-on avoir des agents assez capables pour qu'on puisse se passer de lui?

24 mars, *Naples*. — Au même. *Ib*. f° 145. *Aut*. — Fournir d'ici au 30 à la Marine les 40.000 ducats encore dus sur

mars : « Je ne peux pas laisser échapper une occasion qui ne se présentera plus de longtemps. »

1ᵉʳ avril, *S. Leucio.* — Au prince de Bisignano, directeur de la Caisse des Rentes. *Ib.*, f° 154. *Aut.* — Lui renouvelle « la défense la plus expresse » de prêter l'oreille à des demandes de fonds que feraient les ministres. — N° 196.

12 avril, *Naples.* — A Masséna Arch. Essling, Famille, II, f° 99. *Aut.* — Félicitations pour son titre de duc ; vœu que l'empereur lui permette de porter l'Ordre des Deux-Siciles. — N° 197.

22 avril, *Naples.* — A Rœderer. Papiers Rœderer, Corr. Impér, f° 157. — Urgence absolue de mettre 40.000 francs à la disposition du général Dedon.

23 avril, *Naples.* — *Ib.*, f° 158. *Aut.* —: « Faire donner moins de laines et plus d'argent à la Guerre pour les fournisseurs. »

25 avril, *Caserte.* — A Napoléon. AF IV 1714 D (Reg.) — Envoie un rapport sur le comte Ludolf. — N° 198.

26 avril, *Caserte.* — A Rœderer. Pap. Rœderer, Corr. Impér., f° 166. — Transférer de S. Giorgio-a-Molara (prov. d'Avellino) à Laurenzello la caisse des contributions, trop voisine des montagnes (1).

27 avril, *Naples.* — A Napoléon. AF IV 1714 D (Reg). — Mouvement parmi les Anglais de Sicile. Peut-il décorer Rœderer ? Inquiétude sur les affaires d'Espagne. — N° 199.

29 avril, *Naples.* — Au même. *Ib.* — Fait les dispositions que la lettre impériale du 18 peut rendre nécessaires.

8 mai. *Naples.* — Ordre du jour. *Ib.* — Dans plusieurs hôpitaux militaires, les jardins sont gardés par les administrateurs à leur usage exclusif : ils doivent être communs à tous les malades.

17 mai, *Naples.* — A Rœderer. Pap. Rœderer, Corr. Impér., f° 167. —: « Je désire avant tout que vous mettiez au courant la caisse de ma Maison, tant pour l'arriéré des 70.000 ducats que pour les mois d'avril et même de mai. » De même pour la Garde, qui ne peut pas même payer son habillement. Veut « mettre l'ordre le plus exact dans ces deux dépenses ».

---

(1) Rœderer le fit revenir sur cette décision.

23 mai, *Naples*. — A Ricciardi, secrétaire d'Etat. *Diario napoletano*, t. II, p. 401 (en italien).— L'avise de son départ « pour la Haute-Italie » ; le charge de lui faire parvenir tous les papiers du Conseil d'Etat ou des ministères qui ne peuvent attendre son retour. — N° 200.

25 mai, *Terni*. — A Rœderer. Pap. Rœderer, Corr. Impér., f° 180. *Aut.* — Lui annonce trois décrets dotant en biens, fonds l'Académie, les monument, route et musée à établir à Sorrente en l'honneur du Tasse, les fouilles de Pompéi : « Dans aucun cas ne touchez rien aux biens qui entourent Capodimonte... Faites imprimer de mes derniers actes ceux dont vous jugez l'impression bonne. » Miot doit rédiger un nouveau rapport pour 1808.

28 mai, *Bologne*. — A Rœderer. *Œuvres de Rœderer*, t. IV, p. 17. — A promis à Lucien Bonaparte 200.000 fr. à imputer sur le compte de la Maison.

28 mai, *Parme*. — Au duc de Noja, chambellan. Comm. par le marquis Di Gregorio. *Aut.*— Cadeaux à remettre.— N° 201.

2 juin, *Lyon*. — A Rœderer. *Œuvres de Rœderer*, t. IV, p. 17. — Annonce un « paquet » à remettre après l'avoir examiné, à M. La Murra.

8 juin, *Bayonne*. — A M. Boudet. Catal. Charavay (analyse) : « Le roi d'Angleterre est mort, et un ministère plus pacifique est en place. »

8 juin, *Bayonne*. — A Rœderer. *Œuvres de Rœderer*, t. IV, p. 17. — Lui envoie un décret pour terminer *brevi manu* toutes les affaires de sa Maison. Macedonio a des ressources : il en faudra pour le voyage de la reine.

9 juin, *Bayonne*. — Au même. *Ib.*, p. 17. — Naples restera royaume. Lui-même passe décidément en Espagne, dont l'état est pire que Naples à son arrivée. Aussi l'invite à « épargner » le plus possible, lui donne toute latitude pour tout terminer. Rœderer sera ambassadeur auprès de lui. Regrets de quitter Naples.

9 juin, *Bayonne*. — A Rœderer. Papiers Rœderer, Corr. impér., f° 190. *Aut.* — Quelques lignes en tête du texte publié à *Œuvres de Rœderer*, t. IV, p. 18, disant que Ferri-Pisani est autorisé à faire verser 3000 ducats à Miot. Annonce trois

décrets joints et invite Rœderer à terminer tout promptement.

14 juin, *Bayonne*. — Au même. *Ib.*, f° 192. — Espère que le travail qu'il prépare achèvera de ramener la confiance. — N° 202.

15 juin, *Bayonne*. — Au même. *Ib.*, f° 193. *Aut.* — Quelques chiffres omis dans l'état financier envoyé. Voudrait la situation des biens d'Etat dont les maisons religieuses sont encore en possession à titre d'usufruit.

17 juin, *Bayonne*. — Au même. *Œuvres de Rœderer*, t. IV, p. 18. — Rœderer doit toujours être ambassadeur, mais il faut qu'il termine tout à Naples. S'arranger pour que Gallo « ne paye rien de ce qu'il doit encore ; il est fort utile ici. » Compte qu'il l'aidera à remettre les finances d'Espagne en état.

18 juin, *Bayonne*. — A Rœderer. F. Ricciardi, *Scritti e documenti varii*, p. 9. — Désire être agréable à Ricciardi. — N° 202 *bis*.

19 juin, *Bayonne*. — Au même. *Œuvres de Rœderer*, t. IV, p. 19. — Mêmes recommandations : venir le plus tôt possible, mais ne rien laisser « en souffrance ». — Passage supprimé. (Papiers Rœderer, Corr. Imp., f° 198.)

Aut. — Relatif à La Murra, trésorier général. — N° 203.

20 juin. *Bayonne*. — Aux « Peuples du royaume de Naples » (en tête du *Statuto Costituzionale*, daté de Bayonne, 20 juin 1808) (1). *Bullettino delle Leggi del regno di Napoli*, t. IV, ou *Monitore napolitano*, 5 juillet 1808. — N° 204.

22 juin. *Bayonne*. — A Rœderer. *Œuvres*, t. IV, p. 19. — Envoie, afin qu'il l'examine avant de le donner au secrétaire d'Etat pour la promulgation, un décret proposé par le ministre de la Justice (2).

23 juin, *Bayonne*. — Aux Conseillers d'Etat, en leur adres-

---

(1) Nous avons négligé, en principe, les préambules de lois, mais celui-ci porte si bien la marque de Joseph, dans un cas où sa participation est d'ordinaire niée, que nous avons cru devoir faire exception.

(2) Il s'agit sans doute du grand décret sur les juges de paix et les tribunaux, antidaté du 20 mai, et dont la publication commence seulement au *Monitore* du 15 juillet.

sant le *Statuto Costituzionale. Monitore napolitano*, 5 juillet 1808. — N° 205.

26 juin, *Bayonne*. — A Rœderer, *Œuvres de Rœderer*, t. IV, p. 20. — L'empereur toujours disposé à nommer Rœderer ambassadeur : « Ne laissez aucune affaire en arrière. » Tout terminer spécialement avec Macedonio (directeur des Domaines royaux). Achever les affaires de Gallo, à qui Joseph est heureux de donner cette preuve d'intérêt, celles de Salligny et Mathieu. Girardin retourne à Paris.

28 juin, *Bayonne*. — A Masséna. Arch. Essling, Famille, II, f° 102. — Remerciments pour ses félicitations. — N° 206.

30 juin, *Bayonne*. — A Rœderer. *Œuvres de Rœderer*, t. IV, p. 21. — Part bientôt pour Madrid, où compte le voir.

1er juillet, *Bayonne*. — Au même. *Ib.*, p. 21. — A fait inscrire Mathieu Dumas pour 4.000 ducats de rente au Grand livre pour lui permettre de payer les dépenses récentes qu'il a faites pour sa maison. Joseph laisse ses meubles gratuitement au nouveau gouvernement.

2 juillet, *Bayonne*. — Au même. *Ib.*, p. 21. — L'autorise à passer par Paris ; espère qu'il ne restera « plus aucune queue d'affaires » à Naples.

5 juillet, *Bayonne*. — A Saliceti. AF iv 1714 A (Copie). — Témoignages d'estime, regrets qu'il ne puisse venir en Espagne, insistance pour qu'il reste aux affaires. — N° 207.

7 juillet, *Bayonne*. — A Rœderer. *Œuvres de Rœderer*, t. IV, p. 22. — 140.000 ducats de rente viagère obtenus en autorisant la suppression de maisons religieuses, dont les moines seront entretenus avec 100.000 ducats : les 40.000 restants seront affectés à l'Ordre des Deux-Siciles. L'empereur veut disposer de biens-fonds à Naples pour 100.000 ducats : les remplacer aux créanciers de l'Etat.

24 juillet, *Madrid*. — Au même. *Ib.*, p. 24. — L'engage à passer les chaleurs à Paris et à voir l'empereur avant de venir

LETTRES SANS DATE

Début du règne. — A C. Berthier. AF IV 1714 F. *Aut.* — Défense à tous militaires de faire de proclamations aux habitants. — N° 208.

Placé parmi des pièces de juillet 1806. — Au même. F⁴⁰ 8831/4. *Aut.* — Erreur matérielle de C. Berthier. — N° 209.

Placé parmi des pièces de mai 1807. — [A. Lamarque] Arch. Naples, Guerra 1048. *Aut.* — Approuve des travaux à exécuter dans les îles du golfe de Naples. — N° 210.

Placé parmi des pièces d'avril 1807. — Annotation à une requête de la maison André et Forquet, de Naples. Papiers Rœderer, Corr. Impér., f° 76. *Aut.* — N° 211.

A Saliceti. AF IV 1714 B. — Commissaires de police illégaux. — N° 212 (fragment).

A Mme [X...]. F. Masson, *Napoléon et sa Famille*, t. IV, p. 62 (fragments). — Lettre d'amour. — N° 213 (1).

A Mme [X...]. AF IV 1714. — Billet galant. — N° 214.

RECUEIL DES LETTRES
LES PLUS IMPORTANTES

1. — *A Napoléon.*

Saint-Michel, près Saint-Jean-de-Maurienne,
14 janvier 1806, 8 h. du soir.

Sire, un courrier que je rencontre à l'instant, d'Elisa, m'apprend que le Mont Cenis est fermé et qu'il pense qu'il

---

(1) Par exception, nous reproduisons, au lieu de simplement l'analyser, une lettre publiée, parce qu'elle offre, d'un genre peu représenté dans la correspondance connue de Joseph et qui cependant devait être florissant, un échantillon gracieux, utile à comparer avec le suivant, que nous classons dans la même catégorie.

ne sera impossible de le passer avant quatre à cinq jours ; je ne pourrai pas dépasser Saint-Jean demain à cause des neiges ; je verrai par moi-même et ferai mes efforts pour surmonter ces obstacles.

Si V. M. a des ordres à me donner, il serait possible qu'ils puissent me parvenir avant mon arrivée à ma destination, où j'espère trouver vos instructions ; je suis avec respect, sire, de V. M. le très dévoué et fidèle serviteur et affectionné frère.

(AF IV 1714 A.)

2. — A *César Berthier* (1).

Quartier-général d'Albano.
1er février 1806. — " *Aut.*

Général, je désire que vous donniez l'ordre au commandant du quartier général pour qu'il n'y souffre aucun Français, militaire ou non militaire, à moins qu'il

---

(1) César-Gabriel Berthier, frère d'Alexandre et de Léopold, servit longtemps sous le nom de Berluy-Berthier. Né en 1765 à Versailles. Sous l'ancien régime, sous-lieutenant au régiment provincial d'artillerie de la Fère, capitaine d'infanterie, sous-lieutenant des Gardes de la Porte du Roi (1786). Adjudant-général, lieutenant-colonel à l'armée du Nord (1792), capitaine-général à Tabago, divisionnaire 3 janvier 1806. Il fut nommé gouverneur général de Corfou (12 novembre 1807-28 janvier 1808, en fait jusqu'en avril), puis commandant de la 27e division militaire (Turin, 7 juin 1808). Mort à Grosbois, noyé dans l'étang, 1819.
C'est son frère Alexandre qui le fit nommer chef d'état-major de l'armée de Naples (lettre d'Alexandre à César, Schœnbrunn, 6 janv. 1806, A.N. F4o 88310). Il ne paraissait guère propre à ces fonctions : sa comptabilité à Tabago avait donné lieu à de graves observations. (Décrès à C. Berthier, 20 mai 1807, A.N. F4o 88310, relève notamment le refus de remettre à son successeur et l'oubli d'envoyer au ministre les papiers de son administration.) Ségur l'accuse formellement d'indélicatesse. (*Hist. et Mém.*, II, 556). Son étourderie est plusieurs fois signalée : dans la marche sur Naples, il aurait oublié la cavalerie à Rome ! On le voit confondre des localités, des provinces.
Mme d'Abrantès (*Mém.*, éd. Garnier, III, 175) dit de lui : « Léopold (son frère) avait de l'esprit, César en avait peu et la bredouillerie, la brusquerie de sa parole altéraient encore ce qu'il en avait. »

n'appartienne à l'armée. Il ne leur sera point accordé de billet de logement et ils devront se retirer sur les derrières de l'armée.

Vous exigerez un état nominatif de tous les individus qui se seront présentés dans le jour. Je désire en avoir moi-même la connaissance tous les soirs.

Il sera bon de donner le même ordre à tous les généraux commandant les diverses divisions de l'armée.

J'attache la plus grande importance à cette disposition. Votre affectionné.

Joseph BONAPARTE.

(Comm. par Noël Charavay.)

3. — A l'Adjudant-Commandant Cacault.

Ceprano, 10 février 1806.

J'ai été bien fâché, Monsieur, en arrivant ici, d'avoir appris que vous aviez affecté à votre service particulier quatre chevaux des ambulances de votre division, dont les caissons sont restés ici faute de chevaux : le service que vous avez fait manquer est le plus sacré de tous, Monsieur, et je n'ai pas reconnu dans cette conduite le caractère d'un homme qui porte le nom de M. le sénateur Cacault : vous devez à sa mémoire que je n'aie pas rendu public dans l'ordre de l'Armée mon mécontentement.

(1) Fils de François Cacault, le diplomate, dont il est parlé dans la lettre et qui, représentant de la France à Rome, après le meurtre de Bassville, puis sous le Consulat, y avait gagné l'estime générale. Il était mort le 5 octobre 1805. Son fils, Jean-Baptiste, né à Surgères (Charente-Inférieure), 1766, soldat 1784, adjudant-général chef de bataillon 1794, fut chef d'état-major de Partouneaux à l'armée de Naples, prit part au siège de Gaëte, commanda à Lecce (Terre d'Otrante), puis à Pescara (Abruzzes, 12 sept. 1806). Rappelé dès la campagne de Prusse. Général de brigade après Wagram, de division en 1813, mais mort aussitôt de ses blessures.

M Cacault était mon ami, je désire être le vôtre : pour cela imitez-le.

(AF iv 1714 B. *Reg*.)

4. — *Au Général Partouneaux* (1).

Ceprano, 10 février 1806.

Général, j'ai reçu votre lettre ; j'ai été fâché d'apprendre que les caissons des ambulances de votre division étaient restés ici faute de chevaux, dont quatre ont été pris par votre chef d'Etat-major (2).

Je n'ai qu'à me louer de la conduite que vous avez tenue ici : votre affabilité vous a fait des amis des personnes chez lesquelles vous avez logé. J'aurai le plaisir de vous voir demain et de vous assurer de nouveau de mon ancien et constant attachement.

(AF iv 1714 B. *Reg*.)

5. — *A Masséna*.

Capoue, 15 février 1806.

M. le Maréchal, veuillez m'instruire si le carabinier de la 23e, qui a assassiné si horriblement un capitaine du 62e, a été jugé par une commission spéciale selon l'autorisation que je vous en ai donnée.

(AF iv 1714 B. *Reg*.)

---

(1) Louis Partouneaux, né à Romilly-sur-Seine (Aube),1770,mort en 1835. Volontaire en 1791, sous-lieutenant au régiment de Hainaut 1792, capitaine aux Eclaireurs de l'armée d'Italie 1793. Blessé au siège de Toulon, blessé et pris à Novi, commanda en 1805 une division de grenadiers à l'armée d'Italie. Dans le royaume de Naples jusqu'en 1810 ; pris en Russie avec sa division. Prêta le serment à Louis XVIII et y resta fidèle pendant les Cent Jours.(Voir *Notice sur le lieutenant-général comte de Partouneaux*.) Durant tout son séjour à Naples, il jouit d'une réputation de probité et d'intégrité.

(2) Cacault. (Voir lettre précédente.)

6. — *Au Général Reynier* (1).

Capoue, 15 février 1806.

Nous sommes maîtres de Capoue et de Naples, vous devez avoir reçu hier l'ordre pour la reddition de la place de Gaëte, que vous aurez adressé au général qui y commande (2).

Mon intention est que vous suiviez à la rigueur la capitulation qui a été signée par les députés de la Régence.

M. le gouverneur ne mérite aucun égard de votre part, à moins qu'il n'indique lui-même les brigands qui ont tué l'officier parlementaire; dans ce cas, vous les ferez fusiller devant la garnison et le 6e qui bloque la place. Dans le cas contraire vous arrêterez le prince de Hesse et ne laisserez échapper aucun des individus qui composent cette garnison.

Dans toutes les hypothèses, vous ferez mettre aux fers les galériens (3).

Mettez beaucoup de circonspection dans toutes vos démarches; un jour plus tôt ou plus tard ne nous importe pas assez pour que vous vous compromettiez en rien. La place ne doit être rendue qu'aux conditions que j'ai

---

(1) Jean-Louis-Ebenezer Reynier, né à Lausanne (Suisse) en 1771, descendant de Français émigrés lors de la Révocation. Elève de l'Ecole des Ponts-et-Chaussées, enrôlé en 1792 dans le bataillon du Théâtre Français; il servit surtout dans l'état-major (armées du Nord et du Rhin); divisionnaire 11 brumaire an V (armées d'Orient, d'Italie). Mis en disponibilité à la suite de son duel avec Destaing, réemployé 1805. V. notre livre : *Naples sous Joseph Bonaparte*, pp. 19 et suiv.

(2) Il s'agit du refus opposé par le gouverneur de Gaëte, prince de Hesse-Philippsthal, à la sommation de Reynier : par une méprise de la garnison, le chef d'escadron Lamy, qui la portait, avait été tué.

Le ton de la lettre surprend par son assurance, quand on songe que Gaëte fut la préoccupation constante des Français jusqu'à la fin de juillet.

(3) Enrôlés pour renforcer la garnison. On en avait même envoyé de Sicile.

accordées aux députés de la Régence (1) et je ne vous laisse aucune latitude à cet égard.

Donnez-moi sur-le-champ connaissance de ce qui se passe à Gaëte.

(AF¹ᵛ 1714 B. *Reg.*)

7. — *Au général Girardon* (2).

Naples, 18 février 1806.

Général, l'on m'a porté des plaintes sur ce que plusieurs de vos officiers avaient fait enlever des chevaux et exigeaient la table dans les maisons où ils étaient logés; vous voudrez bien m'écrire si cela est vrai; vous connaissez les ordres que j'ai donnés pour la répression de ces abus. Je compte que vous veillerez avec le plus grand soin à ce qu'ils n'aient plus lieu.

L'officier commandant avant vous est accusé (3); je désire qu'il ne soit pas coupable.

Marquez-moi s'il y a près de Capoue des cantonne-

---

(1) Régence de trois membres, laissée par la Cour fugitive pour maintenir l'ordre et opérer la remise de Naples. Elle n'avait pas de pouvoirs pour rendre Gaëte.

(2) Antoine Girardon, né à Chaumont 1758, fils d'un perruquier, étudia d'abord le dessin, puis s'engagea à Brie-infanterie 1776 (campagne d'Amérique et des Antilles); chef de bataillon au 1ᵉʳ bataillon des volontaires de Haute-Marne 1793, puis à la 170ᵉ demi-brigade 1794 (armées du Rhin et Moselle et du Rhin). Nommé chef de brigade par Bonaparte 1796, commandant de Venise, puis du département du Circeo; nommé général de brigade par Macdonald 1799 (campagne de Naples, capitulation de Capoue, libéré sur parole). Commanda le département de Maine-et-Loire de décembre 1799 à septembre 1805. Général de division 1805 : armée d'Italie, commandement des provinces vénitiennes, armée de Naples (3 janvier-10 octobre 1806). Mort à Paris des suites de maladies contractées au siège de Gaëte (5 décembre 1806). Actif et probe, n'en jugerait-on que par son registre de correspondance, comme commandant militaire de la Terre du Labour, en 1806, et par son absence de fortune.

(3) Probablement un officier du 62ᵉ de ligne, régiment auquel l'ordre du 13 février 1806 confiait provisoirement la place de Capoue.

ments dans lesquels on pourrait placer des régiments de cavalerie.

(A F iv 1714 B. Reg.)

8. — *A Masséna.*

Naples, 19 février 1806. — ** *Aut.*

Monsieur le Maréchal, le jour de notre départ de Capoue, je vous ai écrit pour vous recommander de faire juger le carabinier du 23e légère accusé d'avoir assassiné un capitaine du 62e. Veuillez me transmettre le résultat des poursuites qui doivent avoir été faites à ce sujet.

J'avais ordonné que les patrouilles de nuit auraient été entremêlées de Français et d'Italiens (1); cette disposition n'a pas encore été exécutée jusqu'ici.

A dix heures du soir, hier, des dragons parcouraient encore la ville ; ils ont enlevé une femme, maltraité un homme, entré de force dans un magasin de vins (2)*. Il faut donner des ordres sévères et renvoyer dans la Pouille le premier régiment de dragons dont les soldats recommenceront ces excès *.

(Arch. Essling.)

(1) Pourtant l'auteur du *Diario Napoletano* note, le 16 février, des patrouilles mixtes, conduites par des inspecteurs de police, et se loue fort de l'ordre.
(2) C'est à cette même date que le bourgeois, auteur du *Diario Napoletano*, signale pour la première fois les méfaits militaires. De son côté, le petit peuple se montrait hostile et agressif. Le général Partouneaux, commandant la garnison, recevait même d'un officier patriote, l'avis que dans les quartiers du Mercato et de Loreto « les cabaretiers ont des lazzaroni chez eux cachés pour attendre des soldats français et les assassiner » (20 février 1806. Arch. Essling, R. 44 f. 93). Le général Lecotte, commandant la place, rapportant, à la même date, les bagarres signalées, note que, près des Carmes, le poste étant intervenu, essuya quatre coups de feu.

9. — *Au Général Dulauloy (1).*

Naples, 1er mars 1806.

Je suis instruit que, sous prétexte de transport des approvisionnements de siège de Gaëte, on a arrêté aux approches de la ville plusieurs voitures qui transportaient des denrées.

Je désire que vous me fassiez connaître si c'est par votre ordre, quel est le nombre des voitures et des chevaux dont vous avez besoin, mon intention étant d'adopter tout autre moyen, hors celui de la réquisition, pour subvenir aux besoins des divers services de l'armée.

Je vous envoie copie d'une lettre que je reçois du ministre de la Guerre.

(AF iv 1714 B. *Reg.*)

10. — *A Decrès.*

Naples, 2 mars 1806.

... Nous attendons avec impatience les bâtiments que vous nous annoncez, nous avons trouvé peu de moyens dans le port de Naples.

Agréez mon sincère attachement.
Votre affectionné ami Joseph.

(Arch. Marine, BB³ 267.)

---

(1) Randon-Dulauloy (Charles-François), né à Laon 1764, mort à Soissons, 1832. Elève de 'Ecole d'artillerie 1780, capitaine 1788. Devient colonel en Vendée, général de brigade 1794, de division 1803. Conseiller d'Etat de l'Empire et chambellan. Un des meilleurs, plus braves et plus actifs artilleurs de l'époque. A Naples il sut improviser des ressources parmi la pénurie générale.

11. — A Masséna.

Naples, 2 mars 1806. — *Aut.*

M. le Maréchal Masséna fera partir sur le champ un détachement de 3oo hommes d'infanterie à Nola, où il y a eu un soldat français assassiné ; le commandant du détachement fera désarmer tous ceux qui auraient des armes à feu : on accuse Pasquale Tedeschi detto Pisciotti del luogo di Gallo.

Un détachement à la Torre dell' Annunziata : il surveillera les ouvriers des manufactures d'armes et ceux qui travaillent à la confection des poudres, il les fera tous désarmer sur le champ. Antonio Rappacciolo a été vu avec des armes françaises ; on soupçonne qu'il peut avoir assassiné des soldats français avec ses frères, gens hardis et redoutés dans le pays.

Joseph BONAPARTE.

(Arch. Essling.)

12. — A Napoléon.

Naples, 24 mars 1806.

Sire, je vous envoie par le canal du prince Borghèse un sabre d'acier qui a été fabriqué ici (1).

(AF IV 1714 C.)

---

(1) Il y avait deux fabriques royales d'armes, à Torre dell'Annunziata et à Naples. Elles furent remises en activité par le général Dedon. De toutes deux le *Rapporto sullo stato del Regno...* de Zurlo (1811) dira qu' « elles rivalisent avec les principaux établissements de l'Europe ».

13. — A Masséna.

Lagonegro, 7 avril 1806. — *Aut.*

Le Général Verdier (1) à la tête du 6ᵉ d'infanterie de ligne a dispersé le rassemblement qui s'était formé à Soveria (2). J'espère que nous donnerons une telle leçon aux insurgés qu'ils ne seront pas tentés d'y revenir.

Agréez, mon cher Maréchal, tout mon attachement. Je me porte bien. Votre affectionné (3).

Joseph.

(Arch. Essling.)

14. — A Melzi.

Lagonegro, 7 avril 1806.

Monsieur, j'ai bien reçu votre lettre (4); j'avais déjà vu Monsieur votre beau-frère (5) : à mon retour à Naples

---

(1) Jean-Antoine, né à Toulouse 1767. Soldat à la Fère-infanterie, adjudant-major du 2ᵉ bataillon de Haute-Garonne 1792, général de brigade 1796, de division 1800. De Naples il passa en Espagne. Mort à Mâcon 1839.

(2) La première tentative de soulèvement.

(3) Cette formule est celle qu'emploie le plus fréquemment Joseph. Nous la supprimerons désormais chaque fois qu'elle sera identique.

(4) Lettre adressée à Joseph le 10 mars 1806, d'Aix (Melzi d'Eril, *Memorie e documenti*, II, 459): Melzi remerciait « d'un témoignage flatteur de la bonté de V. A. I »., transmis par Ferrante, félicitait les peuples de Naples du changement de gouvernement.

(5) Le marquis Ferrante. Son affaire ne fut réglée qu'en février 1808. (V. lettre nᵒ 179.) Un rapport de Rœderer, ministre des Finances, joint à cette dernière, explique de quoi il s'agit : Ferrante avait subi par suite de la reprise des *arrendamenti* (taxes de consommation aliénées) « une suspension de revenu de 5 à 6.000 ducats ». On lui aurait, comme aux autres possesseurs, offert un fonds de terre ou une inscription au Grand Livre, d'un revenu équivalent au sien, s'il s'était présenté à la liquidation, « mais M. Ferrante est du nombre des arrendamentistes *qui attendent* ». Rœderer lui avait envoyé le directeur même de la liquidation, l'avait vu lui-même, mais Ferrante aurait voulu ne remettre ses titres qu'au roi en personne et espérait la restitution non seulement du revenu supprimé, « mais de beaucoup d'autres mille ducats qui avaient été successivement retranchés aux arrendements de sa famille depuis deux siècles ». (Arch. Nat., AF IV 1714 A).

je m'empresserai de lui témoigner, ainsi qu'à Madame, tout l'intérêt que je prends à ce qui vous regarde.

Je serai fort heureux toutes les fois que vous me fournirez l'occasion de vous témoigner combien la véritable estime que je vous porte égale l'attachement que je vous ai voué depuis longtemps : je compte tout à fait sur la réciprocité de ces sentiments de votre part et j'en suis tout à fait content.

Agréez-en de nouveau l'assurance.

Votre affectionné ami.
Joseph BONAPARTE.

Les affaires vont bien dans ce pays; je m'en occupe beaucoup : vous savez qu'on ne fait pas toujours tout le bien que l'on désire; mais peu à peu les affaires s'arrangeront.

(Melzi d'Eril, *Memorie e Documenti*.)

15. — A Saliceti.

La Rotonda, 9 avril 1806.

Monsieur, je suis très satisfait de l'esprit des habitants du pays que j'ai parcouru jusqu'ici, ainsi que de la conduite des troupes. Je désire que vous chargiez chaque commissaire de Naples de dresser un tableau de cent fainéants valides, en distinguant les mariés, le nombre d'enfants, mon intention étant d'en former un corps, de les bien traiter, mais de les forcer à se rendre dans un camp, qui va être formé sur l'un des points de la route que je viens de parcourir, où je les emploierai à des travaux utiles; je leur donnerai la perspective de la propriété, des encouragements aux plus laborieux en les payant davantage; je donnerai aux femmes la moitié de la solde et je placerai les enfants hors d'état de travailler à l'Albergo dei Poveri (1), ou dans une autre maison qui sera désignée à cet effet. Comme c'est un pur essai, vous concevez qu'il faut beaucoup sacrifier à son succès ; pour le moment, il faut se borner à faire rédiger l'état sans que personne se doute du but où je veux atteindre.

Faites aussi dresser un état de cent mendiants par quartier, les moins en état de travailler, afin qu'on sache où les trouver dès que je leur aurai fait préparer l'asile que je veux leur donner.

Instruisez-moi où l'on en est pour le départ des galériens.

Faites-moi aussi faire un état des partis et des restants, en distinguant parmi ces derniers ceux qui sont en état de travailler et ne sont condamnés que *ad tempus*.

(AF IV 1714 B.)

16. — *A Masséna.*

Bisignano, 10 avril 1806. — ** *Aut.*

M. le Maréchal, j'ai reçu votre lettre du 5. J'ai envoyé au ministre de la Police les pièces qui déposent contre le marquis Rodio (2).

Il paraît que, dans la nuit du 4 au 5, deux soldats ont été blessés par des Napolitains dans les maisons desquels ils ont voulu s'introduire. Je suis convaincu que vous aurez donné des ordres pour que les troupes ne sortent pas de leur quartier la nuit (3). C'est le seul moyen d'empêcher que des scènes semblables ne se renouvellent.

(1) Le grand hospice de Naples, fondé par Charles de Bourbon.
(2) Le principal organisateur officiel de l'insurrection. V. ci-dessous, n° 22.
(3) Un ordre de la place l'avait déjà défendu le 23 février, mais, comme on l'observait alors, avec d'aussi mauvais casernements, il était difficile d'y retenir les troupes.

Je n'ai qu'à me louer de l'accueil que je reçois des habitants de ce pays (1), que l'on m'avait (sic) supposés moins intentionnés que ceux des autres provinces et que je trouve au contraire pleins d'un zèle plus vivement exprimé.

Envoyez-moi l'état des prisonniers de guerre partis et de ceux qui restent à partir. Faites la même chose pour les galériens.

* Agréez, mon cher Maréchal, tout mon attachement.
Votre affectionné ami JOSEPH (2) *.

(Arch. Essling.)

17. — A Masséna.

Scigliano, 14 avril 1806. — *Aut.*

J'ai reçu votre lettre, mon cher Maréchal, je m'en rapporte à ce que vous ferez pour Gaëte; le plus possible ne faites aucune tentative à moins que les 40 pièces ne soient en batterie (3).

Je suis très satisfait des dispositions des habitants des Calabres, ils avaient été négligés par l'ancien gouvernement, ils méritent beaucoup par le zèle qu'ils nous montrent, ils arrêtent eux-mêmes les brigands et ne craignent pas de se mettre en avant.

Agréez tout mon attachement.
Votre affectionné ami.

(Arch. Essling.)

18. — A Masséna.

Palmi, 16 avril 1806. — *Aut.*

Je pars demain pour Reggio, mon cher Maréchal, je

---

(1) Bisignano est en Calabre citérieure.
(2) A partir de ce moment nous ne trouvons plus que la signature *Joseph* : nous la retranchons.
(3) C'est le général Lacour qui disait qu'il fallait 40 pièces de plus pour faire la brèche. (Lacour à Masséna, 13 avril. Arch. Essling, R. 44 f° 184.)

suis très content des habitants du pays, je me porte très bien. Agréez toute mon amitié.

(Arch. Essling.)

19. — *A Masséna.*

Reggio, 18 avril 1806. — ** *Aut.*

M. le Maréchal, veuillez faire expédier l'ordre aux galériens partis de Naples de se diriger : savoir deux convois sur Palmanova, un sur Mantoue et un sur Alexandrie.

* Vous aurez reçu les nouvelles contenues dans le *Moniteur* du 1er avril (1). Je les ai reçues hier, tous les habitants du pays ont paru en être très satisfaits. Je pars le 20 pour retourner à Naples, je serai à Cassano le 29.

Vous connaissez, mon cher Maréchal, toute mon amitié*.

(Arch. Essling.)

20. — *A Masséna.*

Reggio, 19 avril 1806. — *Aut.*

J'ai reçu, mon cher Masséna, votre lettre, je vous renvoie votre aide-de-camp.

Vous aurez su par le *Moniteur* toutes les nouvelles du 1er avril (2).

Je pars demain, je serai à Cassano le 29 et quelques jours après à Naples.

Je suis de plus en plus content de mon voyage.

Agréez tout mon attachement.

(AF IV 1714 B.)

Votre affectionné ami.

(1) La déclaration impériale reconnaissant Joseph comme roi de Naples et de Sicile.
(2) Voir la note précédente.

21. — A Masséna.

Squillace, 23 avril 1806. — *Aut.*

J'ai reçu, mon cher Maréchal, votre lettre du 19. Vous ne devez pas douter que je fasse tout ce qui dépend de moi pour vous, j'ai écrit à l'Empereur et je désire que sa bonne volonté réponde à la mienne (1).

Agréez toujours tout mon attachement.

Votre affectionné ami.

(Arch. Essling.)

22. — A Masséna.

Catanzaro, 21 avril 1806. — ** *Aut.*

M. le Maréchal, je ne dois pas vous cacher mon étonnement de ce que Rodio n'est point encore jugé (2). Voilà une sédition qui vient de se manifester dans la province de Lucera (3). Nul doute qu'elle ne soit l'effet du même plan de révolte générale dont ce Rodio devait être le chef. Je ne saurais que penser de la commission s'il n'était point jugé avant mon retour à Naples.

---

(1) Il s'agit des contributions levées en Vénétie et dont l'empereur réclamait avec véhémence la restitution. Joseph s'employa pour faire laisser à Masséna le plus possible de ce qui lui restait.

(2) Le marquis Rodio, sur lequel nous donnons quelques détails dans *Naples sous Joseph Bonaparte*, avait été chargé par la Cour fugitive d'organiser le soulèvement populaire contre les Français. Bien que portant le grade de général, il fut traduit comme fauteur de désordres devant une commission militaire. Sur ce procès, dont P.-L. Courier parle dans une de ses *Lettres d'Italie* (à M. de Sainte-Croix, juillet *1807*), nous avons publié *Il processo del marchese Rodio (1806)* dans *Archivio Storico per le province napoletane*. La lettre publiée ici était capitale dans la question : elle prouve que la condamnation de Rodio n'a pas été, comme on le répétait, imposée par Masséna et Saliceti, à l'insu du roi, alors en voyage.

(3) La Capitanate.

* Il faut qu'une prompte justice soit faite. J'ai reçu, mon cher Maréchal, votre lettre du 20 avril.

Recevez mes sentiments et mes amitiés.

Votre affectionné ami *.

(Arch. Essling.)

23. — A Masséna.

3 mai 1806. — ** Aut.

M. le Maréchal, j'ai reçu vos différentes lettres. Si vous le jugez nécessaire, vous pouvez faire mettre à la disposition du Général Lacour une somme de 12.000 fr., dont je vous tiendrai compte, vous pouvez lui promettre que, s'il réussit, je tiendrai les engagements qu'il aura contractés (1).

' Agréez, mon cher Maréchal, toute mon amitié.

(AF iv 1714 B.)

24. — A Talleyrand.

Tarente, 3 mai 1806. — ** Aut.

Monsieur, je vous remercie de l'avis que vous me donnez par votre lettre du 11 avril de la notification que les Ambassadeurs de S. M. I. et R. sont chargés de faire aux Souverains près desquels ils résident relativement aux événements qui m'ont porté au trône de Naples et de Sicile. Je ne vous suis pas moins reconnaissant de

(1) Il s'agit de la curieuse négociation que Lacour, commandant alors le blocus de Gaëte, avait nouée ou cru nouer avec Fra Diavolo, le fameux partisan, qui cherchait à rentrer dans la place ; ce chef aurait promis de livrer une poterne ; le fait que la nuit, indiquée par lui pour un rendez-vous, fut au contraire troublée par une sortie inattendue, peut être interprété en sa faveur.

l'intérêt que vous me témoignez à cette occasion et des sentiments que vous conservez pour moi.

Parmi les nombreuses félicitations que je reçois, il m'est facile et doux de distinguer celles qui sont dictées par l'amitié, et à cet égard les vôtres me sont particulièrement chères.

* Agréez mon sincère attachement. Votre affectionné ami.

JOSEPH.

On a oublié de m'adresser la notification, je vous prie de me la faire envoyer *.

(Aff. étr., Naples, 131.)

25. — *Réponse aux députés des cités de Pouille.*

Cerignola, 7 mai 1806 (1).

Io ho scorso molti paesi delle provincie, in cui regnava la miseria e lo squallore. La mia sorpresa è stata grande nel vedere che il più bel paese della Europa abbia potuto essere abitato da esseri infelici. Ma tale sorpresa è cessata allorchè questi medesimi abitanti non mi han chiesto mica del pane, di cui mancavano, non hanno implorate delle grazie, non dei benefici e degli onori. Mi hanno solamente domandato della giustizia (2). Ho dunque conchiuso che la Giustizia non regnava fra di voi e mi sono particolarmente occupato a ripristinarla. In fatti il vostro sistema giudiziario è vizioso. I vostri tribunali sono preseduti e forse compressi da un uomo del

(1) A la réception faite à Cerignola, le *Monitore* du 16 mai 1806 consacre tout un supplément.
(2) Ce passage devait avoir particulièrement satisfait l'auteur, car il est traduit dans le *Journal de Paris*, 28 mai 1806.

Principe (1), nell' atto che la giustizia si appartiene alla sola Legge et non deve dipendere che da questa. La residenza dei tribunali inappellabili nella sola capitale è ancor più viziosa e nociva. Tutto sarà rettificato. Quattro commissioni straordinarie da me create vi sanaranno da' mali passati, e quattro tribunali inappellabili ne' diversi dipartimenti vi guariranno da' mali futuri.

Un' altra sorgente de' mali delle provincie mi è sembrata la lontananza del Sovrano. Il passato governo distratto forse da altri pensieri non si era occupato che della città di Napoli, trascurando interamente le provincie. Io mi regolerò diversamente, perchè non sono già il Re della sola capitale, ma di tutto il regno. Passerò una gran parte dell'anno in quella, ma visiterò sempre i Dipartimenti ed osserverò da me stesso i loro bisogni.

Ma non basta l'esser giusti per esser felici. Bisogna ancora esser potenti e capaci di resistere a' nemici interni ed esterni dello Stato. Il sovrano di questo regno non ha bisogno già di un' armata innumerabile. Trenta quaranta mila uomini, e l'amor de' popoli bastano per metterlo al coperto da qualunque intrapresa. Se la corte passata fosse stata amata, i Francesi non avrebbero conquistate queste regioni. Io dunque vi raccomando il rispetto per lo stato militare e chiamo tutta la gioventù ad abbracciarlo. Questa sarà per me la classe più onorevole e più rispettabile della nazione: poichè tutte le professioni e tutti li mestieri sono accompagnati da pochi pericoli, ed hanno delle indennizzazioni; ma il militare rischia ad ogni istante la propria esistenza, e non è circondato che dalla gloria.

Assicurate l'intera provincia, che queste dimostrazioni di gioja, di affetto, e di esultanza lusingano il mio cuore. Ma sono abbastanza uomo per conoscere di non averle

---

(1) *L'Audienza*, tribunal provincial, avait à sa tête le gouverneur même de la province, le *Preside*.

ancora meritate. Io non le posso attribuire che alla speranza in cui siete della felicità nel mio regno, ed io farò tutti gli sforzi possibili, affinchè i vostri voti non siano delusi.

Un député ayant exprimé son admiration d'entendre un souverain exposer ses idées, auparavant toujours secrets d'Etat, le roi a répondu :

Questi arcani sono omai cessati. I miei sudditi sapranno tutto. Le contribuzioni non saranno più divertite, e ciascuno leggerà in ogni fine di anno il quantitativo de' tributi pagati e l'uso che se ne sarà fatto.

(*Monitore Napolitano.*)

26. — *A Masséna.*

Foggia, 8 mai 1806. — *Aut.*

Je reçois, mon cher Maréchal, vos lettres du 6 et du 7. Toutes les dispositions que vous ferez pour Gaëte seront approuvées par moi : vous avez bien fait d'envoyer des troupes au pont du Garigliano en remplacement de celles qui se sont portées vers Gaëte. J'ai donné ordre au 6ᵉ de ligne, qui est à Cosenza, de se porter sur Salerno, où il sera à votre disposition.

— Occupez-vous à faire fortifier et surveiller le service des batteries de la côte.

Je serai toujours à Naples le 10 ou le 11 ; je me repose sur votre activité et votre expérience.

Votre affectionné ami (1).

(Arch. Essling.)

(1) Cette lettre, avec bien d'autres, prouvera peut-être que Joseph ne manquait ni de confiance, ni d'égards, au point de vue militaire, tout au moins, pour le maréchal.

27. — *Réponse au discours de Rœderer, au nom de la délégation du Sénat de l'Empire.*

Naples, 11 mai 1806.

Messieurs,

L'Empereur, en m'appelant au trône de Naples, ne pouvait ajouter à ma reconnaissance qu'en permettant au Sénat d'envoyer vers moi d'aussi honorables interprètes de ses sentiments.

Ceux que vous venez de m'exprimer, Messieurs, et auxquels vous voulez bien associer la nation, sont la récompense la plus précieuse de mon dévouement entier au bien de mon pays. Il m'est cependant difficile de ne pas apercevoir dans l'expression de ces sentiments les traits particuliers de l'affection dont m'honore le premier corps de l'Etat, ce corps où je suis fier d'avoir mérité et de ne compter que des amis, tous éprouvés par tant de vicissitudes et riches de tant de glorieux souvenirs.

Les liens qui m'attachent à vous diminuent les regrets que m'a causés mon éloignement. Mes nouveaux devoirs me laissent mes anciennes obligations.

Vous l'entendrez avec plaisir et je le dis avec une secrète et vive satisfaction, j'ai vu par moi-même, dans le long voyage qui se termine si heureusement dans ma capitale, que mes espérances seront surpassées.

Les habitants des Calabres, ces peuples inconnus de leur ancien gouvernement, ceux des autres provinces que j'ai parcourues, sont passionnés pour la régénération de leur pays ; leur âme ardente, prête à tous les sacrifices, m'a rappelé les nations illustres dont ils sont les descendants. J'ai vu partout, sous le plus beau ciel, sur le plus riche territoire, le peuple le plus spirituel aux prises avec les plus mauvaises institutions.

Vous voyez vous-mêmes, Messieurs, quels sont les sentiments des habitants de cette grande capitale.

Je justifierai cette confiance.

Je trouve dans les Napolitains les sentiments que notre Empereur a trouvés dans les Français ; j'imiterai de mon mieux l'exemple glorieux qu'il m'a donné, et ce sera par le bonheur du peuple, dont il m'a confié les destinées, que je prouverai ma reconnaissance à ce grand homme.

Dites au Sénat que, devenu Napolitain, mais toujours Français, il me sera facile d'inspirer à mes peuples pour la grande nation des sentiments qui, je l'espère, seront à jamais réciproques (1).

(Rapport imprimé, repr. dans *Œuvres du comte Rœderer*.)

28. — *Joseph à Masséna, Gouvion St-Cyr, Reynier.*

(Circulaire), Naples, 19 mai 1806.

Je vous fais adresser, M. le....., mon décret sur la formation des gardes provinciales (2) que je considère comme un des moyens les plus propres à maintenir l'ordre : il faut se hâter d'armer les propriétaires et tous les

---

(1) La critique des manifestes de Joseph par l'empereur est toujours fort curieuse et il faut convenir qu'elle est généralement marquée au coin du bon sens. En la circonstance, après avoir refusé d'insérer le discours de Rœderer au *Moniteur*, — « car, en vérité, il n'a pas de sens » (lettre à Joseph, 3 juin 1806. *Corr.*, XII, n° 10312), — il trouve celui de Joseph assez mauvais : phrases « ridicules » sur le Sénat : « Il faut être roi et parler en roi ... Vous comparez l'attachement des Français à ma personne à celui des Napolitains pour vous ; cela paraîtrait une épigramme. » V. la réponse de Joseph (à Napoléon, 13 juin 1806, *Mémoires et Corr.*, II).

Le discours de Rœderer avait cependant été élaboré avec soin : nombreux brouillons dans papiers Rœderer. Vol. 25.

Pour celui du roi, s'il est difficile de n'y pas reconnaître en effet de « l'engouement », on peut dire qu'il était conforme au système, suivi dès le début par Joseph, de s'appuyer sur les classes éclairées de la nation.

(2) Décret du 15 mai 1806.

citoyens intéressés à réprimer le brigandage. Un grand nombre de compagnies de *troupes nationales* se formait de toutes parts, mais principalement dans les provinces que j'ai parcourues ; j'ai régularisé leurs efforts et l'effet de leur zèle pour mon service: les commandants de provinces sont chargés spécialement de la formation des compagnies d'élite que mon intention est d'armer et de mettre en activité sur le champ.

Je désire, M. le....., que vous secondiez cette mesure par tous les moyens qui peuvent être en votre pouvoir et surtout par votre accord avec les autorités civiles, qui doivent y concourir, et votre influence personnelle dans les diverses provinces où les troupes du corps d'armée que vous commandez se trouvent employées ou cantonnées : vous ne sauriez faire une chose plus utile pour le bien de mon royaume, pour l'encouragement et le développement du bon esprit public, et qui par là me soit plus agréable.

Sur ce, M. le....., Je prie Dieu... etc.

(AF iv 1714 B.)

29. — *A Masséna.*

Naples, 22 mai 1806. *Aut.*

Je vous prie, mon cher Maréchal, de donner l'ordre pour que quelques troupes escortent le marquis de Gallo (1), qui est arrêté à Rome avec sa famille par la

---

(1) Marzio Mastrilli, marquis de Gallo, né en 1753, fils de Mario, duc de Marigliano et de Giovanna Caracciolo di Capriglia (sœur du duc de S. Teodoro). D'abord membre de la municipalité de Naples, il débuta dans la diplomatie comme envoyé extraordinaire à Turin, 1782-86. Mission en Russie, puis à Vienne. Ambassadeur en Autriche 1790, négocia pour cette puissance à Léoben et Campo-Formio. Ministre des Affaires étrangères 1798, Gallo se buta à la jalousie d'Acton, l'homme de l'Angleterre, il s'efforça d'empêcher la rupture avec la France en 1798 et, ayant échoué, se

nouvelle des accidents arrivés entre Itri et Fondi et le Garigliano (1).

Agréez toute mon amitié.

(Arch. Essling.)

30. — A Masséna.

Naples, 23 mai 1806.

M. le Maréchal, vous trouverez ci-joint l'état de ce qui vous est nécessaire pour le siège de Gaëte. Le général commandant l'artillerie de l'Armée (2) m'a paru content de ces dispositions.

Le général Dedon (3) va partir pour le siège.

Le 6ᵉ de ligne va arriver à Naples (4) où il passera deux jours, afin de lui donner le temps de recevoir sa solde,

---

retira. A la demande de Bonaparte, il fut nommé ambassadeur en France (27 déc. 1801).

Il passa des premiers au parti de Joseph, fut ministre des Affaires étrangères pendant ce règne et celui de Murat (qui le fit duc, 1813). Ministre constitutionnel en 1821. Mort en 1833.

Ses *Mémoires*, édités par B. Maresca, *Arch. Stor. Prov. Napolet.*, 1883, ne sont trop souvent qu'une énumération complaisante de ses dignités, distinctions honorifiques, etc. M. H. Weil, qui a exploré à fond ses archives, en parle beaucoup dans sa série de livres sur Murat ; V. notamment *J. Murat, la dernière année de règne*, V, 509-514.

A cette époque il était en route pour Naples : certains disaient qu'il s'attardait, pour attendre l'évacuation complète du royaume par les troupes de son souverain. On pourrait le croire, à lire dans ses mémoires les explications embarrassées (et inexactes) qu'il donne de sa conduite (pp. 332-335).

(1) Les accidents en question, dans le pays même de Fra Diavolo, sont des attaques de brigands.

(2) Dulauloy.

(3) François-Louis Dedon-Duclos, alors commandant en second l'artillerie de l'armée de Naples. Né à Toul 1762, mort à Vanves 1830. Lieutenant 1780, général de brigade 1805, de division à Naples (3 nov. 1807), dans l'armée française 1814. Plus célèbre, dit A. Chuquet (*Mémoires de Griois*, 1,338, note), par ses démêlés avec Courier que par son *Précis historique des campagnes de l'armée de Rhin et Moselle*. Joseph lui-même le trouvait trop cassant et exigeant avec les Napolitains : un « artilleur entier ».

(4) Il était en Calabre (division Verdier, brigade Digonet, colonel Dufour).

arriérée depuis janvier et de se procurer les souliers dont il a le plus grand besoin.

Agréez mon attachement.

(Arch. Essling.)

30 bis. — A Napoléon.

Naples, 31 mai 1806. — *Aut.*

Sire, j'envoie à Paris M. le colonel Blaniac, écuyer de ma femme (1) : Votre Majesté connaît cet officier ; tous les jours je l'apprécie davantage. Si Votre Majesté daigne l'admettre près d'elle, il est en état de répondre à toutes les questions que Votre Majesté pourrait lui faire sur ma position intérieure et militaire. Je l'ai chargé de présenter à Votre Majesté l'état de nos besoins qui se réduisent : 1° à porter l'armée à 44.000 hommes par la rentrée des conscrits ; 2° l'envoi de six cents canonniers ; 3° l'envoi de six cents milliers de poudre ; 4° l'avance de six à huit millions.

(Arch. Guerre, Naples, 9/1.)

31. — A G. Berthier.

31 mai 1806. — *Aut.*

[Mouvements de troupes.]

Le chef d'Etat-major témoignera au général Frégeville (2) mon étonnement de ce qu'il n'a point exécuté

---

(1) Guillaume-Joseph-Nicolas de Lafon de Blaniac, né à Villeneuve-d'Agen 1773, mort en Corse 1833. Brillant officier de dragons, devint à Naples général de brigade (12 sept. 1806, en Espagne divisionnaire (8 juin 1808).

(2) Charles-Louis-Joseph de Frégeville, né à Grandval (près Castres) 1762, sous-lieutenant 1779, puis capitaine à Condé-Dragons 1781, colonel 1792, général de brigade 1793, de division 1800. Député de l'Hérault aux Cinq-Cents, coopéra au 18 brumaire. Armée d'Italie sous Masséna, de Naples. Le 10 sept. 1807, en non-activité pour raisons inconnues. Mort à Paris, 1841. F. Bouvier, *le gén. Ch. de F.*, *Sabretache*, 1900.

l'ordre qu'il a dû recevoir de se rendre à Naples. Il fera donner l'ordre au commissaire des guerres Chapelle, employé de la division du général Frégeville, de se rendre à Naples pour rendre compte de sa conduite au commissaire ordonnateur en chef. Il donnera ordre au général Lamarque de se rendre au pont du Garigliano et d'examiner le pont établi sur ce point et vérifier si effectivement on exige un droit de péage, par ordre de qui, par qui perçu, quelle est la quotité de ce droit ; il m'adressera le rapport écrit du général Lamarque.

(AF IV 1714 B.)

32. — A Alquier.

Naples, 5 juin 1806.

Monsieur, je vous remercie des démarches que vous avez bien voulu faire sur ma prière (1) ; je suis satisfait du résultat auquel vous êtes arrivé ; je désire que le Pape donne les pouvoirs nécessaires à Monsignor della Torre, évêque de Lettere et Gragnano (2). L'archevêque Ruffo

(1) Au sujet de l'archevêque de Naples, Luigi Ruffo (de Scilla), né en 1750 à Sant'Onofrio, mort à Naples 1832. Archevêque *in partibus* d'Apamée, nonce apostolique à Florence 1785, à Vienne 1793, cardinal 1801, archevêque de Naples 1802. Il venait de refuser le serment au nouveau roi : scandale qui avait failli éclater une première fois à l'occasion du *Te Deum* pour son entrée dans la capitale. La Cour de Rome se montra dans les deux cas bienveillante pour Joseph. Elle reconnut Della Torre pour vicaire général de Naples. Ruffo fut renvoyé à Naples en 1808 par ordre de l'empereur, mais Joseph ne le laissa pas arriver, bien que le cardinal fût prêt, paraît-il, à prêter le serment. Il fut envoyé à Paris 1809, puis à Saint-Quentin (sur son séjour, cf. note du préfet Malouet dans GEOFFROY DE GRANDMAISON, *Napoléon et les cardinaux noirs*, p. 84) ; en fait, il fut très digne, refusa la pension du gouvernement. Rentré à Rome avec le Pape en 1814, à Naples en 1815. Cf. Duc DE MADDALONI, *Istoria della Casa Ruffo*, p. 276. Il semble avoir été un prélat très estimable.

(2) Bernardo della Torre, des ducs della Torre, était l'un des prélats qui adhérèrent à la République : il dut fuir, lors de l'évacuation de Naples par les Français, en France, puis à Rome. En 1806, nommé par Joseph vicaire général de Naples. Mort en 1820. La Société historique de Naples possède un mémoire justificatif de sa conduite sous la République.

consentît-il à faire tout ce qu'on veut, il ne conviendrait pas encore, parce que je ne pourrai jamais être assuré la veille de sa conduite du lendemain, puisque c'est un homme qui ne se conduit pas par sa raison, mais par celle des autres.

(AF iv 1714 B.)

33. — A Napoléon.

Naples, 13 juin 1806.

Sire, j'ai l'honneur d'envoyer à V. M. la note qu'elle m'a demandée sur les trois ordres du royaume de Naples (1).

J'attendrai que V. M. m'ait fait connaître ses intentions avant de rien innover sur cette matière.

(AF iv 1714 A.)

34. — Au Cardinal Fesch.

Naples, 20 juin 1806.

Il le félicite d'être nommé coadjuteur de l'archevêque de Ratisbonne.

... Je suis fâché cependant que vous ayez abandonné l'Italie ; j'ai eu plusieurs contestations avec le Saint Siège ; elles viennent de se terminer à l'amiable ; le cardinal de Naples a quitté l'archevêché : c'est un homme sans aucun moyen (2).

(Catalogue Charavay.)

---

(1) St-Janvier, Constantinien, St-Ferdinand. Joint le rapport en italien. Joseph avait déjà, le 10 mai, adressé lui-même une note sur les trois Ordres honorifiques du royaume et Napoléon avait demandé des éclaircissements (à Joseph, 21 mai).

(2) « Un idiot fanatique de bonne foi », dit-il plus tard à l'empereur.

35. — *A Napoléon.*

Naples, 27 juin 1806.

Monsieur mon Frère. Pénétré de la plus vive joie pour la célébration du mariage de Son Altesse Impériale la princesse Stéphanie Napoléon, auguste fille de Votre Majesté Impériale et Royale (1), avec le prince électoral de Bade, dont il a plu à V. M. de nous informer par sa lettre du 11 avril passé, nous ne pouvons pas mieux témoigner notre satisfaction qu'en rappelant à V. M. les sentiments du plus vif intérêt que nous prenons à tout ce qui peut contribuer au bonheur personnel de V. M. I. et R.

Nous prions en conséquence V. M. d'agréer nos plus sincères félicitations pour cet heureux événement et nos remercîments pour la participation qu'elle a bien voulu nous en faire. Nous désirons également de notre côté des occasions bien fréquentes pour convaincre V. M. I. et R. de notre inviolable dévouement et de notre sincère amitié.

Sur ce nous prions Dieu, Monsieur mon Frère, qu'il vous ait dans sa sainte et digne garde.

Votre bon frère.

(AF IV 1685).

36. — *A Masséna.*

Naples, 27 juin 1806. — Aut?

M. le Maréchal, vous demandez encore mille hommes pour Gaëte. Vous avez 550 hommes du 32 (2) à Salerne

---

(1) Fille adoptive. C'est la nièce de Joséphine, Stéphanie de Beauharnais. Le mariage avait eu lieu le 8 avril, avec Charles-Louis-Frédéric de Bade (1789-1860).

(2) 32ᵉ léger, recruté surtout dans les départements liguriens. Colonel Ruffini.

qui sont disponibles et qui sont désirés par l'artillerie devant Gaëte.

J'ai donné l'ordre à 500 hommes de choix du 1ᵉʳ régiment d'infanterie légère napolitain de se rendre au camp (1).

Le même ordre a été donné à 200 grenadiers de ma garde (2).

Agréez tout mon attachement.

(Arch. Essling.)

37. — A J.-B. Cavaignac (3).

Naples, 30 juin 1806.

Je désire, Monsieur, que vous me marquiez si votre administration (4) est en activité, si vous avez reçu tous les décrets, et ce qui vous manque encore pour que la chose marche.

(Arch. Cavaignac.)

38. — A Masséna.

Naples, 3 juillet 1806. — *Aut.*

J'ai reçu, mon cher Maréchal, votre lettre d'hier; les

---

(1) Où il arriva les 1ᵉʳ et 16 juillet. Colonel Andrea Pignatelli di Cerchiara.
(2) L'état des troupes employées au siège n'en porte que 140, formant la garde du maréchal à Mola. Depuis le 17 mai, 160 autres étaient au Garigliano.
(3) Le célèbre conventionnel. Au service de Naples jusqu'en 1812, où, ne voulant pas demander de lettres patentes pour être autorisé à y rester, au préjudice de sa qualité de Français, il envoya sa démission, 3 mars (Remplacé par le duc della Torre, 8 avril 1812. Passeport délivré le 10 août 1813.)
(4) Les Domaines, dont il était administrateur général dès le 31 mars (titre changé en celui de directeur général, le 27 juin).

chaloupes canonnières (1) étaient encore ce matin à Procida, elles pourront passer dans la nuit.

Je vous ai fait envoyer les canonniers auxiliaires dont nous pouvions disposer ici (2).

Je vous prie de ne pas témoigner de la défiance au bataillon du 1er régiment napolitain (3) ; vous pouvez compter sur le colonel, qui est homme d'honneur (4), et qui compte sur les soldats qu'il a choisis.

(Arch. Essling.)

39. — A Masséna.

Naples, 3 juillet 1806. *Ant.*

Dites-moi, mon cher Maréchal, quels ordres vous avez donnés pour Gaëte, et ce que vous pensez du moment précis auquel il sera possible de commencer le feu, je ne voudrais pas reculer au-delà de jeudi matin (5).

Agréez toute mon amitié.

(Arch. Essling.)

(1) Douze canonnières, portant chacune une pièce de 24 et destinées à protéger les flancs du corps de siège (Joseph à Napoléon, 29 juin 1806, *Mém.*, II).

(2) D'avance, Joseph assurait à l'Empereur qu'on en serait content (à Napoléon, 29 juin 1806, *Mém.*, II). Ils ne sont pas portés sur l'état des troupes du siège. La compagnie du régiment d'artillerie, expédiée au début, avait dû être renvoyée très tôt.

(3) 1er d'infanterie légère.

(4) Andrea Pignatelli, marquis de Cerchiara. Il sortait de l'ancienne armée (aide de camp de Mack en 1799). Aussi la reine avait-elle mis sa tête à prix. Joseph faisait le plus grand cas de cet « excellent officier » : « C'est un homme d'honneur dont je suis sûr. » Dumas, le ministre, louait son rôle devant Gaëte. (Compte-rendu au roi, 1er janv. 1807.) Il commanda à Lagonegro, à Salerne. Le roi le nomma son écuyer et, avant de partir, général de brigade (20 mai 1808) et commandeur de son nouvel ordre. L'appréciation très sévère de l'ambassadeur La Feuillade à cette occasion (mauvais officier et malhonnête. AE., Naples 130 f° 199) paraît inspirée par son cousin Pignatelli-Strongoli. Pour sa carrière sous le règne de Murat (séjour à Rome, commandement de Capitanate, Terre d'Otrante, de nouveau Salerne, promotion au grade de lieutenant-général 1813). Cf. *M.-H. Weil, J. Murat, la dernière année de règne*, v, 555.

(5) Soit le 11 juillet.

40. — A Masséna.

Naples, 3 juillet 1806, — *Aut.*
11 h. 1/2 du soir.

Le général Reynier m'écrit, mon cher Maréchal, que deux à trois régiments anglais sont embarqués sur 24 bâtiments de transport, et qu'ils sont prêts à partir de Melazzo et du Phare (1); la lettre est du 29. Vous devez sentir combien il nous importe de presser nos opérations; il faut commencer le feu dès que cela vous sera possible, dans tous les cas ne pas retarder au-delà de lundi au matin (2).

(Arch. Essling.)

41. — A Masséna.

Naples, 3 juillet 1806. — *Aut.*

Je reçois, mon cher Maréchal, votre lettre du 2. Je suis bien (content) que nous puissions commencer demain. Selon le calcul du général Reynier, il serait possible qu'il arrivât encore d'autres renforts à la garnison (3); il est possible que je vienne au camp cette nuit, mais cela n'est pas sûr; ne retardez pas vos opérations pour m'attendre et si vous êtes à temps commencez à trois heures du matin.

Je crois qu'il est bien important de bien armer les batteries du faubourg (4) et d'avoir des boulets rouges.

---

(1) C'est l'expédition qui devait aboutir au combat funeste de Santa Eufemia.
(2) Soit le 7.
(3) De Gaëte.
(4) Le faubourg de Gaëte, que Hesse n'avait point fait raser et dont les constructions servirent beaucoup aux Français.

C'est le seul moyen d'écarter les forces maritimes de l'ennemi.

J'ai fait partir hier sept cents Napolitains (1) et cent grenadiers du 20ᵉ.

(Arch. Essling.)

42. — A Masséna.

Naples, 4 juillet 1806. — *Aut.*

Six chaloupes canonnières portant du 24 partent à midi pour se rendre à Castellone.

Je vous envoie le colonel Pignatelli-Strongoli avec cent chasseurs à cheval et 300 hommes de choix à pied (2).

Je vous envoie le général Caracciolo (3). Je vous

---

(1) V. la lettre suivante.

(2) D'après l'état des troupes du siège, 456 h., y compris 13 officiers. Le colonel, Vincenzo Pignatelli di Strongoli, était le frère cadet de Francesco et de deux autres, exécutés en 1799. Leur mère était sœur du marquis de Gallo. La confusion est aisée entre Francesco et Vincenzo. Le premier, prince de Strongoli, avait déjà été général sous la Cisalpine, quand il le devint à Naples (20 mai 1806); il commanda aussitôt après la Basilicate; le second était chef d'escadron aux Dragons-Napoléon d'Italie et ne fut nommé général que le 9 juin 1808. Francesco est l'auteur de *Mémoires*, où les Français et ses compatriotes sont jugés de haut et avec sévérité; il est bon de constater que les Français ne l'estimaient guère : Desvernois (*Souv.*, 394) le montre, en Espagne, vaniteux, incapable, aventureux, hostile aux Français et très dur pour ses soldats. Auparavant, Partouneaux, en Basilicate, se plaignait de son indiscipline et de ses mauvais procédés envers les Français : « Des messieurs de cette espèce sont plus propres à figurer, avec arrogance, dans un salon, à des parades, qu'à la tête de nos braves, dont ils ne peuvent que compromettre la gloire. » (Potenza, sept. 1809, A. G., Naples.) De Vincenzo, nous voyons le roi lui-même se plaindre dans une note confidentielle destinée à A. Berthier (janv. 1807) : « Cet officier se conduit fort mal. » Mais cette opinion dura peu sans doute, puisqu'il le nomma général et commandeur de son Ordre (ainsi que Francesco). Sous Murat, il commanda la Basilicate, fut de l'expédition de Calabre, suivit le roi en Russie comme aide de camp. (M.-H. Weil, *op. cit.*, v, 550.)

(3) Giambattista Caracciolo, fils du duc de Vietri, né en 1765, lieutenant aux dragons *Borbone* 1783, adhéra à la République et eut la chance de se trouver à Paris, avec les députés envoyés au Directoire, quand elle tomba.

recommande toujours le Garigliano, où il faut avoir un général, ou Caracciolo ou tout autre que vous y jugeriez plus convenable.

Agréez, mon cher Maréchal, mon attachement.

(Arch. Essling.)

43. — A Napoléon.

devant Gaëte, 6 juillet 1806. *Aut.*

Sire, j'ai l'honneur d'adresser le rapport que vient de me remettre M. le Maréchal Masséna.

Je suis venu ici pour voir ouvrir le feu qui commencera cette nuit à 3 heures.

Les cadres des 3e et 4e bataillons et des 4e escadrons sont partis (1).

Nous avons ici mouillés 3 vaisseaux de 74, 4 frégates, 6 bombardes, 40 chaloupes canonnières (2).

(Arch. IV 1714 C.)

44. — A Masséna.

Naples, 9 juillet 1806. — *Aut.*

Le major Strolz (3) vous dira, mon cher Maréchal, les nouvelles qui nous arrivent de la Calabre.

Devint colonel du 1er chasseurs napolitains et presque aussitôt (15 mai 1806) général de brigade, en conservant son régiment. Du Garigliano, où on l'envoya, il revint « accablé par les rhumatismes et par la fièvre », ce qui l'obligeait, en mai 1807, à demander un délai pour se rendre à la Grande Armée. En juin 1806 il avait été dévalisé par les brigands au pont d'Ariano. On voit que ce service, qui lui valut la Légion d'honneur et la croix de commandeur du nouvel ordre, n'était pas une sinécure.

(1) Pour les dépôts de l'Italie du Nord.
(2) Anglais, bien entendu.
(3) Major au 19e chasseurs, d'abord aide-de-camp de Masséna (autrefois de Kléber), faisant fonctions d'adjudant-commandant auprès du roi. Passa

Je vois avec plaisir que vous allez bien, je n'ai besoin de rien ajouter au désir que vous avez de terminer à votre ordinaire vite et bien l'opération de Gaëte : elle est devenue d'une grande importance aujourd'hui (1).

Agréez mon amitié.

(Arch. Essling.)

45. — A Masséna.

Naples, 11 juillet 1806. — *Aut.*

Je n'ai pas de nouvelles de la Calabre Ultérieure (2), mon cher Maréchal ; Verdier m'écrit qu'il a encore battu les insurgés le 6.

(Arch. Essling.)

46. — A Masséna.

Naples, 12 juillet 1806, 7 h. matin. — *Aut.*

Je n'ai pas reçu de rapport hier, mon cher Maréchal, je vous envoie M. Marie, mon aide de camp, officier du génie (3), il vous dira combien je presse le général d'artil-

---

dans la Garde royale comme colonel des chevau-légers. Général de brigade commandant la Basilicate (9 nov. 1807). Premier écuyer du roi (19 janv. 1808), le suivit en Espagne.

Joseph se loue de ses services dans l'organisation de la Garde (à Napoléon, 15 avril 1807, *Mém.*, III).

Il y avait un autre Strolz, capitaine, puis chef de bataillon, commandant l'artillerie de la Garde.

(1) Il s'agit de la bataille de Santa Eufemia. Joseph ne sut que le 13 juillet l'étendue du désastre, mais il venait d'apprendre, par un aide de camp, envoyé par Reynier aussitôt après la déroute de son aile gauche, la défaite certaine.

(2) C'est-à-dire Reynier, battu à Santa Eufemia.

(3) Jean-Baptiste-Simon-Firmin-Marie de Fréhaut, né à Epoisses (Côte-d'Or) 1769. Officier du génie 1792, chef de bataillon après Austerlitz, colonel (au titre napolitain) en février 1807, général de brigade (au titre espagnol) 1809,

lerie, qui assure que les crapauds et tout ce vous avez demandé est parti, faites-moi savoir ce qui vous manque et où vous en êtes, ce que vous avez reçu en objets d'artillerie depuis deux jours.

L'ennemi s'est montré cette nuit devant Salerne avec 9 bâtiments de guerre faisant mine de vouloir débarquer. Je n'ai pas encore de nouvelles du général Reynier; il est bien important de presser les opérations du siège; il faudrait même les précipiter pour nous mettre en position de pouvoir marcher ensuite à la rencontre de l'ennemi. Je vous ai envoyé hier Bienvenu Clary (1).

(Arch. Essling.)

47. — A Masséna.

Naples, 12 juillet 1806. — *Aut.*

[*A confié à Jourdan le commandement de la gauche*

français (1813). Prisonnier à Leipzig, commandant de Sedan en 1815, en disponibilité, lieutenant-général honoraire 1826. Mort à Vittonville (Meurthe).
Aide de camp de Joseph, qui l'avait distingué au camp de Boulogne et lui conserva la plus grande confiance. « Très aimable et très bon jeune homme. » (Rœderer à sa femme, 26 avril 1807, *Œuvres*, IV, 84.)
Cf. A. Georgel, *Armorial des familles de Lorraine titrées ou confirmées dans leurs titres au XIXᵉ siècle*.
(1) Joseph-Marie-Bienvenu Clary, né à Marseille 1788, fils d'Etienne-François, le frère aîné de Julie, femme de Joseph. Elève de Fontainebleau, d'où il sort sous-lieutenant au 4ᵉ chasseurs en février 1806. Aussitôt « employé près de l'état-major » de son oncle. C'est à Naples qu'il reçut peu après la Légion d'honneur, à moins de dix-neuf ans, sans qu'il semble avoir fait grand chose pour cela. (Joseph à Napoléon, 26 mars 1807, *Mém.*, III.) Joseph, qui l'estimait « plein de zèle et de sagacité », l'emmena en Espagne, où il mourut d'une chute de cheval, colonel des fusiliers de la Garde (1811). Ne pas confondre, comme le fait la généalogie anonyme, *la Famille Clary et Oscar II*, Marseille [1885], avec François-Joseph-Marius Clary, frère aîné du précédent, alors lieutenant et aide de camp de Joseph. Né à Marseille 1786, capitaine le 1ᵉʳ mars 1807, maréchal de camp 1814, mort à Paris, 1841. Malgré deux années de plus que le précédent, il paraît avoir manqué de prudence, tant en colonne mobile (plaintes soulevées notamment à Bénévent) qu'en mission. (De l'empereur : « Votre jeune aide-de-camp est bien libertin ; il finira par s'en trouver mal. » « Votre jeune aide-de-camp m'a débité bien des extravagances. »)

du golfe de Naples. — Dulauloy assure que celle nuit sont partis tous les objets demandés.]

Verdier n'avait pas encore de nouvelles de Reynier le 7. Le général Verdier avait encore battu les insurgés mêlés avec quelques Anglais le 6 près Amantea (1). J'attends bientôt de vos nouvelles.

Votre affectionné ami.

(Arch. Essling.)

48. — Masséna.

Naples, 12 juillet 1806. — *Aut.*

J'ai causé longuement avec le général Franceschi (2), mon cher Maréchal, il vous dira tout ce que je pourrais vous écrire.

Je m'occupe de tout ce que vous me marquez, vous aurez aussi vu M. Marie ce matin (3). Il faut à tout prix gagner quelques jours.

Votre affectionné Joseph.

Quiconque vous écrit et vous parle en mon nom vous en impose; j'ai confiance en vous, aussi faites pour le mieux; vous me donnez deux grandes garanties que personne ne m'offre, votre ancienne amitié pour moi et votre gloire.

J.

(Arch. Essling.)

(1) Erreur évidente tant sur la présence d'Anglais que sur le lieu du combat. Le général avait grand'peine à dégager les abords de Cosenza.
(2) Il s'agit ici de J.-B. Franceschi, né à Bastia 1766, qui avait servi comme adjudant général, puis général de brigade, dans la première armée de Naples. Chef d'état-major de Gouvion-Saint-Cyr, commandant du corps d'occupation de Pouille 1804; de Masséna (1er corps de l'armée de Naples); attaché à l'état-major de l'armée d'Espagne. Mort du typhus à Dantzig. 1813. (Cf. gén. Thoumas, *les Grands cavaliers du 1er Empire*, 2e série, 1892, 488.)
(3) V. page précédente.

49. — *Au Vice-Roi d'Italie.*

Naples, 12 juillet 1806.

Mon neveu, j'ai le plus grand besoin de poudre et il n'est pas possible que vous ayez le temps d'attendre les ordres de l'Empereur ; il faut que vous preniez sur vous de m'en faire expédier 3 à 400 milliers par la voie la plus prompte, même par la poste les premières quantités.

L'ennemi vient de remplacer les canonniers napolitains morts à Gaëte par des Anglais ; il fait tous les efforts imaginables, il a plus de monde que l'on ne pouvait penser et il est possible que la prise de Gaëte me laisse sans une livre de poudre, ou même qu'elle n'ait pas lieu faute de munitions.

Les Anglais ont opéré un débarquement dans le golfe de Sainte-Euphémie ou près de Cotrone dans l'intention de me distraire du siège de Gaëte.

L'Empereur approuvera tout ce que vous ferez lorsqu'il s'agit de sauver son armée et le royaume de Naples et l'efficacité de ce que vous ferez est dans la plus prompte expédition des poudres que je vous demande.

J'ai chargé M. Tascher (1) de mettre dans cette mission son activité accoutumée.

(AF iv 1714 B.)

---

(1) Tascher de la Pagerie (Louis-Henri-Robert), né à la Martinique en 1785, fils du lieutenant de vaisseau Robert de Tascher de la Pagerie et cousin germain de l'impératrice. Il épousa Marie-Adèle-Marseille Clary, nièce de la reine Julie. Lieutenant dans l'armée française, « adjoint du Palais de l'Empereur » (comme de Ségur), il organisa une compagnie de chevau-légers de la Garde royale, dont l'envoi à la Grande armée, autorisé par l'empereur, fut arrêté par la paix de Tilsit. Mort à Paris 1816 : « Le meilleur jeune homme qu'on puisse connaître et un des plus braves. » (Rœderer à sa femme, 6 août 1807, *Œuvres*, IV, 85.)

50. — *A Masséna.*

Naples, 15 juillet 1806, à 11 h. du soir.

J'ai fait écrire au général Duhesme (1), mon cher Maréchal, de renforcer Terracine, sachez quelles forces sont là, et assurez-vous du parti que l'on peut tirer du commandant (2); envoyez un officier.

Je reçois votre lettre, et j'attends votre courrier de demain pour partir.

Les poudres sont parties d'Ancône; il faut enlever la place le 17 et au pis aller traîner encore le siège jusqu'à l'arrivée des renforts et munitions que l'Empereur nous enverra sans doute.

Point de nouvelles de Reynier.

(Arch. Essling.)

51. — *A Masséna.*

Naples, 18 juillet 1806. — *Aut.*

Je reçois, mon cher Maréchal, votre lettre d'aujourd'hui, je ne vois d'autre inconvénient dans la tentative d'une nouvelle sommation que celui de donner à l'ennemi l'éveil sur le moment décisif. Au reste je m'en rapporte entièrement et sur cette démarche, et sur les condi-

---

(1) C'est Philippe-Guillaume Duhesme (1766-1815), qui avait déjà servi comme divisionnaire à l'armée de Naples, sous Championnet, servira plus tard en Catalogne (cf. P. Conard, *la Captivité de Barcelone*) et sera massacré par les Prussiens, après l'action, sur le champ de bataille de Waterloo.
En 1806, il venait de commander un des corps de l'armée de Naples en l'absence de Gouvion Saint-Cyr et commandait alors Civita-Vecchia et la côte Ouest de l'Etat Romain.
(2) Evidemment le commandant de la garnison française et probablement déjà le colonel Lécuyer, que l'empereur malmène dans sa lettre du 17 septembre 1806 au roi de Naples. (*Corr.*, XIII, n° 10807.)

tions de la reddition de la place et sur son attaque, à votre prudence, à votre expérience et à votre amitié. Nous aurons d'Ancône 130.000 de poudre, le premier convoi arrivera le 26. Point encore de nouvelles de Reynier. L'ennemi a débarqué à Sapri, Mermet (1) a dû y marcher. J'attends de ses nouvelles. Je l'ai renforcé du 24ᵉ de dragons, qui doit être ce soir à Nocera. Le débarquement n'était que de 300 Anglais avec deux pièces de campagne.

Vous connaissez mon sincère attachement.

(Arch. Essling.)

52. — A Napoléon.

Naples, 18 juillet 1806, minuit. — *Aut.*

Sire, l'ennemi demande à capituler, Gaëte sera rendue demain matin. Les Anglais viennent de débarquer à Amalfi et à Gragnano. Je m'occupe d'y envoyer.

(Arch. Guerre, Naples, 9/1.)

53. — A Masséna.

Naples, 19 juillet 1806. — *Aut.*

J'écris au général Campredon (2), mon cher Maréchal,

---

(1) Julien-Augustin-Joseph, né au Quesnoi 1772, mort à Paris 1837. Entré au service 1788, général de brigade à 23 ans, divisionnaire 1805. A Naples, après avoir dirigé la réserve de dragons, il commanda la province de Salerne. gentilhomme de la Chambre sous Louis XVIII, aide-de-camp de Charles X.

(2) Commandant le génie de l'armée, Jacques-David-Martin de Campredon, né à Montpellier 1761. Elève de l'Ecole de Mézières, où il se distingua au point qu'on lui offrit de l'attacher à la maison des princes comme professeur. Capitaine au moment de la Révolution. Armée de Rome sous Berthier (conduite délicate dans la garde du Vatican). Directeur des fortifications en Italie. Camp de Boulogne. Armée d'Italie et de Naples. Activité extrême dans le royaume de Naples sous Murat, qui le nomma directeur des Ponts et Chaussées, mais qu'il quitta lors du décret sur la naturalisation des Fran-

en l'engageant à se rendre à Paris rendre compte à l'Empereur des événements du siège auquel il a si bien servi.

J'ai reçu votre lettre et la capitulation qui est bonne, comme tout ce que vous avez fait à Gaëte.

La ville est fort contente de cette nouvelle, et moi je la regarde comme le gage de la tranquillité publique.

Je suis bien aise de devoir ce service au défenseur de Gênes et à un ancien ami.

Vous connaissez mon attachement. Agréez, mon cher Masséna, ma reconnaissance.

Votre affectionné ami.

(Arch. Essling.)

54. — *Ordre du jour du 22 juillet 1806 aux troupes de Gaëte.*

Soldats, Gaëte s'est rendue. Cette place baignée de trois côtés par la mer, défendue par 9.000 hommes (1),

---

çais. Mort à Montpellier 1836. Sur sa carrière, et spécialement sur la mission en question auprès de l'empereur, cf. *Notice sur le général Campredon* par P. de Saint-Paul.

(1) *Journal de Paris.* Rectification, faite le 14 août, au chiffre de 3.000 hommes, d'abord donné. *L'État des troupes de la garnison de Gaëte* (*Mém. du roi Jos.*, III, 458) ne porte que 6.207 hommes de troupe ayant pris part à la défense, outre l'état-major, mais il ajoute qu'il y eut des canonniers auxiliaires et quelques compagnies de milice.

Le texte du *Monitore Napolitano* (25 juillet 1806) est beaucoup plus long au début. « Soldats, après trois mois de tranchée ouverte et 12 jours de feu très vif, Gaëte a capitulé. Cette place baignée par la mer est accessible seulement au moyen d'un isthme, qui a moins de 300 toises de largeur. Elle était défendue par 9.000 hommes et protégée par la flotte anglaise, qui a renouvelé plusieurs fois les canonniers et les munitions des batteries. Deux brèches étaient ouvertes à l'ardeur des braves. Ils soupiraient impatiemment après le moment de l'assaut ; mais l'ennemi connaissait l'impétuosité des Français et a rendu la place. Elle était armée d'une artillerie nombreuse, réunie tout entière sur le front d'attaque. Avantage de la position, insalubrité du climat, rien n'a pu fatiguer votre patience, ni ébranler votre courage... [*Suit sans aucun changement le texte français et à la fin de celui-ci ajoute*]... sous le feu de l'ennemi qui n'a pas été interrompu par celui de nos batteries, sinon au moment précis où l'artillerie a déployé à la fois tous

et protégée par une flotte anglaise, n'a pu résister à votre bravoure. Vous avez tout souffert et tout surmonté. L'Empereur entendra parler avec plaisir de vos efforts et de vos succès. Le maréchal Masséna a attaqué Gaëte comme il avait défendu Gênes. L'audace et l'habileté des travaux du génie font honneur aux officiers de cette arme qui les ont dirigés, et aux troupes qui les ont exécutés sous le feu non interrompu de l'ennemi.

(*Journal de Paris.*)

55. — *A Masséna.*

26 juillet 1806. — *Aut.*

Je vous envoie, mon cher Maréchal, le mandat de cent mille francs que vous m'avez prêtés et que j'avais toujours oublié de vous remettre depuis longtemps (1) : si vous aimiez mieux qu'il vous fût payé à Rome, M. Torlonia (2) le ferait acquitter. Agréez mon attachement.

(Arch. Essling.)

56. — *A Masséna.*

Caserte, 27 juillet 1806. — *Aut.*

Vous aurez reçu, mon cher Maréchal, la nouvelle organisation de l'armée ; vous aurez vu que je n'ai pas d'autres généraux à pouvoir vous donner au-delà de ceux que

ses moyens, foudroyé les travaux de l'ennemi et ouvert les brèches qui ont décidé la garnison à capituler. »
Si c'est l'empereur qui a fait condenser l'ordre du jour de son frère, il est assez curieux de voir cette nouvelle leçon de style.
(1) Il est piquant de voir que Masséna, alors qu'il était relancé par l'empereur pour des restitutions, avait encore dû prêter à Joseph.
(2) Le marquis et futur duc Torlonia, le grand banquier romain.

vous avez sous vos ordres; il y en a plusieurs malades; au reste vous en avez au moins douze et vous n'aurez pas, après que le général Reynier vous aura joint, 18.000 hommes. Les noirs (1) et les Italiens sont à Gaëte, où il n'y a pas trop de troupes. Votre affectionné JOSEPH.

Je vous ai ouvert chez le payeur un crédit de cent mille francs, et un à votre ordonnateur de cinquante mille. J'ai aussi fixé votre traitement et celui de M. le Maréchal Jourdan à cent mille francs (2).

Vous renouvelle mon attachement.

(Arch. Essling.)

57. — A Masséna.

Naples, 29 juillet 1806. — *Aut.*

Mon intention est, mon cher Maréchal, que vous pressiez l'arrivée des troupes à Castrovillari et Cassano.

Le général Verdier était en mesure de s'y porter avec 1.500 hommes qu'il avait avec lui à Matera (3).

La paix avec les Russes étant signée depuis le 20 (4), je n'ai plus de débarquement à prévoir en Pouille. Il faut donc se porter précipitamment en Calabre, arriver à Cosenza, donner la main à Reynier, combattre les Anglais s'ils nous attendent, et punir les rebelles qui se sont fiés à leurs promesses.

Des commissions militaires doivent faire justice des chefs et des assassins.

---

(1) Le bataillon de pionniers noirs, bientôt Royal-Africain au service de Naples, un des plus solides corps de l'armée. Colonel Guyard.
(2) C'est peu de jours après que Joseph écrivait à l'empereur (1er août, *Mém.*, II) : « Lorsque V. M. croira avoir besoin des services du maréchal Masséna, elle peut en disposer; je m'aperçois que je ne puis pas le contenter, quelque chose que je fasse. »
(3) Capitale de la Basilicate, avant Potenza.
(4) Le traité d'Oubril, qui ne fut pas ratifié.

Je vous envoie le décret qui règle la conduite à tenir en Calabre par les autorités civiles et militaires (1).

Mon désir est qu'on n'y épargne personne, pour rendre pour longtemps la tranquillité à ces provinces.

(Arch. Essling.)

58. — *Au général Verdier.*

Naples, 19 juillet 1806.

Général, vous devez être actuellement en marche sur Cassano ; Castrovillari ne tardera pas à être occupé par nos troupes ; j'ai donné le commandement du corps d'expédition au maréchal Masséna ; je me suis réservé le commandement d'une réserve. Toutes les autres troupes sont réparties dans les provinces : vous faites partie du corps du maréchal Masséna.

J'ai été satisfait de la vigueur, de la fermeté toujours renaissante que vous montrez.

Vous auriez dû avoir un bataillon de plus avant le 1er juillet, et 1.500 hommes de plus depuis cette époque. Le général Vintimille (2) n'a pas pu arriver jusqu'à vous.

(1) Décret du 31 juillet 1806, mettant les Calabres en état de siège.
(2) Du Luc de Vintimille, élève de l'École militaire de Paris (1779-81), devait succéder à son père, colonel propriétaire de Royal-Corse, puis du Régiment de Berry ; il émigra, fut chevau-léger au régiment du prince Jean de Lichtenstein, puis adjoint à l'état-major de l'archiduc Charles. Rentré en France après Campo-Formio, il dut la quitter de nouveau en fructidor et servit cette fois à Naples, où il devint brigadier (chef d'état-major de Mack dans la campagne de Rome 1798, puis de Damas dans la campagne de Toscane). Il demanda à servir dans l'armée de Joseph, allant même jusqu'à fournir des « notes sur les royaumes de Naples et de Sicile », où il avait servi et dont l'armée notamment, disait-il, lui était parfaitement connue : il y excitait l'empereur à détrôner un roi « qui serait féroce, s'il n'était aussi lâche » et une « reine vindicative que la légèreté et l'inconséquence de son caractère conduit à toutes les erreurs politiques et particulières ». Une note de police (fructidor an XII) dit de lui : « Il a été aussi chef des insurgés et a joué tous les rôles jusqu'à celui d'espion. » (Lui-même explique qu'il a seulement été chargé de recruter parmi les masses » des corps réguliers et qu'il

La paix avec la Russie a été signée le 20 juillet à Paris. J'enverrai en Calabre plus de troupes que vous n'en voudrez.

(AF IV 1714 B.)

59. — A Masséna.

Couvent de S. Lorenzo della Padula (1),
5 août 1806. — Aut.

J'arrive à sept heures du soir ici, mon cher Maréchal, j'y attendrai de vos nouvelles, je vous envoie expressément un courrier; je désire savoir quel parti prendront les Anglais dès qu'ils sauront votre marche, quand se sera faite la jonction de Verdier et celle de Reynier.

J'ai fait remplacer par le 6e les détachements du 102e qui ont eu l'ordre de rejoindre leur corps.

J'ai vu ici le moine que vous m'avez fait recommander, c'est le même que j'avais déjà remarqué à mon premier passage.

Faites désarmer partout avec beaucoup de sévérité.

Vous savez que nous avons perdu avant-hier ce pauvre Degiovanni (2); je l'ai beaucoup regretté, et je suis sûr que vous partagez ma sensibilité pour sa mémoire.

Les nouvelles que je reçois de l'Empereur font entre-

combattit au contraire avec énergie les chefs de bande) A.N., F⁷6470, n° 162. — Napoléon l'envoya à Naples, où Joseph, sans paraître beaucoup l'apprécier, lui rendit son grade dans l'armée napolitaine. Duthilt, dans ses *Souvenirs*, fait à ce général une allusion qui le ferait juger de peu d'expérience. Il mourut de la fièvre en Calabre (sept. 1806).

(1) Très belle Chartreuse de la Renaissance, située dans le Val de Diano, aujourd'hui ruinée. Joseph y avait déjà passé le 9 avril.

(2) Léonard. Né à Bastia 1752. Officier à l'ancien Royal-Corse. Fit presque toute sa carrière en Italie (commandant la place de Gênes lors du siège). Colonel de la légion corse depuis sa formation, il venait d'être promu général et chef d'état major du gouvernement de Naples (1er août), quand il mourut des fièvres contractées dans les postes occupés entre Gaëte et Terracine.

voir prochaine la paix avec l'Angleterre ; il paraît qu'ils ne défendaient plus la Sicile.

Vous connaissez mon attachement.

(Arch. Essling.)

60. — A Masséna.

Couvent de San Lorenzo della Padula,
6 août 1806. — Aut.

Je vous envoie par le général Lucotte (1), mon cher Maréchal, dix mille ducats en or ; vous avez des cartouches, du biscuit ; j'ai donné l'ordre pour que l'on vous envoie des officiers de santé, ils sont arrivés ici : les ennemis menacent de débarquer à Salerno, je marche à eux avec les troupes que j'ai avec moi ; j'envoie les malades de la Padula à Salerno.

Je désire savoir bientôt votre réunion avec Verdier et Reynier : vous serez en état de battre les Anglais alors ; s'ils sont embarqués, tous les détachements que vous ferez faire seront propres à rétablir l'ordre, vous jugerez cependant à propos de ne pas vous éloigner de Cosenza, qui doit être le point central de vos opérations après l'expulsion des Anglais.

Vous ferez bien d'établir votre hôpital à Castrovillari, au débouché des deux routes, c'est un pays assez bon.

Vous garderez aussi Lagonegro : vous aurez pour correspondre avec moi deux routes.

Votre ordre du jour m'a paru très bien (2).

(Arch. Essling.)

(1) Lucotte (Aimé), né à Créançais, près Dijon, 1770. Volontaire de la Côte-d'Or. Mort à Port-sur-Saône, 1825. Modéré et loyal, en donna des preuves courageuses à Lyon en 1793, à Marseille en 1798, en Espagne plus tard (comme gouverneur de Séville). Bien qu'ayant toujours eu fort à se plaindre de l'empereur, il fut « le seul des généraux du 6ᵉ corps resté fidèle au devoir dans l'inexpiable nuit du 4 avril 1814. » (Houssaye, *Waterloo*, 43.)
(2) Celui du 4 août, de S. Lorenzo (Koch, *Mém.*, V, 425), ordonnant aux

61. — A *Masséna*.

Naples, 9 août 1806.

Je reçois, mon cher Maréchal, votre lettre sans date que je suppose du 6. Vous serez ce soir à Castrovillari. J'espère que le général Mermet vous aura rejoint. Toutes les lettres de l'Empereur contiennent les mêmes plaintes sur ce que Reynier n'est pas secouru, ne perdez donc pas un moment et tâchez d'aller le plus vite possible.

J'ai renvoyé à la Chartreuse le 6e. Vous pouvez disposer des compagnies du 52e que vous avez laissées pour la communication. Les dragons et le 6e l'assureront jusqu'à Lagonegro. J'ai placé un bataillon du 14e français et du 1er napolitain et 400 dragons à l'Auletta et Castelluccio (1).

J'ai des postes de correspondance sur toute la route.

J'ai placé à Vietri les grenadiers et les voltigeurs et chevaux de ma garde à Vietri et Nocera. Je pars moi-même pour Vietri après avoir terminé ici quelques affaires; je serai plus à portée d'avoir de vos nouvelles et de pourvoir à vos besoins. Si les ennemis débarqués à Capri débarquent sur la côte, ils y seront bien reçus; mais ils ont connu mon mouvement, et il serait plus possible que tous les brigands de Capri fussent jetés à Fondi.

J'établis l'estafette qui partira tous les jours d'ici, pour votre quartier général, il faut l'expédier toujours le plus tôt possible.

Les échelons du Val de Diano et de l'Auletta feront des détachements pour achever l'ouvrage du général Mermet.

généraux de ne mettre à exécution les divers articles du décret de mise en état de siège qu'en en référant au maréchal ou, s'il y a eu urgence, en lui rendant compte.

(1) Toutes deux dans le Val de Diano. Vietri, sur la côte de Salerne.

Il nous arrive des troupes par Ancône, on m'annonce les Suisses, La Tour d'Auvergne ; dès qu'ils arriveront, je vous enverrai l'équivalent de ce qui me rejoindra.

Empêchez qu'on ne brûle les villages. Faites plutôt élever des potences à la porte des villages et faites pendre les coupables à des arbres près de la route. Ceci fera plus d'effet et n'occasionnera pas un dommage qui tombe souvent sur l'innocent.

Dès que vous aurez rejoint le général Reynier, vous jugerez sans doute de placer ses troupes de manière qu'elles puissent prendre un peu de repos, si les circonstances le permettent.

(Arch. Essling.)

62. — *Au général Verdier.*

Naples, 9 août 1806.

Général, j'ai reçu votre lettre du 5 août. Vous devez vous trouver réuni à cette heure avec le général Reynier et le maréchal Masséna. Vous réparerez facilement les malheurs passés ; ils ont été un moyen au reste de mettre au jour toute la résolution et la fermeté de votre caractère.

(AF IV 1714 B. *Reg.*)

63. — *A Masséna.*

Castellamare, 12 août 1806. — *Aut.*

L'Empereur, en répondant à un article de la lettre dans laquelle je lui parlais de vous et lui disais entre autres choses l'intérêt que vous prenez à M. Ardent (1),

(1) Agent de Masséna, compromis dans l'affaire des millions de Vénétie.

et combien je désirais que toutes vos affaires dans lesquelles ce M. Ardent est mêlé se terminassent à votre satisfaction, me dit dans une lettre du 3 août : « Vous pouvez dire au maréchal Masséna que j'ai fait mettre en liberté Ardent. »

Je reçois, mon cher Maréchal, votre lettre de la Rotonda ; je suis charmé que vous ayez donné un bon exemple aux autres révoltés par l'expédition de Lauria ; les chefs des brigands de cette ville s'appellent Cucchi (1) ; ils sont cinq frères, dites-moi ce qu'ils sont devenus ; envoyez-moi aussi les mêmes renseignements sur le sort des autres chefs. La grande affaire c'est de se débarrasser d'une cinquantaine de coquins qui viendront tous les ans mettre le feu aux étoupes dans quelques villages de la côte.

(Arch. Essling.)

64. — A G. Berthier.

Naples, 15 août 1806. Aut.

Je reçois votre lettre, Général ; le 1er bataillon napolitain doit être arrivé. Il serait à désirer que vous puissiez faire arrêter l'évêque de Lauria et de Policastro (2), prenez des informations sur le pays où il est aujourd'hui, c'est un homme dangereux qui a puissamment contribué à la révolte de Lauria.

(1) Cucco, suivant R. Vicconti, *Il sacco di Lauria* (Bologne, 1903). Cet auteur nomme, comme autres instigateurs, Strappa, Triglioccio, Pecorone.
(2) Mgr Ludovici, comme tant d'autres modérés, était la victime des événements, car son rôle paraît avoir été tout de conciliation (Cf. R. Vicconti, o. c., pp. 38 sv.) ; il avait failli être tué par un des insurgés et Masséna lui avait témoigné des égards ; on vit même Sidney Smith intervenir auprès de G. Berthier, pour attester que c'était à ce « bon évêque » qu'on devait la vie de plusieurs blessés. Au reste, sa disgrâce fut de courte durée et même, à la Restauration, les Bourbons l'exilèrent quelque temps comme partisan des rois français.

L'Empereur a accordé huit décorations à chacun des corps qui étaient au siège de Gaëte.

Agréez tout mon attachement.

(Arch. Naples, Guerra 1048.)

65. — [*A Dubois-Thainville, consul général de France à Alger*] (1).

Castellamare, 17 août 1806.

Monsieur, j'ai reçu bien tard votre lettre du 25 juin, je me rappelle très bien d'avoir eu le plaisir de vous connaître à Paris il y a déjà quelques années ; je désire que vous entamiez la négociation du rachat et, s'il est possible, de la délivrance des esclaves napolitains en échange des Algériens que j'ai encore ici ; une grande partie a été mise en liberté par mon ordre lors de mon entrée dans ce pays ; il serait juste que le Dey en usât ainsi par rapport aux Napolitains et Siciliens.

Veuillez, Monsieur, agréer tout mon attachement.

(AF iv 1714 B.)

66. — *A Napoléon.*

Capodimonte, 3 septembre 1806.

... La pièce ci-jointe B (2) donnera à V. M. des idées précises sur les deux établissements que le royaume de

(1) Charles-François Dubois-Thainville, entré en 1792 au ministère des Relations extérieures, où il fut secrétaire général ; agent diplomatique en Hollande et dans le Levant, puis commissaire général des relations commerciales et chargé d'affaires à Alger (fructidor an VI), où il arriva le 13 mai 1800, apportant au dey Mustapha une lettre du « général Diable. » (Cf. E. Plantet, *Corr. des deys d'Alger avec la Cour de France*, 1579-1833, t. II, 489.)

(2) La pièce n'est plus jointe. Cette affaire du Palais Farnèse remplit plusieurs dépêches aux Archives des Affaires Etrangères.

Naples possède à Rome : le palais Farnèse est indispensable pour y loger l'ambassadeur, et la Farnesina pour l'Ecole de dessin ; elle est occupée par les élèves, que V. M. ne voudra pas en faire chasser ; je la supplie de donner l'ordre pour que ces deux établissements soient rendus à leur destination primitive.

(AF iv 1714 C.)

67. — *A Masséna*.

Capodimonte, 1ᵉʳ octobre 1806.

M. le Maréchal, le 10ᵉ de ligne, le 14ᵉ de chasseurs partent pour Cassano ; à mesure qu'il m'arrivera des troupes, j'organiserai sur ce point une réserve respectable ; je désire que vous en donniez le commandement au général Gardanne. Ce corps est destiné à se porter en Calabre ou en Pouille, selon les circonstances. Je fais filer sur votre armée les conscrits qui en dépendent. Ils ont été retenus quelque temps dans les Abruzzes, où ils se sont distingués et où Fra Diavolo, battu, s'est vu abandonné par son monde. Sciabolone, l'autre chef, a demandé son pardon et je l'ai pris à mon service ; il commande une compagnie franche que j'ai appelée Guides des Abruzzes (1). Vous devez avoir reçu le décret pour la formation d'une semblable compagnie dans les Calabres.

Je ne suppose pas que le général Mermet soit nécessaire à Scigliano ; si vous ne jugez pas sa présence indispensable, vous l'enverrez à la Padula, où il commandera les six régiments qui y sont en échelons jusqu'à Nocera.

(1) Sur ce chef, cf. *Naples sous J. B.*, p. 131, et sur sa nouvelle troupe, *ib.*, p. 297.

La régie des subsistances va prendre son service en Calabre.

Il est bon, dans ces circonstances, de faire filer vers Naples les malades dont vous êtes encombré dans les Calabres et qui peuvent supporter le voyage.

Si vous pouvez fortifier et occuper Scilla de manière à ce que les troupes que vous y laisseriez pussent s'y défendre pendant un mois, et donner le temps aux secours, qu'on pourrait envoyer en cas d'attaque, de Cosenza et de Catanzaro, d'arriver, vous pourriez donner vos soins à l'exécution de cette mesure ; dans ce cas les troupes de Cosenza seraient remplacées par celles de Cassano ; je ne pense pas qu'il convienne d'avoir ni beaucoup de troupes, ni rien de ce qui est embarrassant dans le fond de la botte ; le parti à prendre dépend aussi de la position dans laquelle se trouve l'ennemi, que vous devez connaître du point où vous êtes placé ; je m'en rapporte beaucoup au reste à votre expérience et à votre prudence.

Agréez, mon cher Maréchal, toute mon amitié.

(AF iv 1714 B.)

68. — *A Bisignano* (1).

Naples, 14 octobre 1806.

Monsieur, on m'a supposé hier que, dans votre dernier travail avec moi, vous aviez conçu que mon intention était d'établir sous votre direction une nouvelle régie manutentionnaire, qui aurait été chargée de distribuer aux agents de la régie actuelle des subsistances la viande à la livre : vous sentez que ce projet nécessiterait une

(1) Ministre des Finances, plus tard grand chancelier de l'ordre des Deux-Siciles.

nouvelle administration, multiplierait les embarras et doublerait les dépenses, outre qu'elle sortirait de la nature des attributions de votre département, dont les détails déjà si multiples absorbent tout votre zèle.

Pour éviter désormais de semblables erreurs, il faut présenter à ma signature les projets d'arrêtés aussi importants; c'est la seule manière de fixer l'attention et d'obtenir des résultats provoqués par la réflexion;

2º Je vous prie de ne pas perdre de vue la formation des magasins de denrées et de laines. Envoyez-moi le jeudi et le dimanche l'état de ce qui existe en magasin;

3º Je désire que vous m'envoyiez aussi par semaine l'état des recouvrements faits par le Trésor et des distributions effectuées sur les ordonnances des différents ministres à compte de leur budget du mois ;

4º Nous voici au 16 du mois. Le ministère de la Guerre n'a pas encore reçu 100.000 ducats. Je vous répète que mon intention est que vous donniez la préférence à l'armée avant tous les autres départements.

(AF iv 1714 B.)

69. — *Au général…*

Naples, 15 octobre 1806. — *Aut.*

Général, j'ai reçu votre lettre. Je suis charmé des nouveaux rapports que la commission dont vous a chargé l'empereur doit établir entre nous. Nous avons ici beaucoup de bandes de brigands. Les Anglais ont porté ici la guerre de la Vendée ; elle n'est alimentée que par leur or et l'esprit de pillage ; il n'y a pas de passion politique.

Vous connaissez mon attachement.

(Arch. Guerre, Naples, 9/1.)

70. — A *Bernardin de Saint-Pierre*.

Portici, 17 novembre 1806.

J'ai fait lire votre Paul et Virginie à quelques dames de ce pays que je vois habituellement ; elles avouent que la langue du Tasse n'a rien produit de si doux... Je leur ai dit que le père de Paul était de mes amis et qu'il serait possible qu'il fît un voyage dans le pays où Virgile et le Tasse ont pris les originaux des tableaux dont ils enchantent le monde depuis tant de siècles...

(F. Masson, *Napoléon et sa Famille*, IV, 64.)

71. — A *Bisignano*.

Naples, 22 novembre 1806.

Signor principe di Bisignano, non fo che cedere alle sue reiterate premure accettando la dimissione ch'Ella mi offre del Ministero delle Finanze. I vi acconsento con pena, e a condizione ch'Ella voglia continuare a giovarmi coi suoi consigli, e a comunicarmi con quella franchezza che ho saputo ben valutare, e che mi farà sempre cara la sua memoria dei rapporti che ho avuto con Lei. È mio desiderio ch'Ella continui presso di me nel godimento di tutti quei dritti che Le davano il suo impiego e la fiducia assai ben meritata. Finchè io non abbia occasione di darle altra prova della mia soddisfazione e della mia riconoscenza per i buoni e leali servizi ch'Ella mi ha resi, è mia intenzione che Ella continui a godere di tutti gli emolumenti annessi alla carica ch'Ella abbandona. Accetti questi sentimenti come espressione della vera perfetta stima e della mia sincera affezione.

Suo affezionatissimo Giuseppe (1).

(*Monitore Napolitano.*)

72. — A *Lucien Bonaparte.*

Naples, 24 novembre 1806.

... Nous faisons toujours la guerre des chouans. Les Anglais viennent de nous envoyer encore quelques milliers de brigands, qui seront bientôt culbutés mais qui fatiguent toujours mes troupes et feront quelque mal aux habitants du pays ; ils pillent et volent, tuent et fuient...

(*L'Amateur d'autographes.*)

73. — A *C. Berthier.*

Naples, 8 décembre 1806.

Ecrivez au général Lamarque (2) que j'ai vu avec regret les deux proclamations qu'il a fait publier, rappelez-lui l'ordre général de l'armée qui défend de sembla-

---

(1) L'auteur du *Diario Napoletano* qualifie à bon droit ce billet de « grazioso » (II, 305).

(2) Lamarque (Jean-Maximilien). Né à Saint-Sever (Landes) 1770. Mort à Paris 1832 (on sait le tumulte qui troubla ses funérailles). Volontaire 1792, lieutenant de grenadiers 1793, adjudant-général chef de brigade 1795, gén. de brigade 1801, de division (6 déc. 1807). Après l'expédition du Cilento (dont il est question ici) et la prise de Maratea, il fut sous-chef de l'état-major de l'Armée de Naples, puis (16 avril 1807) chef. Dirigea l'attaque audacieuse de Capri (octobre 1808). Eut l'ordre de rentrer de Naples en Italie (20 février 1809), mais y revint d'avril 1810 à avril 1811. Dans sa carrière, on remarque la place exceptionnelle donnée à la guerre de partisans (Pyrénées, dans la légion infernale de La Tour d'Auvergne, Naples, Aragon, Vendée durant les Cent jours).

Ecrivain distingué (ouvrages militaires et politiques sous la Restauration, *Souvenirs*, traduction en vers d'Ossian). Ses lettres inédites durant son séjour à Naples respirent l'esprit vif et caustique, qui le caractérise. Cf. Guillon, *Nos écrivains militaires* ; J. Dourille, dans *Biographie des Députés*, 1829 (tous deux très élogieux).

bles publications; il n'était pas assez éloigné de l'Etat-Major général pour ne pas avoir envoyé son projet de proclamation; des pièces semblables, colportées dans les gazettes étrangères, font penser que tout est en combustion dans ce pays. Quelque chose qu'on puisse penser, ce n'est pas avec des phrases doucereuses qu'on en impose à des brigands avides du pillage. — Renouvelez par la voie de l'ordre de l'Armée la défense aux généraux et aux commandants de faire des proclamations sans en avoir reçu l'autorisation de l'Etat-Major général.

C'est ne voir qu'un côté de la question que de menacer les habitants de les priver des sacrements de l'Eglise (1). Cette mesure n'est au pouvoir d'aucun catholique, et le général Lamarque n'a pas senti quelle arme redoutable il mettait entre les mains de nos ennemis, et quelle prise il leur donnait contre nous sur l'esprit crédule des paysans, ignorants et naturellement portés à se défier des sentiments religieux de l'armée française.

Ecrivez au général Lamarque de supprimer tant qu'il pourra les exemplaires de cette proclamation; expédiez-lui un courrier pour cela, et dites-lui que moi, me conformant en cela aux intentions de l'Empereur, je mets plus d'importance à une proclamation qu'à un combat perdu. C'est le résultat de la connaissance du pays, du temps et des autres rapports avec les puissances étrangères qu'un militaire isolé ne peut pas connaître.

(AF IV 1714 B.)

74. — A Masséna.

Naples, 15 décembre 1806.

M. le Maréchal, l'Empereur me mande par sa lettre

(1) Ce singulier moyen de pacification, dont on attribua l'idée à Manhès, apparaît donc avant lui.

du 7 novembre (1) de vous faire partir pour Berlin (2), où il se propose de vous donner le commandement d'un de ses corps d'armée. J'ai beaucoup de regrets de vous perdre, mais je conviens que la guerre que vous faites en Calabre et que celle que nous sommes probablement destinés à faire encore longtemps dans ce pays n'offrent pas un théâtre digne des talents que vous avez déployés depuis si longtemps.

Quelque part que vous conduise la confiance de l'Empereur et le succès de ses armes, mes vœux et mon amitié vous accompagneront toujours.

(AF iv 1714 B.)

75. — A Lamarque.

Naples, 17 décembre 1806.

Je vous ai déjà autorisé, Général, à former deux compagnies avec ceux des hommes trouvés à Maratea (3) que vous jugeriez les plus propres au métier des armes. Vous avez dû les attacher au régiment du colonel Pignatelli (4).

Si vous pensez qu'ils serviraient plus facilement sous les ordres de Sciarpa, vous pouvez les mettre sous les ordres de ce chef. S'il parvenait à faire assez de monde pour former un bataillon, je ne serais pas éloigné de le nommer lieutenant-colonel.

Y aurait-il parmi tout ce monde cent hommes de bonne volonté, qui voulussent former une compagnie qui ferait

---

(1) *Corr. de Napoléon*, XIII, n° 11205. En réalité, l'empereur dit seulement : « Si décidément vous ne savez que faire de Masséna, envoyez-le à Berlin. Je tâcherai de lui donner le commandement d'un de mes corps d'armée.»
(2) Masséna partit le 11 janvier 1807 de Naples.
(3) Ville de Basilicate, tout proche du golfe de Policastro. Elle capitula le 11 décembre 1806 devant le général Lamarque. Cette lettre jette un jour singulier sur l'attitude des assiégés.
(4) Pignatelli-Cerchiara. C'est le 1er léger napolitain.

partie d'un corps napolitain que j'enverrais à la Grande Armée ?

De ces trois chefs, Guariglia, Tommasini et Stoduti(1), y en aurait-il un qui eût la volonté et la capacité pour commander un bataillon qui ferait partie du corps destiné à la Grande Armée ?

Dans l'affirmative d'une de ces trois hypothèses, agissez sans perdre de temps et rendez-moi compte du résultat de vos démarches.

Mon intention n'est pas que le 6e de ligne et le 1er d'infanterie légère napolitain soient disséminés de nouveau, il faut réunir le 6e à Salerne et diriger le 1er sur Naples. Cependant vous êtes le maître de retarder ces deux mouvements jusqu'à ce que vous croyiez pouvoir les ordonner sans danger pour la tranquillité du pays où vous êtes. Ne permettez donc pas qu'ils fassent partie de colonnes mobiles, ni qu'ils soient disséminés sur la côte.

M. Bigarré (2) doit avoir continué son voyage, il aura emmené avec lui toutes les capotes. Le 6e et le 1er en recevront en arrivant à leur destination.

Si vous n'avez pas très besoin du colonel Pignatelli, donnez-lui l'ordre de se rendre à Naples.

Agréez l'assurance de ma satisfaction et de mon attachement.

(Arch. Naples, Guerra 1046.)

(1) Sur le « lieutenant-colonel » Rocco Stoduti et les « majors » Sciarpa et Antonio Guariglia, cf. *Naples sous J. B.*, pp. 129 et 143.
(2) Auguste-Julien. Né en 1775 au Palais (Belle-Ile), mort à Rennes 1838. Volontaire aux canonniers marins de Saint-Domingue 1791, lieutenant d'infanterie 1793, major au 4e de ligne (le régiment de Joseph) 1805, combattit à Austerlitz, où il eut le malheur de perdre un drapeau, à la suite de quoi il passa au service de Naples (15 août 1806). Aide de camp du roi, colonel et organisateur du 1er de ligne napolitain (2 février 1807), du 2e (23 déc. 1807), général (9 juin 1808). Devint lieutenant-général au service d'Espagne. Auteur de *Mémoires* curieux.

76. — A Lamarque.

Naples, 18 décembre 1806.

Général, je vous envoie beaucoup d'exemplaires du journal de Naples où est inséré un article sur les prisonniers que vous avez faits à Maratea (1) ; il sera bon que vous lui donniez le plus de publicité possible.

(Arch. Naples, Guerra 1046).

77. — A Canova.

Naples, 20 décembre 1806.

J'ai vu avec bien de l'intérêt, Monsieur, le buste de l'Empereur que vous m'avez envoyé ; je vous témoigne ma reconnaissance.

Il y a de longues années que j'ai trouvé du plaisir à admirer la puissance de l'art et du génie des Anciens plus dans vos ateliers que dans les ruines des monuments de Rome. Il faut que vous mettiez le sceau à votre gloire par la création d'un monument équestre.

Occupez-vous donc d'une statue équestre de l'Empereur. Les dimensions, la pose, je laisse tout à votre choix. Je destine ce monument à la ville de Naples (2); pour vous laisser toute liberté je choisirai le local selon les dimensions de la statue.

Envoyez-moi les plâtres de la statue de ma mère et de celle de ma sœur (3).

(1) C'est le *Monitore Napolitano* du 19 déc. 1806 : on y fait l'éloge des chefs, qui viennent de se rendre, de leur générosité envers les prisonniers.
(2) Quatremère de Quincy, ami et historien de Canova, prétend que c'était un moyen détourné de faire exécuter la statue pour Paris (*Vie de Canova*, Paris, 1834). Cependant c'est bien à Naples, sur le nouveau *Foro Napoleone*, que fut érigé le cheval de bronze qui devait porter la statue.
(3) La fameuse statue de Pauline Borghèse.

Agréez mon sincère attachement et ma bien haute estime.

(AF IV 1714 B.)

78. — *Au chef de l'Etat-major général.*

Naples, 20 décembre 1806. — *Aut.*

Comment se fait-il qu'il soit impossible de faire transporter de Lagonegro en Calabre 2 à 3.000 capotes ? M. Bigarré, qui avait de l'argent, m'écrit que cela ne se peut pas ; avec de l'argent, des troupes et des paysans, cela se peut ; je vous prie, général, de donner tous vos soins à ce que ce transport s'effectue le plus tôt possible, employez tous les moyens pour cela, on fera payer ici tout ce que vous ferez demander.

Ordonnez au commissaire des guerres de rester à Lagonegro.

Dites-moi ce que vous pensez de l'inspecteur des équipages militaires Lieutaud, qui est à Lagonegro. Qu'y fait-il ? Quelle est sa conduite ?

Je vous envoie des papiers.

(Arch. Naples, Guerra 1046.)

79. — [*Au Général Campredon.*]

Naples, 22 décembre 1806.

Général, je mets la plus grande importance à ce que la route soit incessamment ouverte entre Lagonegro et Cassano.

Les plans sont faits par des gens habiles; mais il s'agit de les faire exécuter avec promptitude. Pour y réussir, je me détermine à vous confier ce soin.

Je ne demande pas que cette route soit perfectionnée, que les ouvrages d'art soient confectionnés dans le court espace que je vous donne, car je voudrais qu'au premier de mars l'artillerie, les caissons et voitures quelconques pussent aller à Cassano. Je me contente donc que la route soit ouverte sur le tracé arrêté par les ingénieurs civils, afin que ce que vous ferez exécuter nous achemine déjà à la perfection définitive; il n'y aura que les grands ouvrages d'art que vous serez forcé de suppléer par des ouvrages de campagne. Voici les moyens que je pense qui doivent être employés pour remplir le but que je me propose.

Le ministre de l'Intérieur mettra à votre disposition 5.000 ducats au 1ᵉʳ janvier, 5.000 le 15, 5.000 le 30, 5.000 le 15 février, 1.000 le 30 février (*sic*).

Il mettra à votre disposition les ingénieurs et autres agents civils. Il donnera l'ordre aux Intendants sous-Intendants et syndics de fournir tous les paysans et les outils dont ils auront besoin ; les paysans seront payés à raison de 20 sols par jour, soit qu'ils travaillent à la journée ou à la tâche.

Il sera formé un atelier de 600 militaires; ils seront payés comme les gens du pays. Cet atelier sera alimenté par les différents corps cantonnés dans le Val de Diano, Lagonegro, Cassano et Castrovillari. Ces troupes seront campées, elles seront sous les ordres d'un officier général du génie ; il pourra être formé un atelier semblable à Cassano, si l'officier général juge qu'il soit nécessaire pour remplir le but qu'on se propose dans le temps déterminé.

Le chef de l'État-major donnera les ordres nécessaires pour l'exécution de ces dispositions.

Le Ministre de l'Intérieur et celui de la Guerre ont connaissance du présent ordre.

Si l'officier général que vous enverrez juge que des

galériens puissent lui être utiles, vous en ferez la demande au ministre de la Marine, qui vous en enverra tant que vous voudrez (1).

(AF IV 1714 B.)

79 bis. — A Napoléon.

Venafro, 5 janvier 1807.

Sire, le général Berthier m'écrit en date du 28 novembre qu'il a engagé le général Partouneaux qui commande en Pouille de suspendre toute expédition jusqu'à l'arrivée de la division des frégates françaises qui en protégeront le passage. Le général Donzelot était arrivé avec le général Destrès (2).

Deux cents hommes du 14º étaient arrivés à Corfou.

Les Russes ont laissé trois magasins considérables de poudre. De toute celle que j'ai envoyée d'ici il paraît qu'il n'y avait encore que 15 milliers arrivés par une expédition et 135 barils par une autre. Il est bien important que Votre Majesté obtienne du gouvernement russe la remise de ces poudres.

(Arch. Guerre, Naples, 9/1.)

80. — [A Thibaud] (3).

Venafro, 6 janvier 1807.

Monsieur, mon intention est que désormais l'article du budget des dépenses du mois qui concerne la bouche

(1) Joint le décret du 22 décembre 1806, relatif à cette route.
(2) V. pour Donzelot, p. 140, pour Destrès, p. 143.
(3) Trésorier de la Maison du Roi. Massacré dans le désastre des bagages de l'armée française après la défaite de Vittoria.

8,000 ducats, ma cassette 10.000 ducats, soit payé d'abord et par préférence à toute autre dépense. J'apprends que le premier article est en retard de plus de 2 mois. Le second n'a jamais été payé, quoiqu'il eût dû l'être depuis le 1ᵉʳ de mai.

(AF ɪᴠ 1714 B.)

81. — A Rœderer.

Naples, 15 janvier 1807. — *Aut.*

Le but principal du conseil d'aujourd'hui est d'aviser aux moyens de subvenir aux dépenses extraordinaires de la guerre : l'emprunt du commerce ne suffit pas, rassemblez vos idées là-dessus. Nous verrons ce que produira la discussion.

(Papiers Rœderer.)

82. — A Lamarque.

Naples, 20 janvier 1807. — *Aut.*

Général, donnez l'ordre au 10ᵉ de ligne de se rendre dans le gouvernement de Naples, où, selon les ordres qu'il recevra de M. le Maréchal Jourdan, il remplacera le 20ᵉ ; le 6ᵉ sera rejoint par tous ses détachements à Naples, il doit partir de Salerne le 22, envoyez un courrier. Donnez l'ordre au 20ᵉ de ligne de partir le 22 pour se rendre à Lagonegro, Castelluccio, Lauria ; il sera à la disposition du commandant du génie chargé de la direction de la route des Calabres ; il sera employé à protéger les travailleurs.

Avant son départ il faut que le 20ᵉ reçoive des capotes

pour son complet sous les armes et que chaque homme ait deux paires de souliers dans le sac, que les officiers, sous-officiers et soldats reçoivent un mois de ce qui leur est dû. Prévenez l'ordonnateur (1) de ces dispositions, le ministre de la Guerre et le gouverneur de Naples ; je désire que vous passiez la revue de ce corps après-demain avant son départ, et s'il n'avait pas tout ce qui est prescrit, je préfère que son départ soit retardé d'un jour : je mets du prix cependant à ce qu'il puisse partir le 22.

(Arch. Naples, Guerra 1048.)

83. — *Au général Lamarque.*

Carditello, 31 janvier 1807. — *Aut.*

Général, vous recevrez deux lettres du général Dejean, (2), que je vous envoie. Vous observerez que le 29° (3) est oublié dans le tableau des corps qui doivent recevoir des conscrits. Il faut en faire la remarque au chef d'Etat-major de l'armée d'Italie (4) et au prince Berthier (5), afin que ce corps reçoive aussi son contingent. C'est évidemment une erreur.

(Arch. Naples, Guerra 1048.)

84. — *A Reynier.*

Naples, 8 février 1807.

Général, il y a longtemps que je désirais placer conve-

---

(1) Arcambal, ordonnateur en chef de l'armée de Naples.
(2) Le ministre de l'Administration de la Guerre de France.
(3) De dragons.
(4) Général Charpentier.
(5) Ministre de la Guerre de France.

nablement Monsieur votre frère (1). J'ai saisi l'occasion qui se présentait naturellement en l'appelant à concourir avec vous au rétablissement de l'ordre dans les deux Calabres. J'ai une entière confiance dans sa délicatesse et je ne doute pas que vous ne concouriez de tous vos moyens à lui faciliter la réussite de la commission difficile que je lui ai donnée.

Je désire que vous trouviez dans cette mesure une nouvelle preuve de mon estime et de mon attachement.

(Arch. Guerre, Naples, 9/1.)

85. — *Au prince Pignatelli-Cerchiara* (2).

Naples, 26 février 1807.

Monsieur, il sera nécessaire de se procurer cinquante barques de pêcheurs pouvant contenir chacune 10 hommes; elles seront mises à la disposition de M. le Maréchal Jourdan, et elles seront employées suivant ses ordres.

Le capitaine de vaisseau Lostanges (3) commandera cette petite flottille, à laquelle seront jointes les chaloupes canonnières dont M. le Maréchal Jourdan pourrait vous faire la demande (4).

(AF IV 1714 B.)

(1) Jean-*Louis*-François-Antoine Reynier, né à Lausanne en 1762, mort dans cette ville en 1824, agronome et archéologue distingué. Avait servi dans l'administration de l'Égypte. Joseph le nomma commissaire du roi en Calabre (31 janvier 1807), Murat le fit le directeur des Postes.
(2) Ministre de la Marine (et, à partir du 16 avril 1807, du Culte); il était resté en même temps président de la Banque de Cour. Frère aîné du colonel Andrea Pignatelli.
(3) Commandant militaire de la marine à Naples depuis juin 1806. C'était un ami personnel de Joseph.
(4) La Feuillade, ambassadeur de France, affirmait que Joseph, n'ayant pas entière confiance dans son ministre, lui aurait caché jusqu'au dernier moment l'expédition tentée sur Capri le 3 mars. Ce billet pourra en effet paraître peu explicite.

86. — *Au général Franceschi-Delonne* (1).

Naples, 2 mars 1807.

Vous connaissez mes intentions sur la guerre des Calabres d'après toutes les hypothèses possibles... Tâchez de maintenir une saine discipline; c'est par là que vous continuerez à être estimé et aimé par les habitants et que vous ferez une bonne guerre.

(AF IV 1714 B.)

87. — *A Lamarque.*

Naples, 7 mars 1807.

Général, vous donnerez l'ordre au commandant du 29e de dragons de faire partir pour Naples les deux dragons qui avaient été chargés par le commandant Martigue de donner main-forte aux entrepreneurs de jeux de hasard qui s'étaient établis à Campagna (2); qui ont reçu, d'après l'ordre du colonel Marie, mon aide de camp, 6 louis des entrepreneurs des jeux, il y a environ un mois; qui, à leur retour à Eboli, ont été mis 4 jours au cachot. A leur arrivée à Naples ils se présenteront à l'Etat-Major général. Vous chargerez un adjoint de

---

(1) Jean-Baptiste, né à Lyon 1769. Sous-lieutenant au bataillon de l'Arsenal 1792, lieutenant 1794, capitaine (à Neuwied) 1797, colonel du 8e hussards 1803, général (24 déc. 1805), général de division (9 juin 1808). Pris par les Espagnols, et très mal traité, il mourut misérablement à Carthagène, de la fièvre jaune, 23 oct. 1810. A Naples, où il devint le gendre de Mathieu Dumas (15 févr. 1808), il fit les deux campagnes de Calabre sous Reynier.
Sur les éloges qu'il mérita et les notices qui lui furent consacrées, cf. *Naples sous Joseph Bonaparte*, p. 160.

(2) Localité de la province de Salerne, près de laquelle avait été formé un camp. Les jeux de hasard venaient d'y être donnés à une entreprise privilégiée.

recevoir leur déposition, que vous me transmettrez, mon intention étant de punir le coupable assez déhonté pour sacrifier le soldat aux intérêts de quelques misérables fripons.

Vous déclarerez au colonel que je le rends personnellement responsable de l'exécution de cet ordre que vous lui enverrez par un courrier.

(F40 88314.)

88. — A Rœderer.

Naples, 8 mars 1807. — *Aut.*

Je désire que vous écriviez au frère du général Dumas (1) pour savoir s'il ne conviendrait pas mieux de faire vendre les brebis espagnoles et tout ce qui constitue la nouvelle administration que j'ai confiée à M. Bayard, qui a aujourd'hui un autre emploi (2). Quoique tout cela pourrait être vendu, trouverait-on des acheteurs ?

Votre affectionné Joseph.

Ecrivez sur le champ (3).

(Papiers Rœderer.)

88. — A Rœderer.

Naples, 15 mars 1807. — " *Aut.*

Monsieur, pressez toutes les ressources pour le mois

---

(1) Dumas Saint-Fulcron, ancien receveur général des Domaines en France. Il était alors administrateur des Domaines de Naples (« excellent administrateur, écrivait Rœderer, et excellent comptable »). Il sera inspecteur général du Trésor (12 avril 1808).

(2) Il venait d'être nommé directeur des Domaines dans la province de Capitanate (28 février 1807).

(3) Rœderer a écrit sur la lettre : « Hier 10 le roi m'a dit en voiture d'écrire non pour consulter, mais pour ordonner de vendre. »

prochain ; nos besoins seront bien pressants et bien étendus. Il faut terminer d'une manière ou d'autre pour la loterie, le papier timbré, l'affaire du baron de Thurn (1). Faire vendre dans les propriétés de l'Etat les bestiaux qui ne tiennent pas essentiellement à la culture des terres. Il faut presser par tous les moyens la vente des domaines de l'Etat *, et tout cela dans deux jours ; je voudrais connaître d'ici au 20 les ressources du mois prochain ; avril, mai sont les mois dans lesquels nous aurons le plus à dépenser *.

(Papiers Rœderer.)

90. — A *Arcambal* (2).

Naples, 10 mars 1807.

Monsieur, le général Dumas a dû donner l'ordre à M. Zenardi (3), colonel du 2ᵉ régiment de chasseurs napolitains, de se rendre à Naples, pour lui donner les explications que nécessite la conduite violente qu'il est accusé d'avoir tenue envers le syndic de Foggia.

(1) Né à Goriz. Avait pris service dans la marine napolitaine. Il s'agit de ses biens, séquestrés comme biens d'émigré en Sicile, et dont il réclamait la restitution, étant retourné dans sa patrie.
(2) Jacques-Philippe d'Arcambal, 1751-1843, garde de la Porte sous Louis XVI, employé au ministère de la Guerre 1791, où il devint directeur du matériel. Ordonnateur en chef de la première Armée de Naples, il se vit offrir le ministère de la Guerre de la nouvelle République. Secrétaire-général du ministère de la Guerre en France 1802, Ordonnateur en chef au camp de Saint-Omer, puis à l'Armée de Naples, Conseiller d'Etat du royaume. Beau-frère de Miot. — A la date citée, il faisait l'intérim de la Guerre depuis le 24 février 1807. Murat le conservera à ce ministère comme directeur général.
(3) Sicilien. Réfugié en France, devint chef d'escadron au 13ᵉ chasseurs à cheval français. Rentré à Naples, fut nommé colonel du 2ᵉ chasseurs napolitain (7 novembre 1806). « Beau et bon militaire, » note Montigny-Turpin dans ses *Grands Épisodes*, mais peu aimé des Napolitains parce que Sicilien. — Le général de Frégeville ne l'avait, dans le cas en question, jugé coupable que de « légèreté » (à Arcambal, 13 mars, Arch. Naples, Guerra 1048).

(Zenardi n'étant pas venu rappeler l'ordre à ce colonel et en avertir le général Frégeville. Cantonnements à donner aux 14ᵈ d'infanterie légère et 102ᵉ de ligne.)

Ces deux corps ne sont pas payés depuis 8 mois. Les troupes qui sont en Pouille sont aussi fort arriérées ; il faut donner des ordres au Payeur pour qu'il y envoie assez de fonds ou de délégations pour payer ces troupes jusqu'au 30 novembre.

(Arch. Naples, Guerra 1048.)

91. — A Rœderer.

Foggia, 24 mars 1807.

Monsieur, dans la supposition que je pusse offrir à la société des négociants, dont nous avons parlé avant mon départ, des blés à Manfrèdonia et Barletta, dans une quantité plus considérable qu'ils ne pourraient en exporter, quelle serait celle qu'ils seraient en état de payer dans le trimestre d'avril ? Combien dans le 2ᵉ trimestre de l'année courante ? Achèteraient-ils à prix fixe ? Quel serait ce prix ? Voudraient-ils en acheter au prix du commerce ?

(AF ıv 1714 B.)

92. — A Rœderer.

Foggia, 26 mars 1807.

Monsieur, vous trouverez ci-joint un arrêté que je viens de prendre pour assurer l'exécution d'un article important de la loi sur le Tavoliere de Pouille, dont l'effet avait été détruit par un *dispaccio* (1) du 26 août 1806.

Cet article, qui est le dix-septième de la loi, portait que les grands propriétaires qui possédaient au-delà de cinquante chars (2) de pâturages limitrophes seraient exclus de l'accensement ordonné en faveur des autres *locati* (3) : le char étant évalué à près de 70 arpents, la loi n'était certainement pas sévère à cet égard.

Je me souviens que dans le temps on me fit des remontrances dans un conseil de ministres et qu'on me dit que, personne n'ayant fait de demandes pour obtenir des accensements sur le Tavoliere, il fallait révoquer l'article dix-septième pour donner aux grands propriétaires le droit d'acquérir ce dont les autres ne se souciaient pas. Je trouvai juste qu'au défaut d'autres demandeurs le bienfait de la loi s'étendît à ces grands propriétaires. Cela a donné lieu au *dispaccio* du 26 août, dont il est question.

Je ne parle pas de l'inconvenance que je trouve à ce qu'on fasse par un simple *dispaccio* ce qu'on aurait dû me faire faire par une nouvelle loi, puisqu'il s'agissait de révoquer une loi. Mais si vous examinez cet acte, vous verrez qu'on commence par dire que *personne n'a fait de demandes* et qu'en conséquence, etc...

A mon arrivée à Foggia, des réclamations me sont venues de toutes parts contre l'injustice du dispaccio, par lequel plusieurs *locati*, qui en vertu de la loi étaient préférés, se trouvent exclus et obligés d'acheter le pâturage pour leurs troupeaux d'une quinzaine de propriétaires, qui possèdent jusqu'à six et huit cents chars et

---

(1) On appelait *dispaccio* un décret rendu par un ministre, au nom du roi, à propos de cas particuliers : sous les Bourbons on en abusait au point d'annihiler souvent l'effet des lois.

(2) *Carro*, mesure agraire valant à peu près 23 hectares.

(3) *Locati*: locataires (soit des pâtures, soit des terres arables).

ont par là plus de terres que quelques souverains n'en possèdent ailleurs.

Ce qui est plus remarquable, c'est que la raison du *dispaccio* n'existe pas, puisque la Commission (1) m'a fait voir que tout le monde avait déjà fait ses soumissions. Je ne dis pas cela dans l'arrêté, parce qu'il serait impossible de le dire sans dureté. Mais le fait existe.

Vous sentez qu'au moment où je détruis les fidéicommis et m'expose à donner une grande secousse à l'Etat pour diviser les propriétés autant qu'il est possible et attacher à la patrie un plus grand nombre de personnes, il est de la plus grande incohérence de concentrer dans les mains d'un très petit nombre de possesseurs, des terres que je suis le maître de distribuer comme il me plaît.

Voilà les raisons pour lesquelles je n'ai pas cru devoir balancer à prendre cet arrêté. Il est fait de manière que l'opération ne peut en souffrir aucunement, et que les premiers acquéreurs ne peuvent rien craindre pour ce qu'ils ont déjà payé.

Je désire que vous en fassiez faire immédiatement l'expédition par M. Ricciardi (2) et l'envoi à Foggia, afin qu'il puisse être publié et exécuté avant la moitié de mai.

* Votre affectionné Joseph. Ceci est pour vous seul *.

(Papiers Rœderer.)

93. — A *Rœderer*.

Mola, 30 mars 1807.

... La Commission du Tavoliere promet de faire rentrer

---

(1) La *Giunta* du Tavoliere, chargée de l'exécution de la loi du 21 mai 1806, comprenait le baron Nolli, le Français Dumas de Saint-Fulcron, Vinc. Sanseverino.

(2) Francesco Ricciardi, le secrétaire d'Etat; son fils a écrit sa vie (Naples, 1873). L'arrêté en question est le décret du 20 mars 1807.

dans le courant du mois de mai 470.000 ducats en autorisant la réception de 30.000 tomoli (1) de blé et 100.000 ducats de laine. Donnez les instructions que vous jugerez nécessaires à la Commission pour la rentrée de ces fonds...

(Papiers Rœderer.)

94. — Au général Campredon.

Lecce, 2 avril 1807.

Général, j'ai visité hier Brindes et j'ai reconnu que c'était là le point qu'il fallait mettre en état de défense : le château d'abord qui ferme l'entrée du port, et plus tard la ville, lorsqu'elle sera devenue aussi importante que j'espère qu'elle sera un jour; il n'y a point là d'officier du génie : il y serait bien plus nécessaire qu'à Manfredonia : il faut y envoyer un homme habile. Il sera bien aussi de mettre Barletta et son château à l'abri d'un coup de main : ce serait sur ce point que devraient se réunir les troupes qui se trouvent éparses sur la côte; cette ville devrait être en état de faire une défense assez longue pour nous donner le temps d'arriver. C'est l'entrepôt de beaucoup de denrées et ce serait le quartier général de la division.

Comme ces deux objets-là n'exigent pas beaucoup de dépenses, je pense qu'ils doivent être menés de front avec les îles du golfe de Naples, celles de Brindes et celles du golfe de Tarente et Tremiti (2).

Viennent ensuite Gaëte, Barletta, Pescara, le château de Manfredonia, le château de Tarente. Vous sentez bien que ce qu'il nous importe de défendre d'abord et le mieux possible, ce sont les points isolés du continent, d'où il

(1) *Tomolo*, mesure de capacité, valant 50 litres et demi.
(2) Les îles Tremiti, dans l'Adriatique.

nous serait si difficile de chasser l'ennemi, s'il y était une fois établi.

(AF iv 1714 B.)

95. — *Au général Dedon.*

Lecce, 2 avril 1807.

Général, je désire que vous vous occupiez avant tout d'armer les îles du golfe de Naples, celles de Tarente, de Brindisi, Tremiti et Gaëte.

Viendront ensuite le château de Manfredonia, le château et ville de Barletta, la ville de Brindes, la ville de Tarente. Tous ces points manquent d'affûts. C'est là la dépense la plus pressée que vous ayez à faire.

Faites vendre les vieux fers qui sont inutiles. Dans le cas d'un débarquement, je ne veux défendre sur l'Adriatique que le château de Manfredonia, Barletta et son château, Brindes; il serait bon que vous eussiez de préférence sur ces points, destinés à être défendus, la grosse artillerie et réserver, pour être placée sur les autres points non destinés à une défense sérieuse, de l'artillerie légère, qui devrait être réunie à Barletta, qui va être mise en état de défense.

Il y a dans quelques-unes des villes de l'Adriatique quelques mauvaises pièces en fer que vous jugerez peut-être hors de service, mais qui inspirent une grande confiance aux habitants. Ce sera à vous de juger celles qui devraient leur être laissées, mais il faudrait peut-être qu'elles fussent servies par des canonniers de la garde civique provinciale et que l'artillerie du royaume ne fût point surchargée d'une multitude de pièces et d'artilleurs, dont elle ne reconnaîtrait pas l'utilité et qu'on pourrait laisser à la charge des villes tant qu'elles voudraient les conserver.

Ceci me mène à l'idée sans la réalisation de laquelle nous rendrions l'artillerie municipale, ce qui serait vous dire le pire des systèmes. Pour l'éviter, il est indispensable que vous rédigiez un projet de défense générale; ce serait un tableau de tous les points qui devraient être fortifiés, des canonniers et des pièces que vous jugeriez nécessaires et qui seraient payés par l'artillerie du royaume; tout le reste entrerait dans les dépenses municipales.

(AF IV 1714 B.)

96. — A Rœderer.

Lecce, 5 avril 1807.

Monsieur, je reçois votre lettre du 2 avril; je serai incessamment à Naples; j'ai beaucoup à m'applaudir de mon voyage ici où j'ai étudié bien des maux qu'il sera facile de réparer.

Vous savez que l'empereur enverra à dater du mois d'avril 500.000 fr. par mois.

Je sais que le budget de la police n'est pas payé; il est essentiel, dans ce moment surtout, qu'il le soit; je vous recommande cet objet (1).

(Papiers Rœderer.)

97. — Au maréchal Berthier.

Tarente, 7 avril 1807. — Aut.

J'ai appris avec bien du chagrin, mon cher Maréchal, la perte que vous venez de faire; vous savez que j'avais

(1) A cette époque se tramait une conspiration, qui devait seconder une expédition sicilienne qui se préparait : la police de Naples en tenait déjà les fils.

beaucoup d'attachement pour le général Léopold (1), que je connaissais depuis la première campagne d'Italie. Il est pénible de penser que tout ce qu'il y a de généreux sur la terre doit cesser d'être ; est-ce pour toujours, est-ce pour revivre sous d'autres modifications? Dans un autre ordre de choses? nous ignorons tout cela. Mais ce que nous ne savons que trop, c'est la douleur que donnent des amis qui cessent d'être aujourd'hui ; ils nous disent aussi que nous cesserons d'être demain. Un bon renom survit. Mais qu'est-ce que le renom, quand tous les sentiments de l'âme ne sont plus? Adieu, mon cher Général (*sic*), vous avez plus de force que moi : c'est le cas de l'éprouver; croyez à toute mon amitié.

        Votre affectionné ami.

(F^to 88314.)

98. — *A la reine Julie.*

        Altamura, 8 avril 1807.

Je reçois ta lettre, ma chère amie, je serais bien aise d'écrire des contes à Zénaïde (2), puisque je ne puis pas les lire avec elle, mais j'ai à peine le temps de t'écrire ces deux mots pour t'assurer de ces regrets, de ma bonne santé et de ma satisfaction en voyant le succès progressif des efforts que je fais pour le bien de ce pays. Le peuple est bien reconnaissant et tu auras peine à t'imaginer comme je suis reçu ici. En vérité, ma chère Julie,

---

(1) Léopold Berthier, frère d'Alexandre et de César. Une *Notice sur le général Victor-Léopold Berthier* fut dès lors publiée par Eckard. (Paris, Impr. Impér., 1807, in-4.)

(2) Fille aînée de Joseph. Celle qui épousa Charles Bonaparte, fils de Lucien. — Les goûts littéraires du roi sont connus : imitations d'Anacréon dans sa jeunesse, le roman de *Moïna* sous le Consulat, et, semble-t-il, dans l'exil, le poème en dix chants, *Napoléon*. — Son affection pour sa femme et ses filles s'exprimait souvent et volontiers avec lyrisme, bien qu'il se passât facilement de leur présence.

depuis dix jours surtout ces peuples paraissent avoir pour moi les dispositions d'âme de mes trois bonnes petites amies.

Adieu, je vous embrasse toutes les trois et il me tarde de vous revoir.

(Foreign Office, Sicily, 30.)

99. — *A la reine Julie.*

Venosa, 9 avril 1807.

Ma chère amie, je reçois ta lettre du 28. Tu as bien fait de faire partir Larive (1). Je suis ici dans la patrie d'Horace, mais, ma chère Julie, je n'ai pas comme lui le temps ni le génie de faire des odes ou des épîtres, et moins encore des satires. Je suis entouré de tous les intérêts et de toutes les passions des villes où j'ai couché. C'est aller chercher loin plus de besogne qu'on n'aurait à Naples. Je vous embrasse toutes les trois. Adieu, mes bonnes et petites amies.

(Foreign Office, Sicily, 30.)

100. — *A Napoléon.*

Venosa, 9 avril 1807.

(Après les mots « levées de régiments », il y a en plus que dans le texte publié) :

Je remercie V. M. de vouloir bien me donner tous les ans cent conscrits (2). Voici le rapport que je reçois

---

(1) Jean Mauduit, dit Larive, le célèbre acteur du Théâtre-Français, élève et successeur de Lekain. Il s'était alors retiré, mais acceptait de venir diriger le Théâtre-Français, que Joseph voulait avoir à Naples. C'est Julie qui avait été chargée de la négociation.

(2) Pour la garde royale.

de Sicile (1). M. Anthoine (2), que V. M. a toujours distingué, m'écrit la lettre ci-jointe.

(Foreign Office, Sicily, 30.)

101. — *A la reine Julie.*

Venosa, 10 avril 1807 (3).

Je reçois votre lettre du 31. Laborde sera le bienvenu (4); je ferai ce qu'il désire. Le général Macdonald ne doit pas s'attendre à commander beaucoup de troupes. Je ne vois pas que je puisse lui donner plus de 2 ou 3 mille hommes; ce n'était pas non plus pour cela que je l'avais demandé. Le maréchal Jourdan commande 5.000

---

(1) Un rapport d'espion (en italien), daté de Messine, 20 mars 1807 : renseignements sur les troupes anglaises embarquées à Malte et Sicile pour l'Archipel. Elles préparent une 2ᵉ expédition, également pour le Levant. Ferdinand réquisitionne des bâtiments siciliens, napolitains et même russes pour une expédition à Naples. Les Anglais ont besoin d'hommes et ont envoyé pour recruter à Reggio.

Ce rapport fut saisi en même temps que les lettres.

(2) De Marseille; avait épousé une sœur de Julie Clary. Négociant, en rapport avec les Echelles, il avait obtenu des lettres de noblesse en 1786 et s'intitulait Anthoine de Saint-Joseph. (Masson, *Napoléon et sa famille*, I, 91.)

(3) Bunbury, *Narratives of military transactions in the Mediterranean*, cite cette lettre interceptée, ainsi que celle du même jour à Napoléon, comme mettant en évidence la faiblesse de l'armée française et la « tremblante soumission » de Joseph. Le roi Ferdinand jugeait l'aveu si probant qu'il accompagnait l'envoi de ces lettres à Drummond, le ministre d'Angleterre, de la lettre autographe suivante. « La certezza che quelle lettere mi danno delle poche forze nemiche che si trovano nel mio regno di Napoli m'impone il doppio dovere, come padre e come sovrano, di non più differire un solo istante il tentativo di liberare i miei sudditi dai mali che sopportano e di ricuperare l'eredità de'miei figli qualunque possia mai essere la disposizione dei generali inglesi di secondarmi o no in questa intrapresa. » (Foreign Office, Sicily, 30.)

A la fin d'avril, quoique privé du concours anglais, le prince de Hesse débarquait en Calabre.

(4) Peut-être le comte Alexandre de Laborde, le futur membre de l'Institut, libéral de marque sous la Restauration et sous Louis-Philippe; en dehors de l'Espagne, où il accompagna Napoléon en 1808 comme auditeur au Conseil d'Etat et à laquelle il consacra son superbe *Voyage pittoresque et historique*, il voyagea en Italie.

hommes à Naples, Reynier (un mot illisible). Tout est en garnison. C'est pour cela que tant de généraux ont dû partir. Je désire que vous ne cachiez rien de cela au général Macdonald, pour qu'il ne se trouve pas abusé en arrivant. Je me porte très bien. Adieu, ma chère, il faut que... (sic) se décide en homme, oui ou non.

(Foreign Office, Sicily, 30.)

102. — *Harangue aux députés et syndics des localités voisines du camp de Campagna.*

Au camp, 10 avril 1807.

La réunion de ces troupes ne doit inspirer aucune alarme aux peuples de la contrée. S'il se trouvait un administrateur ou tout autre agent de l'autorité publique qui en conçût ou en fît concevoir de l'inquiétude, vous m'en instruiriez. La qualité d'honnête homme est la première à mes yeux ; je ne mets qu'au second rang celle d'être dévoué aux intérêts de ma personne...

(*Il invite les habitants à lui indiquer les vexations.*)

Dans le voyage que je viens de faire, j'ai réprimé toutes celles qui sont venues à ma connaissance, et j'ai destitué tous les fonctionnaires publics qui me les ont cachées. Je visiterai souvent mes provinces et je verrai les abus par moi-même ; mais je vous répète que je regarderai comme un délit le silence des magistrats à cet égard.

(*Journal de Paris.*)

102 bis. — *A Reynier.*

La Valva, 11 avril 1807. — *Aut.*

Général, je reçois votre lettre du 24. Vous devez avoir vu arriver les conscrits, vous en allez recevoir encore un bon nombre qui doivent se mettre en marche d'Ancône le 15. L'on poursuit les restes des bandes qui infestaient la Basilicate. Ces provinces sont aujourd'hui tranquilles. Attachez-vous, comme vous avez déjà fait, à ramener la confiance. Les injustices des uns font les brigandages des autres et, en dernière analyse, c'est le sang français qui paye tout cela. Je ne vous dis ceci que parce que mon âme résonne encore des impressions que j'ai éprouvées dans le voyage où j'ai vu un bon peuple, de bons soldats, aux prises avec quelques fripons, dont quelques-uns avaient malheureusement obtenu ma confiance. J'en ai fait justice. Je suis sûr que vous, Général, et Monsieur votre frère, qui êtes essentiellement de la race des bons et honnêtes gens, vous n'aurez pas de peine à rétablir l'ordre, s'il ne survient pas d'événements majeurs. Agréez mon estime et mon attachement. Si vous découvrez des abus criminels de la part des autorités, faites-moi les connaître directement.

(Arch. Guerre, Naples, 9/1.)

103. — A Napoléon.

Naples, 14 avril 1807.

Sire, j'envoie à V. M. le double de deux dépêches qui ont été enlevées à une estafette, qui a été arrêtée il y a 3 jours (1).

Je m'occupe des affaires de mon administration et tout va assez bien; nous recevons de bonnes nouvelles de Constantinople.

(AF IV 1714 C.)

(1) Ce sont les lettres du 8 et 9 avril, dans *Mém. du roi Jos.*, III

104. — *Au général de Frégeville.*

Naples, 15 avril 1807.

Général, j'apprends que vous commandez en Pouille malgré mes ordres : je vous ordonne d'exécuter les ordres que je vous ai donnés et de remettre sur le champ le commandement à M. le général Colonna (1).

Les éclaircissements que j'ai obtenus de MM. Zenli, Berlinghieri, baron de Bitetto, Spada, Mascione me font désirer que vous ne veniez pas à Naples, où je ne saurais vous voir.

(AF IV 1714 B.)

105. — *A C. Berthier.*

Naples, 15 avril 1807.

A mon retour à Naples, Général, j'ai trouvé la ville remplie des discours que l'on vous prête et que l'empereur vous aurait tenus sur mon compte, sur celui de mes ministres ; il vous aurait donné toute liberté de conduite sur son armée. Ces propos que je n'ai pas crus d'abord se trouvent vérifiés par les faits mêmes ; vous avez établi ici un centre d'autorité ; vous avez donné des ordres, fait des ordres du jour à l'armée, tandis que j'étais à 100 lieues de vous ; vous m'écrivez à moi-même au sujet

---

(1) Agostino Colonna, garde du corps du roi de Naples jusqu'au licenciement de ce corps (1795), emprisonné en décembre 1799 comme fauteur de conspiration.(*Diario Napoletano*, II, 15 déc. 1799.) Dès l'arrivée de Joseph, général de brigade, commandant successivement Principato Ultra et Terra di Bari. Il était frère de Marcantonio, prince de Stigliano, maréchal de camp de l'ancienne armée, rallié à Joseph, fait commandant de la garde civique de Naples, général de division (mai 1808), grand chambellan.

du général Digonet (1), comme le général Saint-Cyr aurait pu écrire au roi Ferdinand. Vous êtes vous-même, me dites-vous, le premier à demander la punition d'un général français ; vous oubliez donc que vous vous adressez à un général français, et que je ne me rappelle jamais que de cette qualité quand il s'agit de l'armée française ; tout homme qui prétendra être plus de l'armée française que moi ne me conviendra jamais à l'Etat-major.

Voilà mes plaintes ; cependant je conviens que vous n'avez pas cru me manquer, je conviens que vous m'êtes fort attaché ; mais qu'importent les intentions quand les effets sont les mêmes sur l'opinion des peuples et de l'armée ? Vous occupez une place trop importante, vous portez un nom auquel s'attachent trop de considération et de respect pour que vous puissiez vous permettre impunément le propos le plus léger ; tout est recueilli, commenté, surtout à votre retour du quartier général de S. M. l'empereur, où vous avez eu audience de S. M. I., où vous avez longtemps vu S. A. le prince maréchal Alexandre.

J'entre dans toutes ces explications parce que je ne veux pas que vous pensiez que je juge mal de vos sentiments pour moi et de l'innocence de vos intentions ; mais il m'importe de vous éloigner de la place de chef de l'Etat-major général, où il faut une réserve qui ne paraît pas compatible avec la franchise et l'abandon de votre caractère.

Je vous donne le commandement de la Pouille, pays tranquille et superbe, où vous serez très bien. Comme je vous répète, je n'ai qu'à me louer de vos intentions et de votre attachement pour moi, je vous conserverai tout

---

(1) Digonet ou Digonnet (Antoine), né à Crest (Drôme), 1763. Fit la guerre d'Amérique comme simple soldat d'infanterie. Adjudant-major au 2ᵉ bataillon des Landes 1792, général de brigade 1794. Rendit de grands services en Vendée et resta plusieurs années dans le commandement de départements de l'Ouest. Mort à Modène, 1811.

l'intérêt et l'amitié que vous avez droit d'attendre de moi; je ne crois pas non plus que le nom que vous portez et votre activité et votre zèle ne puissent être très utiles dans les provinces où je vous envoie. Vous partirez quand votre santé vous le permettra et vous pouvez continuer à compter sur mes sentiments d'intérêt et d'attachement pour vous et pour tout ce qui vous regarde; dans toutes les circonstances, vous me trouverez le même (1).

(AF iv 1714 B.)

106. — *Au maréchal Berthier.*

Naples, 16 avril 1807.

Mon cher Maréchal, les propos inconsidérés et tout à fait de jeune homme tenus par le général César pendant mon absence de Naples, propos qui ont été avidement recueillis par la malveillance; les ordres qu'il a donnés pendant mon absence et qui ont accrédité ces propos m'ont porté à lui donner le commandement de la Pouille, pays très beau et tranquille, où il sera du reste mieux qu'à Naples. Ce n'est pas sans quelque peine que je me suis décidé à l'éloigner de moi; mais j'ai cru absolument devoir le faire. L'Empereur aurait trouvé mauvais ma conduite et il m'aurait défendu (2); mes ministres seraient des gens que Sa Majesté Impériale aurait jugés incapables; les officiers français passés à mon service devaient quitter l'uniforme français. L'Empereur lui aurait dit que c'est lui qui devait prendre la défense de l'ar-

---

(1) Cette affaire troubla fort le roi, qui, outre cette lettre et la suivante, en écrivit encore à l'empereur (15 avril, *Mém.*, III) et reçut de Rœderer, atteint par les propos de Berthier, une lettre où il offrait de se retirer. (*Œuvres de Rœderer*, IV, 11.)

(2) C'est-à-dire César aurait été réduit à défendre Joseph.

mée française ; il aurait failli nommer le général Macdonald pour commander ici. Le général César était malade à son retour, il s'est retiré à Naples pour se rétablir ; j'ai été à 200 lieues de Naples avec l'officier qui faisait les fonctions de chef d'état-major (1) ; le général César a donné des ordres de son côté, a fait des ordres du jour à l'armée, moi étant à Tarente ; tout cela m'a paru trop léger. Au reste, tant qu'il sera ici, je n'oublierai jamais que dans le fond il m'est attaché ; qu'il est le frère d'un homme que j'aime depuis longtemps et dont j'aime à me retracer souvent les sentiments et les obligations que je lui ai pour le bien qu'il m'a voulu et qu'il m'a fait. Soyez donc bien tranquille sur son compte ; mais pour être bien avec lui, j'ai dû l'éloigner de moi ; je ne dois pas d'ailleurs vous cacher que je ne le crois pas propre à la place difficile qu'il avait à remplir auprès de moi : il faut de la mesure et de la discrétion, et il est d'un abandon et d'une franchise trop absolue.

Dans toutes les circonstances, je vous prie, mon cher Maréchal, de compter sur mon amitié.

(AF iv 1714 B.)

107. — A G. Berthier.

Naples, 16 avril 1807.

Général, je vous ai nommé au commandement de la division de la Pouille. Dans mon voyage, j'ai senti toute l'importance que je dois attacher à la situation de ces provinces. Je ne doute pas que la considération publique attachée à votre nom ne rende votre choix agréable et n'inspire toute la confiance qu'il est nécessaire d'affermir dans ces campagnes. J'espère que vous y emploierez

(1) Lamarque.

tout le zèle et que vous me montrerez, en cette occasion, tout l'attachement dont vous m'avez donné tant de preuves dans l'exercice de vos fonctions de chef de l'Etat-major général.

Vous remettrez le portefeuille de l'Etat-major général au général Lamarque.

(F40 88314.)

108. — Au duc de Cassano.

Naples, 18 avril 1807.

Monsieur le duc de Cassano (1), l'intérêt de l'Etat, en m'indiquant parmi les ministères à supprimer celui de l'Ecclésiastique que vous avez occupé avec tant de succès dans des temps difficiles, m'aurait imposé un sacrifice pénible, si je ne trouvais dans la charge de Grand Veneur, à laquelle je vous appelle, un moyen de vous témoigner ma reconnaissance et de vous rapprocher encore davantage de moi. Je désire, M. le duc, que vous voyiez dans cette résolution une preuve nouvelle de ma constante estime et de mon sincère attachement.

(AF iv 1714 B.)

109. — Discours à l'ouverture de l'Académie d'Histoire et d'Antiquité.

Naples, 23 avril 1807.

Occupato nella cura di rendere al paese, che son chiamato a governare, il lustro e lo splendore che gli

(1) Cassano-Serra. Avait été condamné à l'exil en 1800, parce que sa femme et ses deux fils, dont l'un fut supplicié, avaient été républicains.

aveano in altri tempi assicurato le scienze e le arti, ho pensato che non poteva colpir meglio nel segno, che cominciando dall'onorare le scienze di cui egli presenta in certo modo più che altra parte del mondo i materiali et gli artefici. Io dunque ho pensato di dover prima di tutto ristabilire una istituzione, che ha per oggetto lo studio de' monumenti antichi, e la loro applicazione alla storia. La riputazione di cui godono i letterati, che io ho chiamati alla prima formazione dell'accademia, i titoli che hanno già acquistati a questi onorati letterati i suffragi del pubblico mi assicurano che non mi sono ingannato nella scelta, e che saranno adempiute le mie intenzioni. Voi le seconderete, non ne dubito, con nuovi travagli, e se io ho ragione di esser certo degli sforzi che farete per la gloria della nazione e la mia propria soddisfazione, ho il piacere d'assicurarvi che mi troverete sempre apparecchiato a sostenervi nelle vostre imprese, e a darvi tutti gl'incoraggiamenti e tutte le facilità che vi saranno d'uopo per eseguirle. Ma applicandovi a quel genere di lavori che appartengono in modo più particolare all'essenza di un'accademia d'istoria e d'antichità, voi non obblierete, che tutte le scienze sono così unite da un legame comune, che si prestano tutte scambievole appoggio e che voi dovete per compire questa istituzione indicarmi non solo gli uomini, che han fatto gli stessi studi che voi, ma quelli altresì che per li progressi fatti in altre parti delle umane cognizioni possono accrescere il lustro dello stabilimento e concorrere a perfezionarlo. In questa guisa gli uomini distinti nelle scienze esatte e nello studio della natura potranno trovarvi luogo, ed unirsi ai vostri lavori.

Al tempo solo pertanto spetta di operare questa felice riunione. Io non voglio precipitar nulla. Ho cominciato da quello che era il più nel genere e nei bisogni del paese, e dal dare i primi passi nella direzione in cui io non poteva errare. I vostri lumi, il vostro zelo per la gloria nazionale, e la vostra imparzialità mi ajuteranno a terminare il piano di cui vi ho data l'idea.

(*Monitore napolitano.*)

110. — *A Lamarque.*

Caserte, 23 avril 1807. — " *Aut.*

Je ne vois pas d'inconvénient à ce que vous remettiez à M. Ferri (1) un article sur la bonne conduite des gardes civiques * qui ont arrêté les brigands. Si vous avez à travailler avec moi, venez ici demain; vous pourrez coucher bien ou mal *.

(Arch. Naples, Guerra 1048.)

111. — *A Lamarque.*

Naples, 25 avril 1807.

Général, il y a quelques comitives de brigands dans la province de Salerne. Donnez l'ordre au général Strongoli-Pignatelli de former trois colonnes mobiles, qu'il fera manœuvrer dans tous les sens de manière à pouvoir envelopper les brigands. Je ne pense pas qu'elles doivent être de plus de 100 hommes chacune. Qu'il en donne le commandement à des officiers sûrs et intelligents. Donnez l'ordre à l'officier qui commande les troupes du camp de Campagna de mettre à la disposition du général commandant la province une colonne mobile de 100 hommes (2). Si vous avez à l'Etat-major un officier qui

(1) Ferri-Pisani (Félix), secrétaire du cabinet du roi.
(2) Cette mesure se rapporte à la précédente : Campagna est dans la province de Salerne.

connaisse assez le pays et qui vous paraisse propre à ce genre de guerre, envoyez-le au camp.

Le général Strongoli a des troupes à Lagonegro, il en a à Salerne ; c'est à lui à bien diriger leurs mouvements pour débarrasser la province des brigands, avant les grandes chaleurs.

Qu'il fasse fusiller tous ceux qui sont pris les armes à la main.

La comitive la plus forte est de 40 hommes. Qu'il fasse donner quelque argent au commandant des colonnes mobiles pour les espionner.

Vous connaissez la province mieux que personne, donnez les instructions que vous jugerez nécessaire.

Je vous envoie un mandat sur le payeur.

Donnez les mêmes ordres au général Compère (1) pour la formation des colonnes mobiles dans la province Terra di Lavoro et d'Avellino.

Les brigands échappés de la Basilicate, quelques-uns désertés d'Italie, nécessitent des poursuites promptes, pour en délivrer entièrement ces provinces.

Après tout ce qui a été fait pour les ramener, il n'y a plus d'autre moyen aujourd'hui que de faire fusiller le petit nombre d'entre eux qui ne sont uniquement que des voleurs et des échappés de galères.

Si le général Donzelot n'est pas parti, j'en serais étonné, à moins qu'il ne soit malade (2).

(1) Louis-Furci-Henri Compère, né en 1768 à Péronne, engagé au régiment de Grenoble-artillerie 1784, à la Révolution devient tout de suite adjudant-major dans la garde nationale de sa ville natale, capitaine au 4e bataillon de la Somme 1791, général de brigade 12 floréal an II.— Il deviendra général de division le 1er mars 1807, pour être admis à la retraite dans ce grade au service de France, à cause de ses blessures, mais il entrera au service de Naples en 1809 (commandant de la division de Salerne, gouverneur de Gaëte, colonel-général de la gendarmerie).

(2) François-Xavier Donzelot, né à Mamirolles (Doubs) 1764, mort à Ville-Evrard 1843. Entré dans l'armée dès 1783. Armée du Rhin sous Moreau, avec lequel il resta lié d'amitié. Armée d'Italie et d'Egypte (se signale comme organisateur dans la Haute-Egypte). Attaché à la place de Naples, chef

Il serait temps aussi que le général Frégeville exécutât les ordres qu'il a reçus. S'il me pousse à bout, il sera étonné du parti que je prendrai, mais il sera trop tard.

A moins de maladie, le général Donzelot doit partir pour la Pouille. Il me rendra compte des travaux de Tarente et surtout des armements de Brindes, Barletta, Manfredonia.

(Arch. Naples, Guerra 1048.)

112. — A *Napoléon*.

Naples, 27 avril 1807.

Je reçois dans ce moment les nouvelles que les Anglais ont fait publier en Sicile ; ils assurent que la place d'Alexandrie est tombée en leur pouvoir par capitulation et qu'ils ont brûlé dans le port 3 bâtiments de guerre turcs. L'amiral Duckworth (1) et Sidney Smith (2) sont arrivés en Sicile avec les 2 vaisseaux qui avaient d'abord touché à Malte, où ils ont laissé des malades et des blessés.

Les mêmes nouvelles portent que l'amiral Louis (3)

---

d'état-major du corps de Calabre à la fin de 1806, commandant de la province d'Avellino (fin janvier 1807), gén. de division (déc. 1807), quand il venait de passer aux Iles Ioniennes, dont il devint gouverneur-général (mai 1808-1814). Commanda une division à Waterloo, gouverna la Martinique sous la Restauration : le commandant Persat, qui le connut à cette époque, fait de sa loyauté, générosité, fidélité aux souvenirs de l'armée impériale, le plus grand éloge, *Mém.*, 46-47. Thiébault, *Mém.*, I, 477, 482, fait grand éloge de son instruction et de son talent administratif ; il lui reproche de « se noyer dans un crachat », ce qui peut signifier seulement qu'il avait plus de scrupules que lui.

(1) Sir John Thomas Duckworth, 1748-1817.

(2) De Sir Sidney Smith nous avons dû nous occuper avec quelque détail dans *Naples sous Joseph Bonaparte*.

(3) Sir Thomas Louis, 1759-1807. C'est son vaisseau *Canopus* qui avait essuyé le plus de pertes. Le contre-amiral commandait alors toute l'escadre ; il allait mourir le 7 mai suivant.

continue le blocus des Dardanelles et que le retour qu'y a dû faire l'escadre anglaise lui a coûté 47 hommes seulement ; mais on sait que les hommes débarqués à Malte s'élèvent à 500.

(AF iv 1714 D.)

113. — A *Stanislas de Girardin* (1).

Naples, 1er mai 1807.

J'ai reçu votre lettre du 22 avril ; je vois que vous n'avez pas reçu celle qui contenait la lettre de service du général Macdonald, qui m'a été adressée par le ministre de la Guerre de France et que je vous ai envoyée pendant mon voyage de la Pouille. Nous avons eu deux courriers interceptés par les brigands à cette époque, et il est possible que ma dépêche ait été comprise dans les paquets volés ; mais j'ai la lettre que le ministre m'adressait ; je vous l'envoie, elle remplit le même but ; vous pouvez la remettre au général Macdonald, elle lui servira de lettre de service ; je le recevrai avec plaisir, je n'éprouverai qu'un regret, celui de ne pouvoir pas faire pour lui tout ce que j'aurais désiré. Il paraît que vous vous amusez à Paris.

Agréez, mon cher Girardin, mon attachement.

(AF iv 1744 B.)

114. — A *l'Académie de Gand.*

Naples, 1er mai 1807 (2).

Je vous remercie, Messieurs, du souvenir que vous

(1) C'est l'homme politique et auteur bien connu des *Mémoires*, un des amis de Joseph, qui l'avait nommé son Premier écuyer ; général (9 juin 1807). Il était alors à Paris, pour aller de là en Hollande négocier un emprunt.

(2) L'Académie, sur le registre de laquelle Joseph était inscrit comme bien-

conservez de moi, et je serai fort content que vous m'offriez l'occasion de témoigner à vous et aux habitants de Gand la reconnaissance que je conserve de l'accueil que j'ai reçu chez vous, et l'intérêt que je porte aux Arts qui ont illustré votre patrie.

Votre affectionné Joseph.

(*Journal Politique* de Leyde.)

115. — *A C. Berthier.*

Naples, 6 mai 1807. — **Aut.

[Veiller à ce que la maison de Barletta, chargée de fournir des blés à Raguse et qui a reçu un acompte de 16.000 fr., exécute ses engagements.]

J'ai autorisé la sortie de 10.000 tomoli (1) de blé exempt de tout droit. Veillez à ce que la valeur de ce droit soit déduite sur le prix du blé, pour que ce ne soit pas le fournisseur qui en profite, mais qu'il tourne à l'avantage de l'expédition.

[Importance de ravitailler Raguse.]

* J'ai reçu avec plaisir votre lettre du 2 mai; je suis bien sûr que vous ferez beaucoup de bien dans le beau et bon pays que vous habitez; il avait bien véritablement besoin de la présence d'un général honnête homme et d'un homme zélé pour moi. Je n'ai donc rien à vous recommander là-dessus. Donnez à tous les opinions et les sentiments que vous avez pour moi; je vous envoie un mandat de dix mille francs; n'ayez aucun souci de votre famille. Le colonel Destrès (2) remplace le général Carac-

---

faiteur, venait de lui envoyer le programme du concours de peinture pour 1808. Le roi répondit par la lettre autographe ci-dessus.
(1) Le *tomolo* valait 50 litres et demi.
(2) François, né à Arras 1769. Cavalier au régiment de Quercy 1786, bri-

ciolo, qui veut partir pour la Grande Armée. Destrès a été nommé général.

Agréez, mon cher Général, mon attachement véritable.

(F¹⁰ 88314.)

116. — *Al S^ro Saverio Fiorentini, mercante a Sorrento.*

Naples, 9 mai 1807.

Alla ricevuta della presente vi renderete presso di me, sarete introdotto esibendo la presente, mi porterete i nomi di quelli che come voi fossero stati vittime di criminose estorsioni. La vostra coscienza vi obbliga a dirmi il vero e la mia potenza è abbastanza grande per mettere nell'impotenza di nuocervi quelli che hanno abusato della loro autorità qualsivoglia sia il loro grado.

(AF iv 1714 B.)

117. — *A Madame de Staël.*

Naples, 9 mai 1807. — *Aut.*

Madame, je reçois la lettre que vous avez bien voulu m'écrire. Corinne ne m'est pas encore arrivée, mais elle sera reçue ici comme le serait tout ce qui vous appartient; je ne doute pas qu'Elle ne mérite l'accueil que je suis disposé à lui faire; je vous prie d'agréer aussi l'hommage de tout mon attachement.

Votre affectionné.

(Bibl. Nat. mss.)

---

gadier-fourrier seulement en 1793, capitaine la même année; chef de brigade 1798, après le combat de Salahieh (Egypte), où il reçut dix-neuf coups de sabre. A l'armée de Naples, il commanda le 28ᵉ dragons, puis, nommé général (4 avril 1807), commanda notamment à Barletta. Murat se l'attacha comme aide-de-camp. Destrès quitta son service lors de la défection et mourut à Naples, 1ᵉʳ janvier 1815.

118. — A Rœderer.

San Germano (1), 15 mai 1807. — *Aut.*

Monsieur, j'ai visité aujourd'hui le couvent du Mont-Cassin, dont les bâtiments immenses dépérissent faute de réparations (2). Les quarante religieux qui sont restés ne sont pas payés de leur pension. J'ai fait donner l'ordre au receveur des Domaines de ce district de leur payer le mois d'avril. Faites des dispositions générales pour que les fonds destinés aux réparations des trois maisons religieuses conservées (3) et à l'acquittement des pensions des ex-religieux soient prélevés par privilège sur les revenus des maisons supprimées. Si ces revenus ne sont pas suffisants, il faut se servir de tout autre moyen (4). Je tiens beaucoup à la stricte exécution de cette mesure. C'est là la seule manière de faire excuser la loi *, qui ne peut pas paraître aussi juste qu'elle est si l'on voit des édifices somptueux dépérir et des individus riches avant elle mourir de faim sur des parvis de marbre et d'agate qu'ils ont habités soixante années. Qu'est-ce que l'inspec-

---

(1) Aujourd'hui Cassino, au pied au Mont-Cassin.

(2) On ne peut reprocher beaucoup cet état à l'administration, car c'est seulement du 13 février 1807 que date le décret abolissant les couvents bénédictins, laissant d'ailleurs au Cassin un certain nombre de moines pour la garde des locaux, archives et bibliothèques. Dès le lendemain étaient arrivés deux commissaires pour inventorier et, le 2 avril, le prince Caposele pour « prendre compte du séquestre ».

Le manuscrit Fraya, qui nous rapporte les événements du temps à Monte-Cassino, donne à sa façon une des raisons de l'état de choses : « On observe un miracle de Saint Benoît : depuis que le bétail (de l'abbaye) est passé aux mains de l'administration, outre les mères, il meurt deux ou trois jeunes par jour » (d'un parasite nommé *cetone*). Cf. à la date du 27 avril 1807.

Le même manuscrit raconte la visite du roi, dont il est ici question.

(3) Outre le Cassin, la Cava et Monte-Vergine.

(4) Déjà le prince Caposele avait remis à l'abbé une provision pour le paiement de la pension accordée aux moines, puis on leur avait accordé le territoire de Piamarola. Le jour de sa visite, le roi ordonna le paiement immédiat de 2.000 ducats pour l'entretien.

teur général qui est ici? Pourquoi le directeur Boutet ne s'y est-il pas transporté (1) ? Faites-lui donner l'ordre de s'y rendre de son côté et de vous faire rendre compte de ses observations *.

(Papiers Rœderer.)

119. — A *Andrieux* (2).

San Germano, 15 mai 1807.

J'ai reçu hier, Monsieur, un volume intitulé *Poésies*. Je ne sais si c'est à vous que j'en ai l'obligation. J'en ai lu une partie aujourd'hui en voiture, il m'a semblé que l'auteur n'est pas indigne du modèle qu'il a choisi avec tant de jugement, je ne pense pas que Boileau désavouât ce que j'ai lu et je doute que ce grand maître eût écrit un des vers qui terminent l'épître *à mon vieux garde-chasse* et quelques passages d'autres pièces, où j'ai trouvé beaucoup d'âme et cette sensibilité virginale que la Nature paraît avoir accordée à l'auteur des *Poésies*, qui m'a réellement semblé poète. Je désire que vous me le fassiez connaître et que vous obteniez de lui qu'il accepte le mandat ci-joint, comme l'hommage d'un ami des Beaux-Arts, dont la poésie est sans doute le premier : l'intermédiaire dont je me sers donnera beaucoup de prix à mon suffrage, s'il le confirme. Vous direz à l'auteur des *Poésies* que, s'il est assez riche pour ne vouloir pas des dons de ses admirateurs, il est trop bon pour ne pas se charger avec plaisir d'en être le distributeur en faveur de ceux de ses confrères qu'il en jugera dignes.

(1) Directeur des Domaines de Terre de Labour depuis le 28 fév. 1807.
(2) Le célèbre poète : resté de caractère ferme et indépendant, il avait pourtant accepté le titre de bibliothécaire de Joseph, prétexte à une pension dont le principe est également honorable pour tous deux.

Agréez, Monsieur, mon estime et mon attachement (1).

(AF iv 1714 B.)

120. — A Rœderer.

Aquila, 19 mai 1807. — *Aut.*

Je reçois vos lettres du 16 et 17, je ne veux pas revenir sur le décret que j'ai rendu à Foggia, cette versatilité n'est pas excusable et je n'ai pas d'injustice à réparer (2).

M. Dumas (3) est encore administrateur de Ripalda. J'ai affecté une petite partie des denrées de ce bien pour approvisionner les îles de Tremiti. M. Dumas fait en cela exécuter des ordres qu'il reçoit par le ministre des Finances et rend compte des détails de l'approvisionnement au ministre de la Guerre. Je ne veux ni tout vendre ni tout conserver, mais je veux savoir ce que je fais. Or, est-il constant qu'en vendant Sora, comme si ce bien ne valût que 16.000 D^s de rente, nous vendions en aveugles, car il en vaut au moins 30.000 D^s.

Avant de vendre des grandes masses de biens comme Sora, Ripalda et d'autres de cette nature, il faut savoir positivement, par diverses voies, combien des biens rendent, et si ces biens sont trop considérables pour qu'ils puissent avoir un prix marchand aujourd'hui, il faut attendre à demain. Les petits biens au contraire ont toujours un prix, parce qu'ils sont à la portée de tout le

---

(1) L'auteur, auquel est adressée la lettre n° 130 n'est autre que Auguste-François Fauveau, marquis de Frénilly, 1768-1848, l'un des fondateurs, sous la Restauration, du premier *Correspondant* et du *Conservateur*, député *ultra*, qui s'exilera en Autriche en 1830. Sous l'Empire, il se consacra à l'agriculture et aux lettres. Les *Poésies* en question parurent à Paris, 1807, gr. in-8.

(2) V. lettre n° 92.

(3) Dumas Saint-Fulcron, frère de Mathieu Dumas.

monde. Plutôt que de vendre Sora, Ripalda, pour peu de choses, j'aime mieux les garder.

Pourquoi l'administrateur de Sora m'a-t-il évité, pourquoi ne l'ai-je pas trouvé à Sora? Faites-le appeler, interrogez-le, sa conduite ne paraît pas simple ni naturelle.

Je suis très content des habitants du pays et des routes qui ont été faites comme par enchantement, par un mouvement spontané et universel des populations. Elles sont aujourd'hui carrossables, jusqu'ici elles étaient à peine praticables à cheval.

(Papiers Rœderer.)

121. — *A Saliceti, ministre de la Police.*

Aquila, 19 mai 1807.

Je reçois une lettre du général Reynier qui m'annonce un débarquement de 5.000 hommes de troupes siciliennes commandées par le prince de Hesse (1). Le général Reynier doutait encore cependant de la vérité de ce rapport. Toutefois je viens de faire les dispos. ions nécessaires pour qu'ils soient bien reçus dans le golfe de Policastro, à Salerne, Terracine, lieux où ils pourraient bien débarquer plutôt qu'en Calabre; il est possible que la reine Caroline, fatiguée de l'inutilité de ses efforts auprès des généraux anglais pour les engager à donner la main à de nouvelles révoltes sur le continent, se soit déterminée à confier cette opération à ses seules forces, rassurée d'ailleurs sur le sort de la Sicile par les troupes anglaises, qui paraissent avoir reçu l'ordre de s'y tenir sur la défensive. Si ces conjectures sont vraies, elles expliqueraient les complots médités, les jactances des émissaires de Sicile, et cette rumeur sourde dont vous m'avez sou-

(1) Louis de Hesse-Philippsthal, le défenseur de Gaëte.

vent entretenu et dont vous me parlez dans votre dernière lettre ; il ne serait pas douteux que tout cela ne se lie à un projet de mouvement à Naples, dont le succès, quel qu'il soit, convient toujours à la reine Caroline, puisqu'il apportera beaucoup de mal à des peuples qu'elle doit haïr puisqu'elle en est si détestée, et qu'elle me force par là à répandre le sang napolitain, que j'ai eu jusqu'ici le bonheur de pouvoir épargner.

Dans cet état de choses, je pense qu'il faut prévenir les combinaisons perverses et étroites de l'ennemi, en le frappant au cœur de ces complots ; c'est dans la capitale que sont les correspondants et les moteurs de toute l'intrigue. Vous en avez les preuves en main, le temps est arrivé de les arrêter, de les frapper et d'arrêter par là les projets des nouveaux débarqués qui, se répandant dans les provinces, pourront nous mettre encore dans la nécessité de frapper tant d'instruments secondaires, tandis que les artisans de ces machinations resteraient encore sains et saufs à Naples. Si vous le jugez comme moi, faites saisir les dépôts d'armes, les conspirateurs, et, leurs correspondances à la main, livrez-les à une commission militaire qui les juge dans 24 heures. Cette nouvelle répandue en Calabre et dans toutes les provinces tiendra tout le monde en respect, et empêchera les nouveaux débarqués de faire des recrues.

Dans le même temps, il sera bon de faire arrêter le frère du cardinal Ruffo, le comte de la Cerca, les correspondants et correspondantes du prince de Canosa et toutes les personnes (1) que vous croirez mériter de partager le sort de ces misérables, que ma seule indulgence encourage, mais elles verront que je saurai bien ne me rappeler que de mon devoir de prince et que je serai aussi sévère que j'ai été bon.

(1) On arrêta, dans la nuit du 22 au 23 mai, à Naples, 85 personnes, la plupart nobles, plusieurs magistrats.

Je vous envoie l'itinéraire de mon voyage pour que je puisse avoir exactement de vos nouvelles.

Je fais donner l'ordre au commandant de ma garde d'obéir au maréchal Jourdan ; je lui écris aussi de vous seconder de tout son pouvoir. Je fais marcher aux environs de Naples trois régiments avec ordre d'arrêter tout ce qui sortant de cette ville ne s'expliquerait pas clairement sur le motif de son voyage.

Je ne vous dis pas comme je suis reçu ici ; cela semble être une répétition exagérée de mon dernier voyage ; pour vous faire tout concevoir en un mot, il suffit que vous sachiez que j'ai trouvé toutes les populations sur les routes, qu'elles ont ouvertes et perfectionnées depuis qu'elles ont su mon voyage, et que j'aurais pu arriver ici en voiture ; et que ce pays était impraticable même à cheval il y a un mois : je n'ai pas trouvé de désordres ici. Militaires, juges, gouverneurs, tout se ressent de la pureté de celui qui commande ici (1). Les populations m'ont remercié partout, et partout m'ont dit qu'elles ne payaient pas la moitié des impôts auxquels elles étaient assujetties sous l'ancien gouvernement.

Agréez mon attachement.

(AF iv 1714 B.)

122. — *Au maréchal Jourdan.*

Aquila, 19 mai 1807.

[Résumé de la lettre précédente, terminé par ces mots :]

Je suis très content des habitants de ce pays, qui m'ont donné une grande preuve d'estime en faisant leurs routes

---

(1) Le général Partouneaux, auquel Joseph adressa le 23 mai, de Chieti, la belle lettre reproduite dans les *Mémoires du roi Joseph*, X, 402 (avec date erronée) et publiée en italien au *Monitore napolitano* du 26 mai 1807.

et jugeant qu'un monument élevé à l'utilité publique, à l'occasion de mon premier voyage dans les Abruzzes, aurait été plus agréable que des festons, des arcs de triomphe et des illuminations, choses, au reste, qu'ils n'ont pas non plus assez épargnées.

(AF IV 1714 B.)

123. — A Rœderer.

Teramo, 21 mai 1807. — *Aut.*

. . . .

En général, les agents de l'administration des Domaines sont trop indépendants des Intendants. Ils continuent à faire vendre les saints ciboires et les vases sacrés et cela me fait plus de mal que dix mille proclamations de Ferdinand et les dix mille débarqués, que Dieu veuille conduire en paix à deux jours du point de débarquement (1).....

(Papiers Rœderer.)

124. — A J.-B. Cavaignac.

Naples, 3 juin 1807. — *Aut.*

Envoyez-moi, Monsieur, les titres du domaine de Sora (2), dont vous ne devez pas vous être dessaisi depuis que vous savez que mon intention n'est pas de vendre ce bien, qui doit continuer à faire partie des biens de la

---

(1) Allusion à l'expédition du prince de Hesse, qui s'effectuait précisément à ce moment. Joseph veut dire — incidemment — qu'il souhaite que l'expédition s'éloigne assez de la côte pour pouvoir être détruite.
(2) L'*Isola di Sora* (Terre de Labour), dont la vente fut annulée, occasion de protestations véhémentes d'un sieur de Guiraud, acquéreur d'une portion (*Naples sous J.-B*, p. 358.)

couronne. Vous ferez remettre ces titres à M. le conseiller d'Etat Macedonio (1), qui m'en rendra compte.

Votre affectionné.

(Arch. Cavaignac).

125. — *Approbation sur une note relative aux prisonniers faits à Mileto* (2).

[Et proposant d'incorporer ceux qui seraient en état de servir dans le 1er de ligne et le 2e chasseurs napolitains, que, aussitôt complétés, on expédierait pour la Haute-Italie.]

Naples, 9 juin 1807. — *Aut.*

Approuvé. Ceux qui ne serviront pas seront envoyés comme prisonniers de guerre, ainsi que les officiers, dans la Haute-Italie; ceux d'entre eux qui ont été galériens et prisonniers à Gaëte (3) seront envoyés à Alexandrie ou à Mantoue aux travaux publics.

(Arch. Naples, Guerra 1461.)

126. — *A tous les évêques et archevêques du royaume.*

Naples, 13 juin 1807.

Le Vittorie riportate dalle armate dirette da S. M. l'Imperatore de' Francesi e Re d'Italia, nostro Augustissimo fratello, la reddizione dell'importantissima piazza di Danzica; la scoverta della cospirazione, che doveva portare il ferro ed il fuoco in questo regno, senza nessu-

---

(1) Luigi Macedonio, intendant des Domaines royaux. V. p. 174.
(2) Victoire remportée le 6 juin 1807 par Reynier sur le prince de Hesse.
(3) La garnison de Gaëte s'était engagée à ne pas servir pendant une année contre la France et ses alliés. Néanmoins on l'avait fait participer à l'expédition de Hesse.

na speranza di utilità per gli autori di essa ; la totale distruzione delle truppe sbarcate in sussidio di tutti i delitti ; la fermezza d'animo, e la fedeltà dimostrataci da'nostri popoli, sono altrettante grazie che dobbiamo all'evidente patrocinio della Divina Provvidenza.

Nostra mente è dunque che, nella domenica che seguirà immediatamente la recezione della presente lettera, Voi celebriate un solenne *Te Deum* nella cattedrale della vostra diocesi con l'intervento di tutte le autorità locali, per ringraziar l'Altissimo di tante grazie, ed impetrarne la continuazione. La presente non essendo ad altro fine, noi preghiamo il Signore che vi conservi nella sua grazia.

Vostro affezionatissimo.

GIUSEPPE.

(*Monitore Napolitano.*)

127. — *Réponse au Corpo de la ville de Naples.*

Naples, 14 juin 1807 (1).

Il nemico avea sperato, che l'Imperatore, per resistere agli estremi sforzi di quest'ultima coalizione, sarebbe obbligato di ritirare le truppe, che trovansi in questo Regno. Ma non è dato agli spiriti volgari di comprendere quello che abbraccia il genio di un uomo superiore. L'Imperatore, invece di aver bisogno di ritirar truppe da questo paese, ce ne avrebbe inviato un maggior numero, se fossero state necessarie. Non vi è soccorso che gli avessimo

---

(1) L'orateur du *Corps* municipal, au « Cercle » tenu au Palais-Royal le dimanche 11 juin, après messe solennelle et *Te Deum* à la chapelle royale, exprimait « la joie la plus vive et les plus sincères félicitations » pour la découverte « d'une monstrueuse conspiration qui visait à souiller de sang ces contrées fortunées, à provoquer les massacres et les incendies, à bouleverser la société », et pour l'échec décisif des tentatives des « ennemis extérieurs ». — « Ces entreprises désespérées ont clairement fait connaître à Votre Majesté l'esprit qui anime vos peuples. »

Le discours est reproduit au même numéro du *Monitore*.

chiesto, e che la sua costante affezione per noi non ci
avesse accordato. Le passioni, che precipitano gli Stati,
rendono facile a credersi tutto ciò che si brama. Quel che
si è detto in Sicilia sul numero delle truppe, e sulle disposizioni del popolo, tutto è stato creduto. Il nemico ha
ignorato, che l'armata era la stessa, e che la sua forza
morale si era accresciuta per la pratica del paese, e per la
reciproca confidenza, che dovean produrre tra le truppe
ed il popolo l'abitudine e la stima ispirata dalla miglior
conoscenza delle virtù analoghe delle due Nazioni. Il
Vespro siciliano, che si volea rinnovare, è un delirio,
quanto atroce, altrettanto insensato. Le popolazioni conoscono i loro interessi, e hanno reso giustizia alle nostre
intenzioni. Il nemico ha dovuto finalmente vedere, qual
è lo spirito che le anima (1).

(*Monitore Napolitano*.)

128. — A *Talleyrand*.

Naples, 26 juin 1807.

..... Nous sortons d'un tas d'intrigues ourdies en
Sicile et dont nous avons fait bonne justice. Le pays est
tranquille aujourd'hui.

..... Votre principauté est tranquille; je n'y ai jamais

(1) D'après le compte-rendu du *Monitore*, le Roi avait commencé par exprimer sa satisfaction pour l'attachement que lui avait montré, dès le premier jour, la capitale; il termina en faisant l'éloge des magistrats qui, en cette occasion, avaient justifié pleinement sa confiance.
Ce discours, éminemment officiel, doit être rapproché de l'algarade (résumée par le *Diario Napoletano* (II, 339), au « Cercle » du matin du 31 mai, où le roi dit aux Napolitains présents qu'il avait voulu le bien du pays, avait laissé les fonctionnaires en place, libéré les prisonniers de guerre, et il ne trouvait qu'ingratitude et intrigues. Chacun était libre de suivre l'ancien gouvernement, mais au grand jour. Désormais il serait impitoyable pour quiconque trahirait son devoir (il s'était trouvé en effet dans le complot plusieurs magistrats et fonctionnaires en place, des militaires de l'ancienne armée laissés en liberté, des nobles reçus à la cour).

fait envoyer de troupes; le général Mathieu (1) m'a dit que vous étiez dans la croyance qu'elle avait été foulée par de fréquents passages; c'est un fait matériellement faux; reposez-vous sur moi pour que cela n'arrive pas.

(Aff. Etrang., Naples, Suppl. 7.)

129. — A Rœderer.

Vietri, 27 juin 1807.

Monsieur, vous verrez par le mémoire ci-joint que l'évêque de La Cava, qui est en même temps directeur de l'ancien couvent des Bénédictins qui a été conservé pour la conservation des manuscrits, se plaint de ce que la pension des 18 religieux qui sont restés dans cette maison n'est pas payée depuis trois mois, pas plus que ce qui a été attribué pour l'entretien des bâtiments. Je mets beaucoup d'importance à ce que ces deux objets soient acquittés immédiatement. Voyez s'il ne serait pas possible de leur faire une dotation en *censi*. Vous remarquerez qu'il n'y a que trois établissements de ce genre dans le royaume.

On n'a pas laissé un seul calice, ni un ciboire, dans cette église, qui est cependant restée cathédrale d'une très nombreuse population. Faites-y envoyer deux calices d'argent, un ciboire et un Saint-Sacrement. Dussiez-vous les faire acheter, je vous prie de les envoyer sur le champ, ainsi que les reliques et les saints qui ont

(1) Mathieu de la Redorte (David-Maurice-Joseph). Né à Saint-Affrique 1768, mort à Paris 1833. Cadet 1783, sous-lieutenant 1786, fait général de division (1798) pour son admirable conduite durant la première campagne de Naples.(Cf. Thiébault, *Mém.*, II, 278, 337, 346, qui fait le plus grand éloge de son ardeur et de sa générosité). Il se distinguera, en Espagne, dans une expédition aussi pittoresque, celle du Montserrat en 1810 (Cf. E. Guillon, *Napoléon en Espagne*, 275.) Dans l'intervalle, il fut l'un des colonels-généraux de la Garde royale de Joseph, dont il était allié, ayant épousé Thérèse Léjeans, nièce de Julie.

appartenu à cette maison, s'ils existent encore. Faites ceci avec l'empressement que vous mettriez à une chose qui me serait personnelle.

(Papiers Rœderer.)

130. — *A A. de Frénilly.*

Naples, 29 juin 1807.

Monsieur, j'ai reçu la lettre que vous m'avez écrite, je vous remercie de l'empressement que vous avez mis à me faire connaître l'auteur d'un livre qui m'a intéressé, je m'aperçois que je gagnerais beaucoup plus encore à connaître l'homme qui sait accepter avec délicatesse ce qu'il ne saurait refuser sans désobligeance ; j'aime donc à vous devoir quelque chose, Monsieur, et je vous remercie.

Vous vous êtes occupé de l'Arioste, je serai charmé de le revoir sous le nouveau costume que vous lui avez donné, je suis convaincu que tous ses compatriotes le reconnaîtront très bien ; tous entendent aujourd'hui le français, et ils ont bien le sentiment du beau dans tous les arts.

J'ai visité il y a quelques jours le berceau de son immortel émule (2), j'ai cru reconnaître plusieurs des sites

---

(1) Cf. n° 119. Cette lettre est accompagnée d'une lettre de Frénilly (Paris, 31 mai 1807), auteur du volume de *Poésies*, qui vit dans une aisance modeste avec sa famille à quelques lieues de Mortefontaine. C'est Andrieux qui l'a mis en rapport avec Joseph ; il répond ici à une lettre « pleine de bonté » que Joseph a écrite à Andrieux et que celui-ci lui a montrée. Il annonce comme devant paraître prochainement une traduction en vers de l'Arioste, à laquelle il travaille depuis douze ans et dont il prie Joseph d'accepter l'hommage. Il le remercie d'une grâce que le roi l'a forcé à accepter, par les formes dont il l'a entourée. Dans ses *Souvenirs* (publiés par A. Chuquet, Paris, 1908), le farouche ultra (*M. de Frénésie*) n'a garde de rappeler ce trait.

La traduction en vers du *Roland furieux* ne parut qu'en 1834 (Paris, 4 vol. in-8).

(2) Tasse, de Sorrente.

qu'il a décrits; la presqu'île qu'il a habitée dans son enfance est le plus beau lieu de la terre et je suis bien convaincu que l'âge ni les pays qu'il avait habités depuis n'ont pu effacer de sa mémoire les tableaux si pittoresques, si doux et si hardis, de Sorrente et d'Amalfi; le génie des Poètes tient peut-être plus aux lieux qu'ils ont habités dans leur enfance qu'aux maîtres et aux circonstances domestiques de leur éducation. Je désire, Monsieur, vous donner l'envie de voir ces lieux fameux, je serai bien content de vous convaincre personnellement de l'estime sincère que vous m'avez inspirée.

Veuillez, Monsieur, en agréer l'assurance.

(AF IV 1714 B.)

131. — A Rœderer.

Capodimonte, 10 juillet 1807. — " *Aut.*

Monsieur, donnez les ordres nécessaires pour que l'on n'expose pas en vente aucuns biens fonds situés dans la presqu'île de Sorrento entre Castellamare et Amalfi (1).

* S'il y a des biens en vente, il ne faut pas cependant les retirer parce que cela fait un trop mauvais effet *.

(Papiers Rœderer.)

132. — Décision en marge d'une requête des concessionnaires de la Manufacture de Porcelaine.

Naples, 14 juillet 1807. — *Aut.*

L'unique but du contrat de la porcelaine a été de faire employer les ouvriers qui y étaient occupés, les soumis-

(1) Cet ordre se rattache vraisemblablement au projet d'établissement d'un vaste camp retranché dans la presqu'île de Sorrente.

sionnaires (1) se sont soumis à les employer ou à leur payer le tiers des appointements ; s'ils refusent de se soumettre à cette condition, le ministre de l'Intérieur fera mettre les scellés sur la manufacture et rentrera en possession de tous les objets d'art et de la maison que nous leurs avons cédée.

Cette décision sera exécutée le 16 du courant, il nous en sera rendu compte le 17.

(Arch. Naples, Interno 5057.)

133. — *Au général Lamarque.*

San Leucio, 18 juillet 1807. — *Aut.*

Général, je reçois votre lettre d'aujourd'hui. Donnez l'ordre au général Huard (2) de faire un mouvement sur Capaccio pour surveiller la plaine de Pestum, Castelabbate, etc... et correspondre avec le général Dufour (3) ; en consentant à ce mouvement qui est utile, je désire que vous lui donniez ordre d'éviter de faire coucher ses troupes dans des endroits malsains, envoyez-lui de l'argent et

---

(1) Plan et Prad, concessionnaires depuis le 10 mai 1807. Un décret du 1ᵉʳ sept. (Arch. Naples, Interno 5057) ordonna que tous les ouvriers recevraient, à compter du 10 mai, le tiers de leur salaire pour tout le temps qu'ils resteraient inoccupés, à moins qu'ils ne refusassent d'être réemployés. L'horaire de travail dut être approuvé par le ministre. Le payement prescrit avait, en novembre, été réellement effectué.

(2) Huard (Léonard), né à Villedieu (Manche) 1770, tué à la Moskowa; lieutenant-colonel de volontaires de la Manche 1792, colonel du 42ᵉ de ligne, d'où il passa général de brigade (1ᵉʳ mars 1807), à la suite d'une heureuse expédition sur Belmonte et Fiumefreddo, deux points d'appui de l'insurrection. Joseph désirait le garder en Calabre : « Il entend parfaitement cette guerre » (à Napoléon, 2 fév. 1807, *Mém.*, III).

(3) Dufour (François-Bertrand), né à Souillac (Lot) 1765, mort 1832 ; volontaire du Lot 1792, colonel du 6ᵉ de ligne, général de brigade sur la proposition de Joseph, pour s'être « fait craindre des ennemis en Calabre, et respecter et aimer par les honnêtes gens » (à Napoléon, 27 avril 1807, *Mém.*, III). Il fut pris à Baylen et libéré seulement après la première abdication, juste pour être compromis durant les Cent-Jours et mis à la retraite. Député 1830.

autorisez-le à faire acheter du vin et du vinaigre pendant les chaleurs.

(Arch. Naples, Guerra 1048.)

134. — A Napoléon.

Naples, 23 juillet 1807. — *Aut.*

Sire, je reçois les lettres de Votre Majesté du 27 juin, 4 juillet et 8 juillet à 3 jours de distance ; toutes les dispositions qu'elles contiennent ont été exécutées.

Les nouvelles de la paix de Tilsit ont produit ici un grand contentement; nous attendons avec impatience les dispositions de ce traité. Chacun les dicte au gré de son imagination.

(AFiv 1685.)

135. — Au général Lamarque.

Naples, 23 juillet 1807. — ** *Aut.*

Le général Campredon ne doit point donner d'ordres aux officiers de ma garde ; il faut qu'il fasse remplacer le capitaine Desprez (1) par un autre officier. * J'ai reçu vos deux dépêches.

Votre affectionné Joseph *.

(1) François-Alexandre Desprez, né à Amiens en 1778, sous-lieutenant du génie (1801), capitaine (janvier 1806) ; à Naples, après avoir pris part au siège de Gaëte, entra dans la Garde; chef de bataillon au service d'Espagne (juin 1808) et aide-de-camp de Joseph (1809); de maréchal-de-camp à ce service (1813), retomba adjudant-commandant en France (nov. 1813) ; maréchal de camp (juillet 1814). Pendant les Cent-Jours, accepta d'être de nouveau aide-de-camp de Joseph, qu'il ne put rejoindre ; aussi ne rentra-t-il en activité qu'en 1818, pour commander l'Ecole d'application de l'Etat-major. Lieutenant-général 1825, passa, en 1831, en Belgique pour y organiser l'Etat-major et y mourut chef d'Etat-major général de l'armée belge (1833).

Pourquoi les colonels d'artillerie et du génie ne marcheraient-ils pas, puisqu'ils sont désignés ? L'Empereur ne manquerait pas de l'observer, ils seront remplacés à Naples par d'autres officiers *.

(Arch. Naples, Guerra 1048.)

136. — *A C. Berthier.*

Naples, 3 août 1807. — *Aut.*

Général, d'après les ordres de l'Empereur, vous devez vous rendre à Corfou, dont vous prendrez possession en son nom ; le chef d'Etat-Major vous enverra la note des officiers et des troupes que vous aurez sous vos ordres. Vous vous embarquerez à Otrante dès que vous serez instruit par l'officier d'Etat-Major de la Grande Armée (1) que le commandant russe vous remet la citadelle. Vous traiterez le mieux possible les troupes russes. J'ai donné les ordres pour faire approvisionner Corfou par tous les ports de l'Adriatique.

Agréez, Général, mon attachement sincère.

(F 4º 88314.)

137. — *A tous les prélats du Royaume.*

Naples, 5 août 1807.

La pace felicemente conchiusa sul continente ha dovuto eccitare in tutti i cuori sensi di gratitudine verso il Signore, che si è degnato renderla ai nostri voti : quindi è che desideriamo, che nel giorno di S. Napoleone, 15

(1) Le chef de bataillon Terrier, parti de Tilsit le 13 juillet, arrivé à Corfou le 9 août, pour inviter le comte Mocenigo à remettre la place à C. Berthier (son rapport, Paris, 7 sept., est à Arch. Guerre, Naples).

del corrente, si celebri nella Cattedrale ed in ogni parrocchia della vostra diocesi un solenne *Te Deum* in rendimento di grazie all' Altissimo per si grande e manifesto nuovo beneficio. Tutte le autorità ed il Popolo dovranno intervenire a questa sacra cerimonia, ed impetrare dal Signore, da cui scaturisce tutto ciò che accade di bene su questa terra, nuove grazie, onde possia questo regno restituirsi all' antica sua prosperità.

La presente non avendo altro fine, noi preghiamo il Signore, che vi conservi nella sua grazia.

GIUSEPPE.

(*Monitore napolitano.*)

138. — *Au général Lamarque.*

Naples, 12 août 1807. — *Aut.*

Envoyez-moi tous les 15 jours, par duplicata, un état exact de l'armée française; l'Empereur le désire, et j'ai lieu de croire que l'on ne met pas sous ses yeux ceux que vous envoyez au ministre de la Guerre de France; il faut que ces états soient faits suivant le modèle apporté de la Grande Armée par le général César Berthier (1).

(Arch. Naples, Guerra 1048.)

139. — *A Napoléon.*

Naples, 15 août 1807.

Sire, c'est aujourd'hui le jour de votre fête et je doute que nulle part elle soit célébrée mieux qu'ici (1).

(1) En effet, outre les manifestations de rigueur, il y eut 85 « mariages », distribution de 6.000 bons de comestibles, et surtout l'inauguration de la magnifique *Strada Napoleone* conduisant à Capodimonte.

J'envoie à Votre Majesté un duplicata des états de situation de l'armée qui sont envoyés 3 fois par mois par duplicata au ministre de la Guerre.

(A⁥ⁱ⁵ C.)

140. — A Masséna.

Naples, 28 août 1807. — *Aut.*

Mon cher Maréchal, je reçois votre lettre, je suis charmé que S. M. l'Empereur vous ait donné des preuves de son attachement; j'ai appris avec intérêt vos succès à la Grande Armée et votre arrivée à Paris; un peu de repos ne vous sera pas désagréable auprès de Mme la Maréchale après tant de travaux et de fatigues.

J'ai su que vous êtes au Corps Législatif, nous avons ici beaucoup de malades cette année, l'excès des chaleurs en est la cause : je me porte assez bien et désire que vous pensiez quelquefois à moi, et que vous songiez que je vous suis fort attaché et que je serai toujours véritablement votre affectionné ami.

(Arch. Essling.)

141. — A Napoléon.

Naples, 30 août 1807.

Sire, j'ai l'honneur d'adresser à V. M. le duplicata de l'état de situation de l'armée française au 20 août : un état semblable est adressé par le chef d'Etat-Major au ministre de la Guerre tous les dix jours. Il le sera désormais tous les 5 jours suivant les ordres de V. M.

(AF iv 1714 C.)

142. — *A Napoléon.*

Naples, 1ᵉʳ septembre 1807.

Sire, la lettre ci-jointe prouvera à V. M. qu'elle a été trompée par ceux qui lui ont dit que l'Etat-Major de Naples n'envoyait pas exactement ses états de situation au ministre de la Guerre; l'estime de V. M. est trop précieuse pour que tout le monde ne cherche pas à se défendre quand on cherche à la faire perdre.

(AF ɪᴠ 1714 C.)

143. — *A Lamarque.*

Naples, 1ᵉʳ septembre 1807. — *Ant.*

Je suis instruit que le commandant de Barletta, M. Févillard, a fait arrêter M. Birretti, premier Elu de la Ville (1), sous prétexte que les rues n'étaient pas propres (2); se faire rendre compte de ce fait, ordonner au général commandant de faire sentir à M. Févillard l'inconvenance d'un pareil acte arbitraire, et lui ordonner de s'en abstenir désormais, et de se borner à porter plainte.

Je suis instruit que tous les officiers particuliers donnent des pardons, publient des amnisties; faire connaître par l'ordre de l'armée que mon intention est que les commandants des provinces et les intendants soient seuls autorisés à publier de pareils actes et à admettre des amnistiés.

(Arch. Naples, Guerra 1048.)

(1) Les *Eletti* (adjoints) formaient avec le *Sindaco* (maire) le corps municipal.
(2) Le général Destrès, à Lamarque (Barletta, 8 sept. 1807, Arch. Naples, Guerra 1048) assura que l'Elu s'était refusé à l'injonction réitérée de faire balayer pour la fête de l'empereur.

144. — *A Napoléon.*

Naples, 5 septembre 1807.

Sire, j'ai l'honneur d'envoyer à Votre Majesté l'état de situation de son armée; le chef d'Etat-Major envoie le double au ministre de la Guerre.

(AF iv 1714 C.)

145. — *A Mgr Rosini, évêque de Pouzzoles* (1).

Naples, 5 septembre 1807.

Nel momento nel quale mi determino a chiamare a coprire la carica di cappellano maggiore un cardinale tanto commendabile pel suo carattere ed il suo attaccamento per me, non posso non pensare al vescovo di Pozzuoli le di cui virtù apostoliche vanno a pari delle altre qualità sociali, e del più verace attaccamento alla mia persona. Mi fo un dovere di testimoniarvi questi sentimenti ed assicurarvi che non sarò contento che quando avrò incontrata una nuova vicina occasione di darvi prove del prezzo ch'io fo delle doti che vi adornano, che, per l'interesse dello Stato ed in prova della mia soddisfazione, voglio impiegarvi più utilmente in una diocesi più estesa

---

(1) Carlo-Maria Rosini. Joseph l'avait nommé Grand Chapelain (3 juin 1806), sur sa réputation de vertu et de science. C'était un érudit (surintendant du service des papyrus d'Herculanum de 1802 à 1836) et un homme de bien (il s'occupait des écoles, avait fondé deux orphelinats de filles). Ayant pu avoir pour Grand Aumônier le cardinal Giuseppe Firrao (5 août 1807), Joseph nomma Rosini conseiller d'Etat (il lui aurait vainement offert le siège de Capoue) et d'abord lui écrivit ce billet autographe, duquel De Nicola, qui le rapporte, dit : « Par des billets confidentiels, on connaît beaucoup plus le caractère que par les écrits travaillés et étudiés. » (*Diario*, II, 370.)

e più cospicua. Gradisca, Signor Vescovo, la mia stima ed attaccamento.

V⁰ aff. ᵐᵒ Giuseppe.

(*Diario napoletano.*)

146. — *A Lamarque.*

Capodimonte, 11 septembre 1807.

Je suis informé que les généraux Donzelot et Digonet ne sont pas encore rendus dans leurs commandements (1); prévenez-les que je vous ai chargé de m'en rendre compte dans votre travail de demain, et que, s'ils diffèrent plus longtemps, je serai forcé de nommer d'autres commandants.

(Arch. Naples, Guerra 1048.)

147. — *Au général Lamarque.*

Naples, 15 septembre 1807. — *Aut.*

M. Christophe (2), colonel, qui se dit commandant de la Province de Bari, écrit à tous les syndics qu'ils doivent correspondre avec lui pour tous les objets de police et de politique et d'administration; rien n'a été dérangé à l'ordre accoutumé pour les provinces de Bari, de Lecce,

---

(1) Donzelot au commandement de Terre de Labour, Digonet en Pouille.
(2) Christophe (Nicolas-François), né à Nancy 1770. Sous-lieutenant de hussards 1792, major (brumaire an XII), colonel à la suite au 24ᵉ chasseurs (fév. 1807), en titre au 25ᵉ (mars suivant), général de brigade 1813, mort à Versailles 1839.
Il avait pris part à la première occupation de Pouille.
La défiance exprimée par Joseph n'est peut-être pas indépendante de la résistance opposée par le colonel au prélèvement de contingents pour la Garde royale et pour la gendarmerie (il s'en était plaint au ministre de la Guerre de l'Empire).

de Naples et des Calabres; je crains que vous n'ayez envoyé vos circulaires à tous les commandants des provinces, même aux cinq qui ne sont pas comprises. Si cela est, envoyez des courriers pour rectifier cette erreur; faites-moi un rapport sur M. Christophe.

(F° 88314.)

148. — A G. Berthier.

Naples, 16 septembre 1807.

Général, l'Empereur m'annonce par ses lettres du 6 et du 7 courant que les troupes françaises qui sont dans les Sept Iles font partie de l'armée de Naples; que ces Iles sont sous mes ordres pour le civil et le militaire en ma qualité de commandant en chef de l'armée. S. M. me recommande et je ne saurais assez vous recommander de bien traiter les habitants, de vous en faire aimer, de mettre au plus tôt la plce de Corfou en état de défense. Vous devez laisser subsister la constitution du pays. L'Empereur Alexandre, qui en est l'auteur, la croit très bonne, et c'est une raison aux yeux de l'Empereur pour n'y faire aucun changement, sans que l'évidence ne lui en soit démontrée. L'Empereur, en vous choisissant, a beaucoup compté sur votre probité, votre activité, vos soins pour que les habitants de ces Iles n'aient qu'à se louer d'être passés sous sa domination. J'assure aussi S. M. I. qu'elle n'aura qu'à s'applaudir du choix qu'elle a fait de vous, et je ne doute pas que vous ne fassiez aimer votre administration. J'ai donné des ordres pour l'établissement des bateaux de correspondance d'Otrante à Corfou. Tenez-moi le plus au courant que vous pourrez de ce qui vous regarde et des événements du Levant. J'écris et fais écrire au Pacha de Janina pour qu'il vous fasse passer tous les approvisionnements dont vous pourrez avoir besoin.

Faites envoyer exactement l'état de vos besoins. J'ai donné ordre qu'on vous fasse passer dix mille quintaux de blés.

Tous les hommes appartenant au 6e et au 5e Italien ont ordre de se réunir à Otrante, d'où ils vous seront envoyés bien armés et bien habillés.

Douze cents hommes appartenant à ces deux corps sont partis d'Ancône ; ils vont incessamment vous rejoindre.

(F10 88314.)

149. — A Lamarque.

Naples, 18 septembre 1807.

Général, écrivez aux généraux commandant les divisions et les provinces que, lorsque je voyage sans l'avoir annoncé officiellement, ils ne doivent rien déranger à leur manière habituelle de vivre, ni faire aucun mouvement de troupes et ne me faire rendre aucuns honneurs.

Comme dans le voyage que je vais faire, je désire que cet ordre soit suivi, vous n'avez pas un moment à perdre pour écrire aux commandants de la division de Labour et de la province de Molise.

(Arch. Naples, Guerra 1048.)

150. — A Paroisse.

Naples, 18 septembre 1807.

Je ne puis qu'applaudir, Monsieur, au choix que vous avez fait de M. le général Valentin (1), pour lui

(1) François. Né à la Roche des Arnauds (Hautes-Alpes) 1763, soldat au 1er régiment d'infanterie 1780, n'était que sergent en 1789. Adjudant-général chef de bataillon (germinal an II), chef de brigade (brumaire an IV),

donner votre fille. C'est un très brave homme, et je ne doute pas qu'il ne la rende aussi heureuse qu'il mérite lui-même de l'être.

Je désire que vous ajoutiez à sa dot une somme de 50.000 fr., que je désire que le général Valentin touche chez le trésorier de ma maison dans deux ans à compter du jour de son mariage.

(AF IV 1714 B.)

151. — *A Gallo.*

Venafro, 20 septembre 1807.

Je désire que vous fassiez faire des recherches exactes pour savoir quels étaient les drapeaux et le pavillon des Princes Normands, dont j'ai adopté les couleurs dans les armoiries du Royaume.

(AF IV 1714 B.)

152. — *A Saliceti.*

Venafro, 20 septembre 1807.

Monsieur, en arrivant ici j'ai reçu les plaintes de cette université, qui fournit des vivres depuis 4 mois sans avoir vu encore de fournisseurs. Il lui est dû 14.000 rations et elle réclame le paiement des entrepreneurs, qui lui ont fait dire qu'ils n'abonneraient la ration qu'à raison de 8 grains et demi (1) : cette ration coûte ici à l'université 12 grains, elle est payée aux fournisseurs 11 grains et demi ; ces fournisseurs ne payent pas les

---

général (ventôse an IX), retraité 1812. Il fit la Vendée, l'Egypte, mais la plus grande partie de sa carrière se passa en Italie.

(1) Le grain était la centième partie du ducat.

universités avant d'être payés par votre ministère; je ne conçois pas pourquoi ils bénéficieraient d'un tiers, au préjudice de gens qui ont la peine de faire leur service et auxquels ils ne font aucune avance. Ces abus sont généraux. Ils m'aliènent l'esprit des peuples. Je désire que vous vous occupiez d'un projet de décret que vous me proposerez à mon retour et qui aura pour but de les faire cesser ; le moyen le plus court serait probablement celui d'exiger des fournisseurs, avant de les payer, un certificat de tous les intendants des provinces qui constaterait qu'il n'est rien dû aux universités soumises à leur administration pour fournitures faites pendant le trimestre de....., dont le fournisseur demanderait l'ordonnance de payement.

La Cie Gentil (1) n'a pas plus payé ici qu'ailleurs le service qu'elle a fait faire par les communes ; suspendez tout payement en sa faveur jusqu'à ce qu'elle ait prouvé qu'elle s'est acquittée envers toutes les universités.

(AF IV 1714 B.)

153. — *A Rœderer.*

Venafro, 21 septembre 1807. — " *Aut.*

Monsieur, toutes les fois que je voyage, je reçois des plaintes sur le non-payement de la pension des moines. Tout le monde s'apitoie sur leur sort. L'on trouve odieux qu'après s'être emparé de leurs biens l'on prive de toute ressource des individus qui n'ont aucun moyen d'existence; je désire que vous m'envoyiez l'état de tout ce que

---

(1) Qui avait le service des transports. La compagnie des subsistances, dont il est question plus haut, était alors la compagnie Cerulli. Elle fut sans doute stimulée par ce contrôle direct du roi, car l'ordonnateur en chef assurait, au 16 août 1808 (Arch. guerre, Naples) qu'elle avait « tout à fait régénéré le service » et assuré l'exactitude des paiements (elle n'était plus en fonctions depuis le 1er février 1808).

vous avez à payer pour ces pensions, à partir de l'époque où la loi les a accordées, pour chaque couvent supprimé. Vous sentirez comme moi l'importance de prendre promptement un parti pour cet objet; *et on m'assure qu'ils n'ont encore rien reçu au-delà du 1er trimestre. Occupez-vous beaucoup de leur sort et croyez bien que c'est vous occuper du crédit public et de la chose qui m'est par conséquent le plus à cœur.*

(Papiers Rœderer.)

154. — *Au Ministre des Affaires Ecclésiastiques.*

Bojano, 22 septembre 1807.

Monsieur, il existe une loi qui ordonne la fermeture de toutes les maisons religieuses d'hommes et de femmes qui ne contiennent pas 12 individus ayant fait des vœux. Ces individus doivent être répartis dans les maisons du même ordre les plus voisines.

Cette loi n'est nullement exécutée et je rencontre à chaque instant des couvents qui en sont la preuve. Écrivez aux intendants, aux archevêques, aux évêques, pour avoir des informations précises et préparez un rapport qui contienne le nombre de ces maisons qui devront être fermées, celui des individus qui doivent en sortir, et celui des maisons qui doivent les recevoir.

(AF iv 1714 B.)

155. — *A Clément [de Ris]* (1).

Morcone, 24 septembre 1807.

Je reçois votre lettre, mon cher Clément, et j'ai été

---

(1) Il ne paraît pas douteux qu'il ne s'agisse du sénateur Clément de Ris, rendu célèbre par son enlèvement opéré par les chouans en 1802. C'était un ami de Joseph.

bien affligé des malheurs qui vous ont poursuivi. Je trouve tout naturel après tant de pertes le désir que vous avez de marier votre troisième enfant. Je connais trop votre cœur pour ne pas prévoir toute votre affliction et je suis trop votre ami pour ne pas la partager beaucoup. Si après des pertes si vives vous pouvez trouver des consolations dans les sentiments de vos amis, je vous prie de ne pas oublier que je suis aussi un des vôtres. Rappelez-moi au souvenir de Mme Clément.

Je voyage pour voir la vérité, je passe mes jours à punir et à récompenser, et à me convaincre de cette vérité que les hommes sont une bonne espèce, que les gouvernés sont bons, que les gouvernants sont beaucoup moins innocents qu'eux de tous les maux qui arrivent. Je crois n'avoir pas tout à fait perdu ma journée aujourd'hui, pour être parvenu à convaincre un juge de paix (1) de ses extorsions, accusé tour à tour par six communes qui se sont présentées sur mon passage pour réclamer justice. Je l'ai remplacé par un bon père de famille. D'un modeste curé j'ai fait un conseiller d'Etat; ce brave homme parle finances comme Crétet, législation comme Cambacérès, agriculture comme François de Neufchâteau. Il s'avisait de condamner les pénitents les plus coupables à planter dix pieds d'oliviers, les femmes à laver leurs enfants autant de fois qu'elles avaient commis de péchés véniels ou mortels. Je crois avoir fait une trouvaille; nous verrons (2).

Agréez mes sincères amitiés, mes compliments à nos anciens amis.

(AF iv 1714 B.)

(1) Le *governadore* de Supino, Michele Reale, destitué, ainsi que son *mastrodatti* (greffier), et tous deux traduits devant la justice compétente par décret du 24 septembre 1807 : « Le sieur Carlo Mucci, de Supino, à la demande de quatre communes, est nommé gouverneur. »
(2) C'est l'archiprêtre de Ripalimosani, Paolo Giampaolo (Cf. L. A. Trotta, *Come un arciprete di Molise diventasse consigliere di Stato in un tratto...*, Saluzzo, 1905.) On n'eut qu'à se louer de cette nomination faite un peu à l'orientale, et l'impression sur le public fut bonne.

156. — A *Miot*.

Naples, 1er octobre 1807.

J'ai visité ce matin la route nouvelle, qui traverse les terrains de MM. Paparo, Fuschini, Lieto, Celestino, Turso, et aboutit au nouveau pont de Miano, après avoir décrit une courbe qui m'a paru bien resserrée. Les propriétaires ne sont point indemnisés et ne connaissent point l'appréciation des dommages qu'ils souffrent; il faut prendre pour principe absolu de ne commencer aucun travail sans l'estimation et même le payement préalable du dommage occasionné. Il faut de plus que les propriétaires qu'on expulse de leurs maisons, ainsi que les locataires, aient le temps de trouver un asile. J'ai reçu des plaintes de personnes qui prétendent n'avoir été averties de déménager que par le bruit des marteaux qui abattaient leurs foyers. Vous concevez qu'il n'est point d'urgence de travaux qui puisse autoriser une violation aussi manifeste du droit des citoyens et vous me croirez *sans peine*, lorsque je vous dirai que la parfaite et prompte exécution des travaux commencés, je la sacrifierai *sans peine* à une seule plainte de ce genre. Je me suis abstenu de visiter les autres travaux pour ne point essuyer le même désagrément et je n'irai que lorsque vous m'aurez assuré que les appréciations pour les paiements ont été faites.

Je reviens à la route de Miano. Sa longueur m'a paru beaucoup trop grande proportionnément à la longueur de la route; j'ai vu avec beaucoup de regret que l'on ait sacrifié une magnifique avenue de pins pignons qui aurait si bien décoré le côté droit de la route, ce qui, la rejetant un peu sur la gauche, aurait démasqué la maison Celestino, que je veux conserver et qui, selon le plan, déjà malheureusement exécuté, de l'architecte, demanderait à être abattue. On s'est hâté d'enlever les écorces au pied des arbres afin qu'on n'ait plus la possibilité de les conserver.

Témoignez à l'ingénieur tout mon mécontentement : c'est un homme sans goût ou un homme sans délicatesse. Il serait bien de charger un autre de la continuation de ce travail et de la réparation difficile des fautes qu'il a commises.

J'ai autorisé la Marine à faire enlever les bois qui peuvent lui servir.

Cette route fait un coude incommode avant d'arriver au nouveau pont; il faut faire examiner s'il n'y aurait pas moyen de la redresser par le moyen d'un pont ou d'un ouvrage quelconque, qui comblerait le ravin qui se trouve entre la maison Turso et le terrain Celestino. Dans un ouvrage de cette importance, il ne faut rien de mesquin; il vaut mieux attendre le bien que hâter le médiocre. Donnez des ordres précis pour qu'on n'abatte pas les arbres verts dont quelques-uns pourront peut-être être conservés.

Il y a des ingénieurs qui ont été marquer comme devant être abattues des maisons très considérables, qui se trouvent dans la direction de la rue qui aboutit dans celle de Tolède à l'angle du Palais d'Angri (1).

Ceci jette l'épouvante et a l'air même de la malveillance, car il n'y a pas de bon sens à penser que, pour une affaire de pur agrément, je veuille faire détruire des palais tels que celui de Gravina (2).

Il faut beaucoup surveiller les agents principaux; ce que je fais pour le bien de la ville et des particuliers tourne à mal et paraît une violence, parce que l'on ne

---

(1) La rue S. Anna de' Lombardi.
(2) Le Palais Gravina, sur la Strada Montcoliveto, date du commencement du xvi° siècle et est l'œuvre de Gabriele d'Agnolo (aujourd'hui Poste centrale).

paye ni n'estime les biens, ni on ne traite convenablement les propriétaires et les locataires.

Ne perdez pas de temps à faire rendre justice aux familles spoliées et à punir l'ignorant architecte de la route de Miano. Il faut que l'indemnité précède et empêche la plainte et non qu'elle la suive. L'argent donné aux familles qui ont jeté l'alarme ne répare pas le mal qu'elles ont fait à mon gouvernement, qui, de tout paternel que je le veux, paraît être un régime de satrape ou de gouvernement oriental. Je ne vous écris pas ceci pour vous affliger, mais pour vous éclairer, car enfin vous ignorez qu'il résulte beaucoup de mal pour une chose que je n'ai entreprise que pour produire beaucoup de bien.

Votre affectionné Joseph.

Vous avez trop de confiance dans vos agents. Etes-vous bien sûr que M. Cavelli soit irréprochable? Je n'accuse personne, mais je donne l'éveil à votre confiance, qui est la preuve et la suite de votre exacte probité; mais croyez bien que tous les hommes ne vous ressemblent pas.

(AF iv 1714 B.)

157. — A *Macedonio* (1).

Naples, 1er octobre 1807.

(L'invite à hâter le règlement des indemnités pour la route de Miano.)

...Il n'est aucune chose à laquelle j'attache plus d'im-

(1) Luigi Macedonio, ancien ministre des Finances de la République Napolitaine, devint, sous Joseph, Intendant des domaines de la couronne (*Siti reali*) et conseiller d'Etat; sous Murat, intendant de la maison royale, puis (1809) intendant de la province de Naples. C'est lui que Murat laissa en 1814 comme président du Conseil général d'administration.

portance qu'à celle-ci, puisqu'il s'agit d'empêcher la violation des droits les plus sacrés, que je dois respecter plus que personne et avant tous.

(AF IV 1714 B.)

158. — *Au Duc de Noja* (1).

Capodimonte, 4 octobre 1807.

J'approuve, Monsieur, les conditions que propose M. Cellerier (2), à la réserve des représentations à bénéfice que je ne veux pas introduire. L'engagement ne datera que du jour de l'arrivée des danseurs à Naples.

(Comm. par le marquis di Gregorio.)

159. — *A Saliceti*.

6 octobre 1807.

Je me suis déterminé à supprimer les jeux de hasard tenus par cette Cie milanaise qui exporte d'ici beaucoup de numéraire. Ses bénéfices sont immenses, les moyens en sont odieux et ils ne sont pas justifiés par la nécessité, qui justifie tant de choses, puisque cette Cie n'a versé à la Police que 60.000 ducats et, depuis deux mois seulement, 80.000 ducats par an.

L'état de guerre et de pénurie dans lequel je me trouve aurait pu faire supporter la tolérance accordée à ces jeux,

---

(1) De la grande famille Carafa. Chambellan sous Joseph et sous Murat. Le premier l'avait chargé de la surveillance du San Carlo.
(2) Jacques. C'est l'architecte bien connu (1742-1814), ancien pensionnaire de Rome, constructeur de l'ancien Ambigu, des Variétés, restaurateur de l'hôtel Soubise, etc. Il était à Paris l'architecte de Joseph, qui l'employa à recruter pour Naples des danseurs et danseuses de l'Opéra, au grand mécontentement de l'empereur.

s'ils offraient une ressource véritable ; mais je préfère retrancher encore sur mes dépenses personnelles pour donner à la Police les 60.000 ducats qu'elle a reçus et délivrer mes peuples et l'armée de cette occasion de désordre. L'exemple de Paris n'est pas applicable, puisque cette branche rend à Paris 5 millions, et je consentirais à la supporter encore jusqu'à une meilleure époque, si cette ressource s'élève à 150.000 ducats. Dans ce cas je vous autorise à suspendre l'exécution de mon décret et à m'en parler à mon prochain travail.

Faute par les entrepreneurs de s'engager à remplir ces nouvelles obligations, je ne doute pas de votre empressement à faire exécuter littéralement mon décret et à empêcher qu'il ne soit éludé par la mauvaise foi et la cupidité. Votre zèle et votre attachement me sont trop connus (1).

(AF iv 1714 B.)

160. — *Approbation d'une demande d'Arditi, directeur du Musée* (2).

Capodimonte, 7 octobre 1807. — *Aut.*

[Tendant à faire porter au Musée quelques excellents tableaux des églises de S. Efremio Nuovo, della Madona delle Grazie, et di Montecalvario, en leur en donnant en échange d'autres moins bons.]

Approuvé, pourvu que cet échange soit toujours fait d'accord avec les possesseurs et que cela ne donne lieu à aucune plainte.

(Arch. Naples, Interno 52, n° 2.)

(1) L'entreprise, tenue par Barbaja, ne paraît pas avoir été supprimée : ce Milanais obtint plus tard d'organiser une roulette au San Carlo.
(2) Sur une lettre de Miot la transmettant. C'est cette lettre qui porte la date du 7.

161. — A Lamarque.

Naples, 9 octobre 1807. — *Aut.*

[Féliciter le général Huard pour sa conduite dans les Abruzzes (1), lui envoyer 1.000 ducats pour être distribués à son gré et des gratifications aux quatre officiers qu'il cite (2).]

Proposez-moi ce que je pourrai faire d'agréable pour ces officiers. Sont-ils légionnaires, anciens dans leur grade, ont-ils des enfants à mettre en éducation ? Votre affectionné Joseph.

Vous pourriez envoyer à M. Ferri un article qu'il ferait insérer dans les gazettes.

(Arch. Naples, Guerra 1048.)

162. — A C. Berthier.

Naples, 16 octobre 1807 (3).

L'Empereur a appris avec peine, Général, que vous ayez déclaré les Iles Ioniennes partie de l'Empire français. Cette déclaration n'étant point renfermée dans vos instructions, il est évident qu'il ne fallait pas la faire. Il n'aurait pas même fallu arborer le pavillon français et il fallait se contenter d'occuper ces îles en conservant la Constitution du pays sur le pied où vous l'aviez trouvée. Je ne saurais assez vous recommander de vous renfermer

---

(1) Destruction, sur la montagne de Tione, des bandes de Giovinotto et du Monaco, qui infestaient les Abruzzes ; beaucoup d'autres insurgés, effrayés, se soumirent.

(2) Le *Monitore* du 18 octobre 1807 nomme : capitaines Fournier et Genot, et sergent Genot, du 10ᵉ de ligne, lieutenant de gendarmerie Jata.

(3) Cette lettre doit être rapprochée de celle de Napoléon à Joseph, 6 octobre 1807. Elle donne un exemple de la transmission des ordres de l'empereur : des phrases entières sont reproduites par Joseph comme de lui-même.

dans la plus grande circonspection pour ne point faire de choses qui, avec les meilleures intentions de votre part, peuvent contrarier singulièrement les vues de l'Empereur. Votre conduite doit être réglée sur un système de prudence dont vous ne devez pas vous écarter sous les rapports d'administration et de politique; il vaut mieux quelquefois retarder une démarche qui, pour paraître simple et naturelle, peut se trouver hasardée dans des circonstances aussi délicates que celles où vous vous trouvez placé. Ignorant la direction que vous devez suivre demain, vous devez vous conduire aujourd'hui de manière à n'être point obligé à des pas rétrogrades, et à n'avoir jamais à vous repentir de ce que vous avez fait la veille. Vous devez être bien avec tout le monde et ne vous fier à personne.

Gardez-vous d'abandonner Parga (1), ce point est pour vous de la dernière importance. Il faut vivre en bonne harmonie avec les Turcs, mais vous tenir constamment sur vos gardes et en bon état de défense.

L'ambassadeur russe que l'on attendait à Paris avait l'instruction d'expédier à Corfou les ordres nécessaires pour qu'on vous laissât toutes les munitions appartenantes à l'Empereur Alexandre. Dès que je les recevrai, je m'empresserai de vous les expédier.

Le général Donzelot part pour Corfou avec le 14ᵉ d'infanterie légère. Le général Lecamus (2) ne tardera pas à le suivre avec 2 compagnies d'artillerie, une escouade

(1) Parga, port de la côte d'Albanie, cédée à la France comme ancienne possession vénitienne, mais qu'Ali-Pacha convoitait.

(2) Ou plutôt Camus (Louis), né à Châlons-sur-Marne 1760, grenadier à Aunis-infanterie 1778, sous-lieutenant 1791, chef de brigade (floréal an II), général de brigade (pluviôse an XIII). A l'armée de Naples, commanda notamment la province de Principato Ultra (fin 1806).
A Sainte-Maure, où il succédera à Donzelot, il se verra, en mai 1810, en présence de l'attaque des Anglais, abandonné par ses Albanais et par les habitants, obligé de s'enfermer dans le fort et de capituler. Mis en jugement, il ne sera justifié que juste pour prendre part à la campagne de Russie où il sera pris; mort en captivité à Vitepsk.

d'ouvriers, des officiers d'état-major, d'artillerie et du génie, 250.000 francs en or, 100 milliers de poudre. J'ai fait autoriser les intendants de Bari et de Lecce à laisser sortir tous les blés et denrées qui seront demandés pour Corfou.

Vous êtes autorisé à faire mettre en construction 2 bricks qui seraient montés par des matelots du pays et par une garnison française : ils pourront défendre l'île contre les corsaires.

Dans tous les événements possibles, il ne s'agit pas de se laisser renfermer dans la ville de Corfou. C'est l'île entière, l'île de Sainte-Maure et le port de Parga qu'il faut défendre. J'imagine que, parmi le grand nombre de pièces de canon, vous avez trouvé des pièces de campagne, puisque vous ne m'en demandez pas. Indépendamment des pièces de campagne, il faut envoyer à Parga 18 ou 20 pièces en fer, et faire travailler sans délai à élever un point d'appui qui soit à l'abri des efforts de qui que ce soit, et élever des batteries de côte qui puissent empêcher les Anglais d'en approcher. Il ne faut employer à Zante et Céphalonie que quelques officiers français avec des troupes du pays, des Albanais, mais pas un soldat de ligne français, italien ou napolitain (1). Je vais aussi envoyer un bataillon de mes troupes. Il faut faire fortifier de même Sainte-Maure.

J'ai donné l'ordre au payeur de l'armée de tenir à votre disposition 50.000 fr., à celle du commandant de l'artillerie 50.000 fr., à celle du commandant du génie 50.000 fr.

Voici de quelle manière vos troupes doivent être placées : vous garderez avec vous à Corfou un bataillon du 14ᵉ d'infanterie légère, les 2 bataillons du 6ᵉ, le 5ᵉ régiment italien, le bataillon napolitain et les troupes du

(1) C'est Joseph qui a rajouté à la phrase de l'empereur « ou napolitain ».

pays. Le général Cardeneau (1) commandera en second. Un adjudant-général, 6 adjoints, un colonel faisant fonctions de commandant d'armes de Corfou, un colonel d'artillerie, un colonel du génie, un chef de bataillon d'artillerie faisant fonctions de directeur du parc, un chef de bataillon et 4 autres officiers du génie, 4 capitaines en second d'artillerie.

La garnison de Corfou fournira à la position de Parga un détachement de 600 hommes qui sera relevé toutes les fois que vous le jugerez convenable. Ce détachement sera composé de 3 compagnies du 6°, qui au moment du départ seront toujours complétées à plus de 100 hommes présents sous les armes par compagnie, six pièces d'artillerie de campagne avec une demi-compagnie d'artillerie, cent Grecs et 2 compagnies du 5° régiment italien, également complétées à 100 hommes présents. Ces forces seront sous les ordres du général Lecamus, d'un chef de bataillon et d'un capitaine hors ligne, faisant fonctions de commandant d'armes à Parga, d'un officier d'artillerie et d'un officier du génie.

Le général Donzelot commandera à Sainte-Maure. Il aura sous ses ordres le 2° bataillon du 14° d'infanterie légère, 900 Albanais, 6 pièces de campagne, une compagnie d'artillerie, 2 officiers du génie et un officier d'artillerie commandant.

Il y aura à Céphalonie un chef de bataillon français commandant, 2 capitaines, 1 lieutenant d'artillerie, et une escouade de 16 canonniers, 600 Albanais et 600 Grecs levés dans le pays.

Les mêmes dispositions doivent être faites pour Zante de manière que, si une expédition anglaise considérable se portait sur Céphalonie et Zante et que ces îles ne pussent

---

(1) Bernard-Augustin de Cardeneau, né à Dax 1766, mort à Tilh (Landes) 1841. Engagé dans l'armée 1791, chef de brigade (prairial, an III), général de brigade (mars 1807). Député constitutionnel sous la Restauration.

être secourues par Sainte-Maure ou par les Turcs du continent, vous ne serez exposé à perdre que quelques officiers et pas de soldats français.

Le général commandant à Sainte-Maure aura une correspondance suivie avec vous, mais il devra correspondre aussi directement avec moi, pour me donner fréquemment des nouvelles de ce qui se passe.

Ces divers commandants doivent vivre en bonne amitié avec les Turcs, mais se tenir constamment sur leurs gardes et en bon état de défense.

Pourquoi n'avez-vous pas fait occuper Butrinto et les autres points du continent qui appartiennent aux Sept Iles ?

J'ai reçu vos lettres du 8 octobre par l'adjoint de l'état-major Granger, que je vous renverrai.

Je ne doute pas du zèle que vous mettrez à exécuter ces différentes dispositions. L'Empereur attache beaucoup d'importance aux moindres détails de vos opérations.

(F¹⁰ 88314.)

163. — *Au duc de Laurenzana* (1).

Portici, 16 octobre 1807.

Monsieur, j'ai reçu votre lettre, et je suis fâché que vous ayez eu besoin de vous disculper, mais je dois la justice à tout le monde, et les dépositaires de l'autorité

---

(1) Onorato Gaetani, gendre du duc de Cassano, ce qui explique sa faveur, bien que ni Saliceti, ni même Joseph n'eussent, paraît-il, grande confiance en lui (La Feuillade à Champagny, 20 juillet 1808, A. E. Naples, 132 f° 157). La Feuillade, 3 août 1808 (*Ibid.*, f° 199), raconte un fait de ce genre, mais il accuse formellement Laurenzana : une députation d'une commune, envoyée pour se plaindre de lui, aurait été emprisonnée par son ordre ; le roi l'ayant fait relâcher, Laurenzana l'aurait réemprisonnée, et le roi, bien que très irrité, n'aurait osé le destituer.

doivent plus que tous les autres l'exemple du respect que nous devons avoir pour les droits de chacun. Il est de fait qu'un commissaire de police de la ville de Naples a fait conduire en prison un citoyen de Piedimonte, et l'y a retenu 17 jours, sans que ni moi, ni le ministre de la Police l'ayons su. Je ne serai jamais sourd à de semblables plaintes, et je ne puis les oublier que parce que je me persuade que vous les avez ignorées et que la confusion des premiers mois de votre administration vous a empêché de les connaître. Sans doute, vous auriez puni l'agent infidèle qui vous faisait paraître injuste et trahissait ses devoirs.

Je suis loin d'en vouloir à l'homme qui s'est plaint et vous partagez sans doute le sentiment d'intérêt qu'inspire l'opprimé qui nous éclaire et nous met dans le cas de ne pas cesser d'être juste.

Agréez ma confiance dans votre zèle.

(AF iv 1714 B.)

164. — A C. Berthier.

Portici, 24 octobre 1807. — Aut.

Je désire, Général, que vous m'instruisiez le plus souvent possible du nombre et de la force des croisières anglaises.

Je vous ai fait expédier de l'argent, des vivres, de la poudre. Je serai content d'apprendre l'arrivée du 14º et des canonniers.

Deux bateaux de correspondance doivent arriver toutes les semaines à Corfou et en repartir pour Otrante. J'ai jusqu'ici fait employer quatre bateaux à ce service ; on augmentera ce nombre si cela est jugé nécessaire.

Vous m'avez offert un régiment albanais. Si vous jugez

qu'il puisse être bien composé, je me déciderai à le prendre. Mandez-moi quelles seraient les conditions des officiers qui font cette offre, le nombre, la composition.

Agréez, Général, mon attachement.

(Fⁱº 88314.)

165. — A Napoléon.

Portici, 29 octobre 1807.

Sire, je reçois les lettres de V. M. du 18. Je suis charmé de l'ordre qu'elle a donné pour que les compagnies françaises soient tenues à l'effectif de 140 hommes. Je vais prendre toutes les mesures convenables pour que les régiments napolitains qui passent en France soient tenus sur ce pied ; le 1ᵉʳ est fort de 2.400 hommes.

Voici l'état des poudres qui ont été expédiées pour Corfou. Je reçois dans ce moment l'avis que presque tous les envois sont passés heureusement. Je m'occupe de Scilla, mais il n'a pas encore plu.

(AF IV 1714 C.)

166. — A Clarke.

Portici, 29 octobre 1807. — Aut.

Général, je reçois votre lettre du 19. Vous devez avoir reçu par le chef de l'Etat-major de l'armée le compte de l'emploi des 500.000 fr. par mois que l'Empereur envoie pour être employés au payement de la solde de ses troupes. Cette somme n'a jamais été détournée de sa destination ; je voudrais bien que nous n'eussions plus de déficit, nous en payons tous les mois un peu, mais il nous faudra encore longtemps avant d'arriver à ce but ; le déficit est de 12 millions et il provient des dépenses faites dans la première année ; d'après les nouvelles dispositions de S. M. I., il n'y aura plus que 250.000 fr. employés à la solde des troupes françaises stationnées dans mes Etats, vous devez concevoir que le déficit ne diminuera pas, mais au moins est-il sûr que nous payons exactement le courant et tout ce que nous pouvons de l'arriéré. L'approvisionnement de Corfou m'occasionne beaucoup de dépenses.

Je vous prie, mon cher Général, d'agréer mon sincère attachement.

Votre affectionné.

(AF iv 1714 A.)

167. — *A Lamarque.*

Portici, 30 octobre 1807.

Le général Lecamus est il en état de partir pour Corfou ? Si sa santé ne le lui permet pas, envoyez des ordres au général Destrès de se rendre à Corfou, où il sera sous les ordres du général César Berthier. Mandez-lui que je mets la plus grande importance à son arrivée dans cette île avec le 14º.

Ecrivez dans le même sens au général Partouneaux. Il n'y a pas d'excuse qui puisse retarder l'embarquement de ce corps. Qu'il fasse prendre les transports où ils se trouvent ; on les payera. S'il y a des officiers de marine qui n'agissent point avec assez d'activité, qu'il me les fasse connaître, et, dans l'intervalle de leur remplacement, qu'il fasse remplir leurs fonctions par d'autres ; enfin que par tous les moyens possibles il lève les obstacles qui retardent l'embarquement du 14º.

Dites au général Donzelot que les nouvelles des préparatifs d'embarquement des Anglais en Sicile me font désirer qu'il hâte son départ et qu'il arrive le plus tôt possible dans les Iles avec les troupes qui y sont destinées.

J'envoie un de mes aides de camp à Otrante, vous pouvez le charger de vos dépêches.

(AF IV 1714 B.)

168. — *Au Général Donzelot.*

Portici, 30 octobre 1807.

Général, dans votre dernière lettre vous ne me parlez pas du départ du 14ᵉ, vous savez toute l'importance que j'y mets. Je vous autorise à prendre toutes les mesures que vous jugerez convenable pour l'accélérer. Mettez en réquisition les bâtiments de transport dont vous aurez besoin. Si vous n'avez pas d'argent, faites les comptes et envoyez-les moi. Tout le monde sera payé exactement. Si les officiers de marine ne vous secondent pas, vous pourrez suspendre ceux qui mettront la moindre lenteur dans l'exécution de vos ordres et les faire remplacer par ceux qui les suivent en grade. Aucun obstacle ne doit arrêter une opération d'un si grand intérêt.

Le général Lecamus étant tombé malade, il sera remplacé à Corfou par le général Destrès; je désire qu'il parte sur le champ. Dites-lui que jamais mission ne fut plus pressée et plus importante, que l'Empereur aura les yeux sur lui, qu'il doit se faire accompagner par le 14ᵉ.

J'ai les plus grandes raisons pour désirer le plus prompt embarquement du 14ᵉ et des poudres.

(AF IV 1714 B.)

169. — *A Feraud* (1), *Inspecteur Général aux Revues.*

Portici, 30 octobre 1807.

J'ai plusieurs fois demandé, Monsieur, un travail régulier sur les revues, je n'ai pas encore pu l'obtenir ; vous sentez cependant qu'il est impossible de mettre de l'ordre dans l'administration, si elle manque de cette base première. Occupez-vous donc de m'envoyer un état exact et général des troupes aujourd'hui existantes. Faites-moi un tableau en raccourci des sommes que doivent coûter l'armée française et l'armée napolitaine en les supposant portées à leur complet et en réglant toutes les dépenses selon les ordonnances françaises rigoureusement.

(AF iv 1714 B.)

170. — *Circulaire aux ministres.*

S. Leucio, 31 octobre 1807.

Il est assez généralement répandu dans l'opinion que les ministres ne sont point assez accessibles. Je désire que vous me fassiez connaître les jours de la semaine et les heures que vous avez fixés pour votre audience publique.

(Papiers Rœderer.)

171. — *A Masséna.*

Naples, 20 novembre 1807. — *Aut.*

Je reçois, mon cher Maréchal, votre lettre du 28 octo-

---

(1) Inspecteur aux revues, puis inspecteur général, en même temps que sous-intendant de la Garde royale. Mathieu Dumas, ministre de la Guerre, loue son zèle (à C. Berthier, 14 août 1806. Arch. Naples, Guerra 1046).

bre depuis peu de jours seulement ; je suis sensible à tout ce qu'elle contient d'affectueux. Vous connaissez aussi mon attachement pour vous.

Nous sommes toujours aussi occupés, quoique la tranquillité intérieure soit rétablie.

Il fait encore chaud ici, je n'ai pas encore de nouvelles certaines du départ de ma femme.

Conservez-moi votre amitié et croyez, mon cher Maréchal, à toute la mienne.

(Arch. Essling.)

172. — *Au Général Lamarque.*

Naples, 21 novembre 1807. — *Aut.*

J'observe dans votre lettre du 14 au ministre de la Guerre de France que vous appuyez beaucoup sur le besoin que le 6° a de soldats d'élite, parce qu'on l'a épuisé de grenadiers pour la formation de ma garde ; il était au moins inutile de revenir sur une chose qui a excité assez d'observations depuis deux ans, il n'est pas vrai d'ailleurs que ma garde ait épuisé le 6° de grenadiers, puisqu'il en avait encore deux superbes compagnies au moment de l'expédition de Corfou ; si cette lettre avait été écrite par un autre que par vous, j'y aurais vu de la malveillance pour moi.

J'observe une nuance de même esprit dans la lettre au ministre de la Guerre de France en date du 14, où il est dit que le temps n'est pas encore arrivé où l'on puisse se fier aux canonniers napolitains. Je crois pouvoir me fier à ceux que j'emploie, et je ne dois pas dire le contraire par l'organe de mon chef d'État-Major (1).

(Arch. Naples, Guerra 1048.)

(1) A cette lettre assez caractéristique de la défiance de Joseph à l'égard

173. — A Napoléon.

Naples, 21 novembre 1807. — Aut.

Sire, le grand état lettre A fera connaître à V. M. l'effectif de l'armée française, lorsque son décret du 18 octobre aura reçu son exécution ; l'effectif des troupes napolitaines qui sont aujourd'hui à ma charge dans mon royaume. Le total est de 64.468 hommes.

Plus les troupes albanaises et corfiotes, 4.000 = 68.468.

Ces états sont exacts. V. M. en trouvera les développements dans les 2 autres cotés B et C (1).

La dépense mensuelle de ces deux services est de 3.748.047 fr. ; par an : 44.976.570 (sic).

Je n'ai pour faire face à cette dépense que 600.000 ducats par mois ou 2.550.000 fr. — par an 30.600.000.

---

des militaires, nous croyons intéressant de donner la réponse non moins expressive de Lamarque. (Arch. Naples, Guerra 1048.)

« Sire, je n'aurai jamais besoin de justification auprès de V. M. Elle pourra souvent et toujours avec raison trouver que je me suis trompé, mais elle verra que mes intentions sont aussi pures que ma reconnaissance pour ses bontés est vive et inaltérable ; et quel intérêt au monde pourrais-je avoir de lui déplaire ? J'ai fait une bêtise en parlant de la garde de V. M. ; mais je ne pensais qu'au besoin qu'avait le 6e d'hommes d'élite, et en écrivant qu'une compagnie de grenadiers était prisonnière de guerre je disais la raison qui fait qu'il n'y avait plus de grenadiers dans ce régiment.

Quant aux canonniers napolitains, je désirerais que V. M. vît la lettre tout entière ; j'ai écrit en envoyant l'état de situation de l'artillerie qui la porte à 834 : « Le moment n'est pas encore venu où l'on puisse s'en rapporter exclusivement aux Napolitains qui servent dans cette arme. »

Le général Dedon dira à V. M., puisqu'il me l'a dit cent fois, qu'il n'ose pas leur confier ses batteries, qu'à Gaëte ils ont volé jusqu'au fer des affûts, et qu'il n'est tranquille que lorsqu'il y a quelques Français avec eux. Comment pouvais-je demander des canonniers, si nous en avions 834 en état de servir dans cet arme ?

Sire, je ne dirai qu'un mot. Si j'avais l'intention folle, moi faible atome, de chercher à être désagréable à V. M., j'aurais assez d'esprit pour ne pas envoyer à Elle-même ce que j'aurais l'indignité d'écrire d'équivoque.

De V. M... ».

(1) Les trois états se trouvent à AF-IV 1685.

Plus les secours du trésor impérial 6.000.000 = 36.600.000.

On peut retirer de Corfou 1.000.000 ; le déficit serait de 7.376.570.

Je suis aujourd'hui occupé à combler ceux des années précédentes.

V. M. remarquera que nous sommes d'accord avec l'état approuvé par le ministre Dejean et que les articles sont beaucoup moins chers dans l'Etat napolitain que dans l'Etat français.

Il reste à régler comment pourraient se payer les sept millions environ de déficit ; tous ces calculs sont rigoureux ; je n'ai laissé pour tous les autres services, la marine comprise, que 300.000 ducats par mois.

(AF IV 1685.)

174. — A *Lamarque*.

Naples, 22 novembre 1807. — *Aut.*

Présentez-moi demain le projet de formation du corps intermédiaire que je veux former à Castrovillari et porter à six mille hommes, La Tour d'Auvergne compris (1).

Expédiez au général Reynier l'ordre de tout préparer pour le siège de Scilla et Reggio ; dites-lui que j'envoie un corps de troupes dans la Calabre Citérieure, qui doit rester en situation et occuper la province.

(Arch. Naples, Guerra 1018.)

(1) Le régiment La Tour d'Auvergne, commandé par le prince de ce nom et par des officiers émigrés ou étrangers, était formé d'étrangers, généralement prisonniers ou déserteurs.

175. — A Lamarque.

Bologne, 1er décembre 1807. — *Aut.*

Surveillez l'exécution de l'ordre pour le départ du 6e chasseurs et du 2e Italien. Je pars pour Venise où l'Empereur est arrivé.

(Arch. Naples, Guerra 1048.)

176. — A Lamarque.

Venise, 7 décembre 1807 (1).

Je vous annonce avec plaisir, mon cher Général, que l'Empereur vous a nommé général de division.

Vous êtes autorisé à en porter les décorations; agréez mon compliment et mon attachement sincère.

(Papiers Lamarque.)

177. — A Napoléon.

Naples, 1er janvier 1808. — *Aut.*

Sire, je prie V. M. d'agréer à cette époque l'expression de mes vœux pour son bonheur, auquel j'ai vu, avec plus de plaisir que je ne puis le dire, qu'Elle est bien convaincue qu'est attaché celui de son bon Joseph, ainsi que le bien-être de tant de nations.

Je suis avec une véritable tendresse

Votre affectionné ami et frère.

(AF iv 1714 A.)

---

(1) Copiée par Lamarque dans une lettre à sa mère, Naples, 14 décembre : « Avouez, ma chère maman, que cette manière d'annoncer un grade en double le prix. »

178. — Réponse aux compliments présentés par les autorités.

Naples, 1er janvier 1808.

Réponse à Mgr Capecelatro, archevêque de Tarente et président de la Section de l'Intérieur au Conseil d'Etat, orateur du Conseil d'Etat :

Accetto gli auguri del mio Consiglio di Stato : la buon' indole della nazione, lo zelo dimostratomi dai cooperatori de'miei travagli, mi fanno sperare facile lo scopo di tutti i miei pensieri, la prosperità della nazione, alla quale avete travagliato con efficacia ; mi è grata l'occasione che mi permette di dimostrarvi la mia soddisfazione.

Réponse au prince de Caravita, président du Sacro Regio Consiglio, orateur de la magistrature :

Spero di vedere giustificati i voti che mi esprimete colle imminenti riforme necessarie per ricomporre un sistema, che rendeva la giustizia spesso mal sicura, sempre lunga, ed in tutti i casi assai dispendiosa. Mi è grato di trovare ne' magistrati attuali gli elementi che dovranno in gran parte entrare nella nuova formazione. Non dubito che essi non corrispondano alla fiducia che ho in loro riposta.

Réponse au duc de Carignano, président du Corpo della Città, orateur de la ville de Naples :

Ascolto con piacere i sentimenti della mia Città di Napoli : l'esperienza mi ha dimostrato quanto questo popolo era stato talvolta calunniato. Esso ed i suoi magistrati hanno fatto a gara per giustificare la giornaliera compiacenza, che provo nell'occuparmi di tutto ciò che può renderlo florido, quanto è stato ottimo. Se nelle difficili vicende della guerra abbiamo potuto far qualche bene, quanto non dobbiamo sperare dalle prospere vicine circostanze?

Mi è grato di aprire l'anno con queste dolci speranze.

(*Monitore napolitano.*)

178 bis. — *A Napoléon.*

Naples, 7 janvier 1808. — *Aut.*

Sire, j'adresse à V. M. un état exact des troupes en état de marcher.

Gaëte et les îles de Naples exigent un régiment : 29° ;

Tarente et Brindes un régiment : le 101° ;

Les Abruzzes un régiment : le 10°.

Naples a un régiment napolitain pour la police intérieure. Les Corses tiennent toute la Basilicate et la province d'Avellino : sans eux point d'impôts.

Les forts de Naples exigent 1.000 à 1.500 Français.

Six cents hommes de ma garde sont en Calabre. Il en reste 2.200 à Naples.

(Arch. Guerre, Naples, 9/1.)

179. — *A Napoléon.*

Naples, 5 février 1808.

Sire, j'ai l'honneur d'adresser à V. M. le rapport du ministre des Finances sur l'affaire de M. Ferrante, beau-frère de M. de Melzi. V. M. verra que M. Ferrante peut être payé quand il voudra de toutes ses rentes (1).

(AF iv 1714 D, *Reg.*)

(1) V. ci-dessus n° 14.

180. — A Masséna.

Carditello, 9 février 1808. — Aut.

J'ai reçu votre lettre, mon cher Maréchal, je suis bien aise toutes les fois que je sens que vous vous rappelez de moi et que vous me conservez tous vos bons sentiments ; je vous prie de me rappeler au souvenir de madame la Maréchale et de bien croire à tout mon attachement.

Votre affectionné ami.

(Arch. Essling.)

181. — Au chef d'escadrons de Clermont-Tonnerre (1).

Naples, 10 février 1808.

Vous vous rendrez, Monsieur, à Brindes, Otrante, Tarente ; vous direz au général Partouneaux de faire embarquer des blés pour approvisionner Corfou pour dix mille hommes pendant six mois ; il prendra ces blés où ils seront : les intendants les remplaceront aux propriétaires par des délégations sur les blés que j'ai à Foggia,

---

(1) Aimé-Marie-Gaspard, comte (puis duc) de Clermont-Tonnerre, né à Paris, 1779. Élève de Polytechnique 1799. Campagnes d'Italie et d'Allemagne (capitaine aide-de-camp de Mathieu Dumas). A Naples, chargé d'organiser la compagnie d'artillerie légère de la Garde royale, puis chef d'escadrons et adjoint à l'Etat-major de l'armée napolitaine (8 nov. 1807). Aide-de-camp de Joseph (1808), le suivra jusqu'à la chute de l'empire. C'est le futur membre du ministère Villèle (marine, puis guerre), où il fit œuvre active. Sur lui cf. C. Rousset, *Un ministre de la Restauration, le comte de Clermont-Tonnerre* (Paris, 1890), et la note de A. Chuquet, *Mémoires du général Griois* (I, 337).

Quelles qu'aient été ses opinions futures, c'était encore une des bonnes recrues de Joseph, qui en fait grand éloge à l'empereur (3 mars 1808, *Mém. du roi Joseph*, IV ; le roi y annonce précisément la lettre que nous publions).

à Ripalda, ils leur paieront les frais de transport jusqu'au lieu où on serait obligé de prendre ceux qui seraient embarqués.

Si le bataillon d'Isembourg n'est pas arrivé lorsque les frégates arriveront, un bataillon du 101º s'embarquera et Isembourg le remplacera.

Tout ce qui tient aux 6º, 14º, 2º et 5º italiens, officiers, artillerie, cavalerie, train, poudres, outils de pionniers, doit partir, profitant de cette occasion.

Brindes, Tarente doivent être fortifiés, l'île Saint-Paul surtout : vous les visiterez.

Si vous avez besoin d'argent, vous pourrez en distraire de l'envoi des 500.000 fr. en or qui se fait de Naples et des percepteurs des provinces.

Si la chose est indispensable, vous exhiberez le présent ordre.

J'entends que toute considération quelconque cède à la volonté que j'ai que rien ne manque pour l'approvisionnement de Corfou, et au départ de tout ce qui est nécessaire au moment de l'arrivée des frégates qui doivent escorter le convoi.

Votre affectionné.

(Comm. par le duc de Clermont-Tonnerre.)

182. — *Annotation sur une supplique de la commune de Bitonto* (1).

Naples, 17 février 1808. — *Aut.*

Le ministre des Finances entendra la députation de Bitonto. Je l'ai entendue moi-même et tout ce qu'elle

(1) La supplique (en italien) est adressée par les députés de la commune de Bitonto « contre les vexations auxquelles leur patrie a été soumise par le sieur Mariano Caputi, directeur de la contribution foncière » ; ils appellent le roi leur « père ».

m'a dit au-delà de ce qui est consigné dans le présent porte le caractère de la vérité. Il sera à propos d'envoyer un commissaire pour examiner la conduite du directeur et séparer ce qui est dû réellement par la commune de Bitonto selon ses facultés d'avec ce qui lui aurait été imposé par le directeur, en punition des prestations pécuniaires que cette commune avait eu la fermeté de ne pas donner ; *tout ceci prouvé* : il faut 1° décharger la commune de ce qui serait ultra ses moyens ; 2° envoyer le directeur Caputi (1) devant les tribunaux.

J'ai besoin de prouver deux choses : 1° que je sais gré aux universités qui comptent assez sur ma justice pour ne pas craindre de s'élever contre les fripons ; 2° que je sais punir sur le champ les gens qui abusent de leurs pouvoirs.

Faites-moi un rapport sur tout ceci (2).

(Papiers Rœderer.)

182 bis. — A Reynier.

Naples, 18 février 1808. — *Aut.*

Général, vous m'avez à plusieurs reprises demandé un congé pour retourner en France après la prise de Scilla et Reggio. Je vous l'ai accordé aujourd'hui que vous

---

(1) Ou Caputo (Mariano), comme il est désigné dans le décret (25 juillet 1807) le nommant directeur des contributions directes de 1re classe.

(2) Les opérations pour l'établissement de l'impôt foncier unique ayant été achevées en juillet 1807, l'état de la matière imposable fut remis audit directeur et le chiffre de la taxe qui en résultait égalait à peu près la somme payée l'année précédente pour les quatre *decime*. Au lieu de publier ces états, pour permettre les réclamations, le directeur demanda à la commune de l'argent pour les approuver. La commune lui fit remettre 160 D. Il en exigea 400 de plus et, comme elle n'en envoya que 50, sollicitant un délai pour le reste, Caputo doubla l'estimation faite pour Bitonto. « En beaucoup d'autres communes, il en a été de même. La province entière est imposée d'une moitié en sus de ce qu'elle doit. »

avez réussi aussi heureusement dans ces deux entreprises. Vous remettrez le commandement que je vous ai confié au général Maurice Mathieu, à qui j'ai donné mes instructions.

Vous recevrez à l'Etat-major, à Naples, le congé dont vous avez besoin.

Votre affectionné.

(Arch. Guerre, 9/1.)

183. — A Lamarque.

Carditello, 18 février 1808. — *Aut.*

Pressez le départ des 250.000 fr. en or (1), ordonnez les escortes, sachez me dire en arrivant ici s'ils sont partis, quand ils partent; il importe de faire fortement escorter ce convoi, il y a deux bandes de brigands à cheval dans la Pouille, de 30 hommes chacune.

Avez-vous envoyé un officier intelligent et résolu qui ne quitte plus les traces de cet affreux Pannetta (2) et qui fasse ce que fit Hugo (3); le temps est favorable, les montagnes s'étant recouvertes de neiges.

(Arch. Naples, Guerra 1048.)

184. — A Lamarque.

24 février 1808. — *Aut.*

J'approuve l'ordre du jour; demandez au ministre de la Marine ce dont vous avez besoin pour l'expédition; je

---

(1) Pour Corfou.
(2) Sur ce chef, cf. *Naples sous J. B.*, p. 145.
(3) Contre Fra Diavolo. C'est l'auteur des *Mémoires*, et le père du poète.

l'ai prévenu de cette disposition ; venez ce soir dîner avec moi et tâchez de pouvoir me dire que l'argent pour Corfou est parti.

(Arch. Naples, Guerra 1048.)

185. — *A Lamarque.*

Naples, 25 février 1808. — *Aut.*

1. — Il faut dire au général Digonet qu'il doit partir et arriver le plus tôt possible à Reggio.

2. — Avez-vous des nouvelles du général Strolz ? Les 250 Suisses sont-ils partis hier matin ?

3. — Sachez si le général Dedon a fait embarquer l'artillerie, les cartouches : quand partiront les bâtiments, combien sont-ils ? quelle est leur escorte ? quelle est leur garnison ?

4. — Sachez de M. de Livron (1) combien il y avait à Reggio, Scilla... (2), de barques, gondoles, de quelle portée, faites-lui ces demandes avec discrétion.

5. — Pourra-t-on facilement faire transporter l'artillerie par terre de Scilla à Reggio ?

(1) Baron, puis marquis Pierre-Gaston-Henry de Livron, né à Pau 1770, fils d'un brigadier major-général des carabiniers. Sous-lieutenant aux carabiniers de Monsieur 1786, capitaine 1789 ; quitta la France en septembre 1792, y reparut l'année suivante, pour ne pas être classé comme émigré ; la quitta presque aussitôt ; fut employé à l'armée d'Égypte, comme chef d'un corps franc de Grecs et de Mamelouks qui protégeait les arrivages de blé de la Haute-Égypte. Ensuite s'occupa de commerce à Livourne (fournitures de blé à l'armée d'Italie, à la Corse). Puis entra dans l'armée napolitaine, capitaine et adjoint à l'État-major (4 juin 1806. Chef d'escadron (mars 1807), passa aux chevau-légers de la garde (19 mars 1808). Sous Murat, il devint aide de camp du roi, capitaine des gardes, lieutenant-général (2 févr. 1814), toujours attaché à la cavalerie (commanda la cavalerie de la Garde dans la campagne de 1815). Fut mêlé aux négociations entre Murat et les Anglais et se vantait, plus tard, d'avoir suivi un parti « contraire aux vues de Napoléon ». Admis non sans peine au service de France, comme maréchal de camp (en retraite 1817, disponible 1821), il fut autorisé à passer au service du pacha d'Égypte 1824. Rentré en France 1827 ; mort 1831.

(2) Nom de localité illisible.

Je serai bien aise de vous voir dès que vous saurez tout cela (1).

(Arch. Naples, Guerra 1048.)

186. — *Au général Duhesme.*

Naples, 26 février 1808.

Général, je reçois la lettre par laquelle vous voulez bien me faire l'éloge du 1er régiment de ligne et de l'escadron de chasseurs napolitains (2). Il m'a été très agréable d'apprendre par vous-même que ces deux corps étaient sous vos ordres et que vous vouliez bien continuer les soins que vous leur avez déjà donnés.

Agréez, Général, mes remerciements, l'assurance de mon souvenir et de ma parfaite estime.

Vous connaissez mon attachement pour vous.

(Arch. Guerre, Naples 1808.)

187. — *A Clermont-Tonnerre.*

Naples, 26 février 1808.

Je reçois votre lettre du 21, j'applaudis à votre activité; ne retenez pas cependant dans les caisses plus de fonds qu'il ne vous en faudra, sans quoi le service du Trésor serait arrêté.

M. Guye (3), un officier de la Garde impériale (4), ont

---

(1) Les préparatifs sont évidemment relatifs à l'expédition de Sicile.
(2) Alors dans la division Duhesme, corps Gouvion-Saint-Cyr, en Catalogne.
(3) Guye (Nicolas-Philippe). Né à Lons-le-Saunier 1773, mort à Saint-Dié 1845. Enrôlé 1792, capitaine puis chef de bataillon (1803) au 4e de ligne (le régiment de Joseph), major dans la légion corse 1807, colonel et aide-de-camp de Joseph la même année, le suit en Espagne où il fut fait maréchal-

été expédiés par moi pour Otrante, vous pouvez leur confier vos dépêches.

Dites-moi en quel état se trouvent les batteries de Saint-Paul et de Saint-Vit, et celles du fond de la rade qui défendent le mouillage des plus gros vaisseaux.

Partagez-vous avec M. Guye et ne vous trouvez pas ensemble dans le même port, que l'un soit à Tarente et l'autre à Otrante et Brindes (1).

(Comm. par le duc de Clermont-Tonnerre.)

188. — A Lamarque.

Naples, 26 février 1808. — *Aut.*

Faites payer au général Digonet la même gratification que vous avez dû envoyer aux autres généraux employés en Calabre.

(Arch. Naples, Guerra 1048.)

189. — A Lamarque.

Naples, 28 février 1808.

Je désire que tous les corps de l'armée, n'importe de quelle nation, fassent des visites de corps à l'ambassa-

---

de-camp (1810), gouverneur de diverses provinces, marquis de Rio Milano. Campagne de France, dans la Jeune Garde à Waterloo, commandant de la Flèche 1825. C. Rousset, *le Comte de Clermont-Tonnerre* (p. 63), le dépeint comme « très honnête et très brave officier, mais le plus indécis et le plus malchanceux des hommes ».

(4) Le capitaine de frégate Roquebert, qui fit à Joseph l'impression d'être « très décidé et très intelligent ». (Joseph à Napoléon, 25 février 1808, *Mém.*, IV.)

(1) On attendait l'arrivée d'une flotte française, qui devait ravitailler Corfou et, subsidiairement, protéger un débarquement en Sicile.

deur de France que je reçois aujourd'hui. Faites-lui rendre les honneurs qui lui sont dus (1).

Sachez me dire si vous avez des nouvelles du général Merlin (2); si vous n'en avez pas, donnez ordre au général Strolz de se tenir prêt à partir demain pour la Calabre; dans ce cas je désire le voir après la messe.

Le général Reynier me mande que sa santé lui fait désirer de quitter les Calabres; je vous ai déjà autorisé à lui expédier un congé pour la France, que je suis disposé à approuver (3).

L'adjudant-commandant Millet (4), qui a été blessé à Reggio, demande la même autorisation; faites la même chose pour lui.

(Arch. Naples, Guerra 1048.)

190. — *A L. Reynier, commissaire du roi en Calabre.*

Naples, 28 février 1808. — *Aut.*

Je reçois, Monsieur, votre lettre du 20. Je désire que vous prolongiez encore votre séjour en Calabre, étant convaincu que votre présence y est encore nécessaire. J'approuverai toutes les mesures qui me seront proposées par les différents ministres d'après vos demandes, pour vous mettre dans le cas de ne laisser aucun sujet

---

(1) L'ambassadeur, Hector, duc d'Aubusson de La Feuillade, se plaignait précisément dans sa correspondance qu'on ne lui avait pas rendu d'honneurs militaires et que les généraux ne venaient pas le voir.

(2) Christophe-Antoine Merlin (1771-1839), le frère du conventionnel Merlin de Thionville. A l'armée de Naples, il commanda successivement à Ischia, sur la côte de Sorrente-Castellamare, plus tard à Chieti. A la date de la lettre, il devait être à Salerne. Joseph le nomma son écuyer et divisionnaire (9 juin 1808).

(3) Reynier demandait seulement à venir se reposer à Naples, mais il avait vivement mécontenté le roi au sujet de la capitulation de Reggio.

(4) Millet de Villeneuve (Armand), né à Paris 1772, mort à Versailles 1840. C'est le futur chef d'état-major de l'armée de Murat.

de plainte après vous, en faisant acquitter toutes les dépenses qui auront été faites jusqu'à la fin de votre mission.

*Vous ne devez pas douter du désir que j'ai de ne pas vous laisser sans occupation dès que vous aurez fini entièrement la mission que vous avez bien faite.

Votre affectionné *.

(Comm. par Mme la comtesse Reynier.)

190 bis. — A Reynier.

Naples, 28 février 1808.

Général, je reçois votre lettre du 20. Lorsque vous recevrez celle-ci, le général Maurice Mathieu sera déjà arrivé. Vous lui aurez remis le commandement des troupes et vous serez à même de quitter les Calabres selon votre désir.

Vous avez rempli une tâche longue et pénible et vous ne devez pas douter de l'empressement que j'ai mis à rendre compte à l'Empereur de vos services (1) et du plaisir que j'aurai toujours à vous en témoigner ma reconnaissance.

Votre affectionné.

(Arch. Guerre, 9/1.)

191. — A Lamarque.

Février 1808 (2).

1° Envoyer un adjoint au général Partouneaux en le

---

(1) Les lettres de Joseph à l'empereur, à propos de l'incident de Reggio, sont tout au contraire des moins bienveillantes. Fort vite, le roi se calma, et Reynier, récompensé par des distinctions et par une dotation, exprimait à Joseph, lors de son départ, une gratitude qui paraissait sincère.
(2) Tout le contenu de la lettre s'applique au mois de février 1808. La

prévenant de faire préparer tout ce qui peut être expédié d'Otrante et de Brindes en soldats, munitions, chevaux; tout doit être prêt pour mettre à la voile au signal qui leur sera donné par les frégates de Corfou, qui ont ordre de se rendre dans le canal et de se faire voir de ces deux places.

Lui prescrire d'envoyer tout ce qu'il pourra, en blé surtout, qui, étant abondant dans la province, peut être transporté facilement dès qu'on aura l'assurance que la mer est libre. Envoyez les fonds à Corfou, qu'il ne reste rien de ce qui est destiné à Corfou dans la Pouille.

2° Que le général Partouneaux fasse observer les lois et règlements de santé.

3° Donner avis au général Salligny (1) par un courrier extraordinaire que le général Maurice Mathieu part pour le remplacer, qu'il se mette en route de son côté en laissant le commandement de son corps d'armée au général de brigade du jour; son escorte servira au général Maurice, qui lui donnera celle qui l'aura accompagné jusqu'à leur rencontre.

Qu'il donne l'ordre à mon aide de camp Clary de se mettre en route pour Naples avec les vélites qu'il commande.

4° Donner les ordres correspondants à ceux-là au général Maurice. Ce général prendra d'abord le commandement du corps du général Salligny dans la Calabre citérieure; après la prise de Scilla, le général Reynier devant se mettre en route, le général Maurice le remplacera dans son commandement; il laissera, en allant le

capitulation de Reggio, qui fut la vraie raison du remplacement de Reynier par Maurice Mathieu, est du 2 et la prise de Scilla du 15.

(1) Salligny ou Saligny (Charles). Né à Vitry-le-François 1772, mort à Madrid 1809. Sous-lieutenant de volontaires 1791, chef de bataillon 1795, général de brigade 1800, de division 1805, colonel-général de la Garde de Joseph à Naples. Il avait épousé, en 1805, Rosine Anthoine de Saint-Joseph, nièce de Julie Bonaparte (une fille, née en 1806, fut baptisée Moïna, du nom de l'héroïne du roman de Joseph).

prendre, celui de la Calabre citérieure au général du jour, qui l'exercera jusqu'à l'arrivée du général de division qui y est destiné.

Le général Maurice fera réparer et fortifier Scilla le plus possible, du côté de la mer surtout.

(Passage barré où il l'autorisait à mettre le château de Reggio en état.)

5° Les généraux Campredon et Dedon doivent envoyer chacun quatre officiers d'artillerie et du génie à Corfou; sont-ils partis? qu'ils partent.

6° Faire mettre en état les batteries de Brindisi et d'Otrante.

7° Consulter le général Partouneaux sur M. Martin, commandant à Fondi.

Donner l'ordre à Strolz de revenir et à Franceschi de partir dans le moment.

Le général Partouneaux fera passer les chevaux de l'artillerie, quels que soient les ordres reçus jusqu'à ce jour.

(Arch. Naples, Guerra 1048.)

192. — A *Clermont-Tonnerre.*

Naples, 3 mars 1808.

Je n'ai reçu qu'hier soir votre lettre du 25, il aurait fallu m'envoyer un courrier.

Je n'ai aucune nouvelle de l'amiral Ganteaume (1). J'ai envoyé à ce général deux lettres du ministère de la Marine de France, qui lui prescrivent ce que je vous avais chargé de lui dire ; un officier de marine est porteur de l'une (2), M. Guye de l'autre ; ils ont dû se diriger sur Otrante.

(1) Ganteaume, arrivé le 23 février à Corfou, en était reparti le 25 et, pendant dix-neuf jours, croisa dans le canal d'Otrante par un mauvais temps qui l'empêcha de poursuivre aucune voile.

(2) Le capitaine de frégate Roquebert. La lettre, dont il était porteur, est

Dans cet état des choses, si, lorsque vous recevrez cette lettre, le contre-amiral Cosmao se trouve encore à Tarente, il me paraîtrait qu'il devrait envoyer à Corfou les bâtiments armés en flûte et la gabarre chargés de munitions de guerre ; la poudre est aujourd'hui l'objet le plus essentiel pour cette place.

Il serait dans la lettre de ses instructions en les accompagnant sur le cap de Ste-Marie, où il est aujourd'hui douteux que l'amiral le rejoigne après vingt jours d'intervalle ; de là à Catane il n'y a qu'un pas ; tout est prêt à Reggio, quant aux troupes de terre ; mais les transports sont très faibles. On avait compté sur les bâtiments légers de l'escadre, qui presque tous sont restés avec l'amiral Ganteaume ; je crois que le contre-amiral doit avoir doubles embarcations : c'est à lui à juger, d'après la position des forces ennemies et le temps qu'il faut, s'il doit s'approcher de Reggio, d'où dix mille hommes auraient bientôt franchi le détroit sous sa protection : c'est la seconde partie de l'opération confiée à l'amiral Ganteaume.

Et si j'avais nouvelle que cet amiral ne fût pas en mesure de se rendre au point de rendez-vous qu'il a indiqué (le cap de Sainte-Marie), il n'est pas douteux que j'engagerai de toutes mes forces le contre-amiral Cosmao à faire seul ce qu'il devait faire avec la totalité de l'escadre, sans compromettre sa division, pas plus que l'amiral ne devait compromettre son escadre, l'un et l'autre devant : 1° avoir en vue le ravitaillement de Corfou, 2° le passage du détroit de Messine par l'armée française sous leur protection, autant qu'ils jugeraient pouvoir accorder cette protection sans compromettre la sûreté de leurs vaisseaux ; l'amiral étant juge des risques qu'il courrait

---

textuellement celle qui est reproduite dans la lettre de Joseph à Napoléon, 6 mars 1808. (*Mém. du roi Joseph*, IV.) Ganteaume en accuse réception, dans son rapport du 14 mars à l'empereur (Arch. Marine, BB⁴ 271, f. 13). Il disait avec raison qu'elle l'obligeait à se mettre en sûreté.

en appuyant l'opération de la Sicile, il n'est pas douteux que le contre-amiral a aussi la même latitude.

Je dois cependant observer que, s'il perd l'espoir d'être rejoint par l'amiral après une séparation de 25 jours, l'ennemi dont il a été reconnu pourra le bloquer à Tarente et que, Corfou ravitaillé par les deux bâtiments qui sont avec lui, il lui convient de rentrer et d'être plutôt bloqué, s'il le faut, à Naples ou à Baia qu'à Tarente, en risquant chemin faisant, passant le détroit, d'opérer le passage de la division de terre prête à Reggio, et par là acquérant la Sicile, et faisant lui seul tout ce que l'on pouvait espérer de l'escadre réunie. Cette séparation pourrait même être un bonheur si la 1re division, ayant attiré toute l'attention de l'ennemi, elle laissait à la seconde la liberté d'envoyer à Corfou de la poudre et d'opérer le passage du détroit.

Je vous autorise à communiquer ma lettre au contre-amiral Cosmao ; je pense que dans des circonstances imprévues il faut prendre conseil de la circonstance dans laquelle on se trouve : au reste, lorsque vous recevrez cette lettre, les choses ne seront peut-être plus dans l'état où elles étaient le 25.

Je vous envoie des lettres pour que vous fassiez fournir à l'escadre tout l'argent et les objets dont elle pourra avoir besoin.

(Comm. par le duc de Clermont-Tonnerre.)

193. — A *Clermont-Tonnerre.*

Naples, 7 mars 1808.

J'ai reçu, Monsieur, votre lettre et toutes les pièces qui l'accompagnaient, j'ai été très satisfait du rapport que vous m'avez envoyé, je désire que vous restiez à

Tarente tant qu'il y aura un bâtiment de guerre français.

J'ai fait donner l'ordre pour qu'on fît réparer Gallipoli et j'ai approuvé les autres mesures que vous m'avez proposées pour cette ville.

(Comm. par le duc de Clermont-Tonnerre.)

194. — *A Lamarque.*

Naples, 8 mars 1808. — *Aut*

Je suis instruit que le commandant de Portici a fait arrêter le syndic de la Barra et celui de San Giorgio a Cremona, d'après l'ordre du colonel du 52e (1).

Mandez ces deux officiers, interrogez-les et rendez-moi compte de cet acte arbitraire de leur part; ils doivent se plaindre, mais non arrêter des magistrats au mépris de toutes les lois et de l'ordre exprès contenu dans mon décret du 4 janvier dernier (2).

J'ai eu connaissance aussi d'un jugement rendu par le 1er conseil de guerre de Naples contre le gouverneur de Marigliano ; ce conseil s'est mêlé de ce qui ne le regardait pas; faites-vous rendre compte de ce jugement ; demandez des renseignements sur M. Bailli, rapporteur de ce conseil et officier du 2e d'artillerie, faites-moi un rapport sur cette affaire.

Mettez à l'ordre de l'armée que les conseils de guerre

---

(1) Le colonel du 52e est alors Pastol (Yves-Marie), né à Guingamp 1770, volontaire 1791 (fit les guerres de l'Ouest), colonel 22 frimaire an VIII, resta au 52e jusqu'à sa nomination comme général de brigade 1809. Tué à Neukirch 1813.

(2) Décret du 4 janvier 1808 : rappelle à l'observation de la loi du 8 août 1806, établissant que les Intendants seuls peuvent, provisoirement, suspendre un syndic (maire) ou un élu (adjoint) et que le Conseil d'Etat seul peut décider de leur mise en jugement. « Aucune autorité quelconque, civile ou militaire, ne pourra en conséquence procéder à l'arrestation d'un syndic ou élu pour manquement dans l'exercice de leurs fonctions. »

ne doivent jamais juger d'autres individus que les militaires.

Ce jugement, avant d'être mis à exécution, aurait dû être approuvé par le général commandant la division, et vu à l'Etat-Major général.

(Arch. Naples, Guerra 1048.)

195. — A Clermont-Tonnerre.

Naples, 10 mars 1808.

L'amiral Ganteaume est arrivé à Corfou le 23, il en est reparti le 24. On le croyait à la hauteur de Zante le 2 mars.

M. Rœderer (1) a été porteur d'une lettre de l'amiral qui prescrivait au contre-amiral Cosmao de le rallier ; cette lettre doit être parvenue au contre-amiral le 4 mars, il sera parti : il est dans l'ordre des choses possibles que toute l'escadre vienne à Tarente, continuez à faire travailler une batterie et mandez-moi par des courriers les nouvelles qui peuvent m'intéresser.

(Comm. par le duc de Clermont-Tonnerre.)

196.— Au prince de Bisignano, directeur de la Caisse des Rentes.

S. Leucio, 1er avril 1808. — Aut.

La rectitude de vos intentions et la justesse de votre esprit me sont trop connues, Monsieur, pour que je

(1) Pierre-Louis Rœderer, né à Metz 1780, mort à Paris 1834; fils du ministre. Aide de camp du roi, il venait d'être envoyé en mission à Corfou, en était parti le 2 mars avec des lettres de Ganteaume pour Joseph (qui les reçut le 10) et, sans doute, celle dont il est ici question, pour Cosmao ; datée du 25 février, elle ne parvint à destination que le 7 mars. (Cosmao à Decrès, Arch. Marine BB¹ 272, f° 14.)

puisse craindre que vous prêtiez l'oreille aux demandes de fonds qui pourraient vous être faites par des ministres n'importe pour quel objet ; cependant je suis bien aise que vous puissiez dire que je vous en ai fait la défense la plus expresse : la Caisse des Recettes est un dépôt sacré entre des mains immaculées ; elle ne doit s'ouvrir qu'à la minute indiquée par la loi aux créanciers de l'État, selon la date et la forme prescrites.

(Papiers Rœderer.)

197. — A Masséna.

Naples, 12 avril 1808. — *Aut.*

J'ai reçu, mon cher Maréchal, votre lettre. J'ai été bien aise d'apprendre que l'Empereur vous donne un nouveau gage de son affection (1), il est bien mérité et personne n'y prend plus de part que moi ; croyez à mon sincère et inaltérable attachement.

Votre affectionné ami Joseph.

J'ai établi un ordre, je désire que l'Empereur vous accorde la permission de le porter ; vous ne devez pas douter du désir que j'ai de me rappeler ainsi à votre souvenir (2).

J.

(Arch. Essling.)

198. — A Napoléon.

Caserte, 25 avril 1808.

Sire, j'adresse à V. M. le rapport qu'elle a désiré sur

(1) Créé duc de Rivoli (19 mars 1808).
(2) Cette lettre touche à un point intéressant : le reproche d'ingratitude adressé à Joseph pour n'avoir pas décoré de son ordre Masséna, à qui il devait tant. On peut se demander, après l'avoir lue, si le refus vint bien du roi, ainsi que l'affirme Girardin dans ses *Mémoires*.

M. Ludolf, ancien envoyé de Naples à Constantinople (1).
(AF iv 1714 D. *Reg.*)

199. — *A Napoléon.*

Caserte, 27 avril 1808. — *Aut.*

Sire, je reçois la lettre de V. M. du 15 (2). Les Anglais se fortifient à Messine ; cependant il paraît qu'ils viennent de faire partir 4.000 hommes pour Gibraltar.

4.000 hommes, aussi Anglais, sont arrivés en Sardaigne.

V. M. veut-elle que je donne l'ordre des Deux-Siciles aux officiers supérieurs dont la note est ci-jointe ?. Veut-elle que j'en restreigne le nombre à 50, à 25 ? Trouve-t-elle bon que M. Rœderer puisse porter cette décoration (3) ?

Les affaires d'Espagne nous paraissent ici bien embrouillées ; nous sommes dans l'expectative de ce que fera V. M. Les esprits en sont un peu inquiets.

(Arch. Guerre, 9/1.)

200. — *Au secrétaire d'Etat Ricciardi.*

Naples, 25 mai 1808.

Parto nel momento per l'Alta Italia ; è probabile che

---

(1) C'est le rapport adressé par Gallo, le 20 avril 1808 (en ital.), AF iv 1685. Le comte Constantin Ludolf, fils d'un Allemand établi à Naples au temps de Charles III et nommé à la légation de Constantinople, avait succédé à son père ; il avait épousé une *camerista* de la reine. Sébastiani lui proposa de garder son poste au nom de Joseph : il refusa (Sébastiani à Gallo, 12 sept. 1806, *Ibid.*). La note le dit homme d'honneur, instruit et distingué. — La Société historique de Naples a hérité en 1907 d'une partie de ses papiers.

(2) L'empereur était à Bayonne depuis la veille et y attendait le prince des Asturies et « l'infortuné Charles IV », ayant déjà plusieurs divisions en Espagne.

(3) Napoléon refusa assez longtemps cette permission.

la mia assenza sarà di un mese (1). Ho incaricato il S.' Ferri Pisani, Sopraintendente delle Poste, di spedirmi ogni giorno un corriere; a lui dovete rimettere tutte le carte del Consiglio di Stato e dei Ministri che sigiudicassero di natura a meritare di essere a me note avanti il mio ritorno. Prevenite di queste disposizioni i diversi Ministri, il Segretario del Consiglio di Stato ed i Presidi delle Sezioni.

Resto aff. *mo*. Giuseppe.
(*Diairo napoletano*.)

201. — *Au duc de Noja*.

Parme, 28 mai 1808. — *Aut*.

Si M. le Prince Gerace (2) vous a remis des boîtes ornées de diamants, avec mon portrait, je désire que vous remettiez la plus riche à M. le maréchal Pérignon, gouverneur général des Etats de Parme, de ma part (3).

Je vous attends à Turin, pressez donc un peu vos chevaux.

(Comm. par le marquis di Gregorio.)

202. — *A Rœderer*.

Bayonne, 14 juin 1808. — "*Aut*.

J'ai reçu votre lettre du 3 qui me tranquillise sur

---

(1) Joseph s'efforça de prolonger le plus tard possible l'idée qu'il devait revenir : c'est apparemment l'unique raison pour laquelle il fit venir la reine Julie, si peu de temps avant son départ.

(2) Chambellan, en même temps que directeur de la Caisse d'Amortissement.

(3) Pérignon devait remplir en quelque sorte l'intérim entre Joseph et Murat. En avait-il été déjà question et y a-t-il une intention dans ce don, ou seulement souvenir de sa visite à Naples, comme délégué du Sénat ?

l'inquiétude que le public avait montrée en se portant à la Banque. Je pense que les événements ultérieurs et le travail dont je m'occupe ici pour le royaume de Naples (1) ramèneront tout à fait la confiance et consolideront l'ouvrage du crédit public.

* Les affaires sont décidées ici, rien n'est encore fini*.

(Papiers Rœderer.)

202 bis. — A Rœderer.

Bayonne, 19 juin 1808.

Voici une demande de M. Ricciardi (2), que je lui ai accordée. Je voudrais faire quelque chose de plus pour lui. Si vous pouviez retirer les billets qu'il a souscrits, en tout ou en partie, je serais charmé de lui prouver mon intérêt et ma satisfaction pour sa conduite et son caractère. Ainsi je m'en rapporte à tout ce que vous ferez et je l'approuve d'avance.

(*Scritti e documenti varii di Fr. Ricciardi.*)

203. — A Rœderer.

Bayonne, 19 juin 1808. — *Aut.*

... Je ne sais pas si vous avez oublié l'acception (*sic*) que vous avez donnée à La Murra (3) dans une conversation que j'ai eue avec vous sur ma terrasse; vous savez combien cette personne m'intéresse et je serai charmé que les affaires puissent s'arranger de manière à ce

---

(1) Evidemment le *Statut Constitutionnel.*
(2) Fr. Ricciardi, ministre secrétaire d'Etat.
(3) Vittorio La Murra, Trésorier général des recettes. Joseph, en route pour Bayonne, lui avait adressé un « paquet » fort important et exprimait le désir qu'il pût venir en Espagne. (A Rœderer, 2 juin 1808, *Œuvres de Rœderer*, IV, 17.)

qu'elle puisse me suivre. Ses occupations ne peuvent pas le lui permettre encore de quatre à cinq mois.

(Papiers Rœderer.)

204. — *Aux Peuples du Royaume de Naples* (1).

Bayonne, 20 juin 1808.

Popoli del Regno di Napoli.

La Provvidenza, i di cui disegni ci sono ignoti, avendoci chiamati al trono delle Spagne e dell' Indie, ci siamo veduti nella crudele necessità di allontanarci da un popolo che abbiamo tante ragioni di amare, e la di cui felicità era divenuta la più cara speranza del nostro cuore, e l'unico scopo della nostra ambizione. Quegli che solo legge nel cuore degli uomini, può solo giudicare della sincerità di questi nostri sentimenti, non ostante i quali abbiamo ubbidito ad altri impulsi, ed abbiamo accettato il peso, che ci è stato addossato per mezzo della cessione stataci fatta de' dritti acquistati sulla corona delle Spagne da S. M. l'Imperatore de' Francesi e Re d'Italia, nostro augusto fratello.

In questa solenne circostanza, riflettendo che le istituzioni sole rimangono, ci siamo avveduti con qualche pena che la vostra sociale organizzazione, da Noi intrapresa, non trovavasi ancora ultimata, ed abbiamo pensato che più ci allontanavamo da voi, più ci correva l'obbligo di

---

(1) La participation de Joseph à ce manifeste, qui est un véritable exposé de principes, ne nous paraît pas douteuse. Il ne s'est pas borné à signer une réplique de la Constitution espagnole : celle-ci notamment n'a point de préambule. Les regrets exprimés par Joseph sont confirmés par ses lettres à Rœderer, les principes énumérés le sont par toute l'œuvre accomplie à Naples. Le marquis de Gallo, son ministre des Affaires étrangères, est le seul qui ait pu contribuer à la rédaction : le parti français lui attribua l'article réservant les emplois aux Napolitains.

assicurare, con tutti i mezzi che sono in nostro potere, l'attuale e futura vostra felicità. Quindi abbiamo messa l'ultima mano alla nostra opera col completare lo Statuto Costituzionale del regno su le basi già in parte stabilite, e nel modo più adattato a' tempi ne' quali viviamo, alla situazione reciproca delle nazioni vicine, ed all'indole della nazione, della di cui conoscenza ci siamo più particolarmente occupati dall'istante che abbiamo assunto l'obbligo di governarla il meglio che ci è stato concesso di fare dalle circostanze, nelle quali ci siamo trovati.

Le mire principali, che ci hanno diretti in questo travaglio, sono state:

1º La conservazione della nostra santa Religione.

2º La creazione di un tesoro pubblico distinto e separato dal patrimonio della Corona.

3º La creazione di un corpo intermedio, e di un parlamento nazionale capace d'illuminare il Principe, e di rendergli preziosi servizî col rendersi utile alla nazione.

4º Una organizzazione giudiziaria, che renda i giudizî de' tribunali indipendenti dalla volontà del Principe, e che uguagli tutti i cittadini avanti la legge.

5º Un' amministrazione municipale che non sia la proprietà di veruno, e sia l'obbligo di tutti.

6º La garantia degli stabilimenti che abbiamo fatti, onde i creditori dello Stato siano fedelmente pagati de' loro averi, e quindi fra poco si possa realizzar la speranza, che abbiamo concepita, di vedere interamente pagati i debiti, de' quali abbiamo trovato lo stato aggravato nel nostro avvenimento al Trono.

L'Imperatore de' Francesi Re d'Italia, nostro augusto fratello, avendo voluto interporre l'autorevole e potente sua garantia a quest' atto, che tanto importa al nostro cuore, siamo accertati che le nostre speranze pel bene de' nostri amatissimi popoli del regno di Napoli non saranno deluse, riposando nel seno illibato della sua immensa gloria.

Giuseppe.

(*Bullettino delle Leggi del regno di Napoli et Monitore.*)

205. — *Ai signori Consiglieri di stato.*

Bayonne, 23 juin 1808.

Ho autorizzato il ministro di Giustizia a riunirvi per sentire la lettura del proclama e dell'atto costituzionale, che ho giudicato dover ultimare nelle straordinarie, e decisive circostanze nelle quali mi trovo. Mi sarebbe stato più grato di discutere con voi tutte le disposizioni di quest'atto importante, come con mia somma soddisfazione e compiacenza tante volte è accaduto per lo bene, e l'utile della nazione. Sono convinto però che troverete in quest'atto li principi che spesso vi ho manifestati, e che lo stimerete idoneo a conservare il poco bene che mi è stato concesso di fare, ed a preparare e promuovere altre sorgenti di privata e pubblica prosperità. Gli uomini passano, restano le sole istituzioni; e le nazioni con esse educate, da esse più che da' Principi sono innalzate a gradi superiori di forza, e di prosperità.

Il tempo potrà migliorare le basi legislative che ora presento alla nazione, ove non ne ho trovato stabilità alcuna.

I Principi che regneranno dopo di me in tempi più felici potranno far meglio; nessuno però vi apporterà più amore, nessuno avrà maggiore stima dell'indole nazionale. Devo ripetere a gloria della nazione, che verun individuo, al quale io abbia accordata la mia fiducia, non l'ha tradita, malgrado le guerre interne, ed esterne, in mezzo alle quali ho vissuto, e le passioni che necessariamente da queste circostanze sono destate. La conoscenza di questa verità mi ha fatto dire spesso, che riesce più facile il calunniare, che il conoscere le nazioni; e perchè io vi ho ben conosciuti, sarà sempre in me vivo il dolore di allontanarmi da voi, e il desiderio della vostra felicità e della vostra gloria ; e se qualche cosa può essermi di consolazione è la certezza nella quale sono che siete convinti di questi miei sentimenti.

Giuseppe.

(*Monitore napolitano.*)

206. — A Masséna (1).

Bayonne, 28 juin 1808. — " *Aut.*

M. le Maréchal, je reçois la lettre que vous avez bien voulu m'écrire le 20. Je vous prie de croire que je suis très sensible aux marques que vous me donnez de votre intérêt et de votre attachement dans cette circonstance.

Agréez, mon cher Maréchal, ma bien sincère amitié.

(Arch. Essling.)

207. — A Saliceti.

Bayonne, 5 juillet 1808.

Je reçois votre lettre du 25 ; je vous ai déjà écrit pour ce qui vous regarde : l'acte constitutionnel ne me laisse pas la latitude de disposer des places importantes en

---

(1) Les rapports entre Joseph et Masséna paraîtront une fois de plus moins tendus qu'on ne pourrait le croire. Dans une autre lettre, du 5 novembre 1808, de Vittoria (Arch. Essling, Famille, II, 104), au sujet du grave accident de chasse arrivé à Masséna, Joseph l'assure de tout son attachement « que vous connaissez depuis longtemps et qui est toujours le même. »

Espagne, et je vois avec regret que je ne vous offrirais rien que vous dussiez accepter.

L'Empereur, d'un autre côté, veut que vous restiez à Naples, et il vous sera difficile de ne pas lui obéir; vous savez que c'est l'esprit de ma conduite, vous ne trouverez donc pas étrange que je vous donne le conseil que je prends pour moi. Vous ne devez pas douter de mon amitié pour vous et je désire que vous vous rendiez utile à Naples, plutôt que d'aller vous enfouir dans la retraite. Vous verrez d'ailleurs comment les choses iront, et vous serez à temps toujours de vous retirer. C'est au reste ce qui n'arrivera pas, parce que vous serez mieux que vous ne pensez. Pour moi il me convient mieux que vous restiez dans les affaires que d'en sortir.

Ne doutez pas, mon cher Saliceti, de mon sincère attachement.

Votre affectionné (1).

(AF IV 1714 A.)

---

(1) Cette lettre accompagnait en copie la lettre suivante de Saliceti à l'empereur, Naples, 20 janvier 1809, *Aut.* (AF IV 1714 A), faisant part de sa démission :

Sire,

M. le duc de Padoue m'a écrit le 21 du mois dernier une lettre que je n'ai reçue que ce matin.

Elle m'annonce que la volonté de V. M. I. et R. est que je me démette de la place de ministre de la Guerre. J'ai l'honneur de prévenir V. M. que ses ordres ont été exécutés. J'ai remis aujourd'hui, entre les mains du roi des Deux-Siciles, non seulement ma démission du ministère de la Guerre, mais aussi celle de celui de la Police générale.

Les fonctions de cette dernière place reposant sur la confiance et ayant eu le malheur de perdre celle dont V. M. m'avait honoré, j'ai senti qu'il m'était impossible de pouvoir les remplir avec quelque espoir de succès.

Je me suis rendu à Naples d'après l'ordre de V. M., que M. le prince de Bénévent, alors ministre des Relations extérieures, me transmit. J'y suis resté également par l'ordre de V. M., qu'elle trouvera consigné dans la copie de la lettre ci-jointe que S. M. le roi de Naples m'a fait l'honneur de m'écrire de Bayonne, le 5 juillet dernier.

Sire, dans l'exercice de mes fonctions, je n'ai jamais consulté que mon devoir, les intérêts de V. M. et la gloire du souverain, auquel elle avait eu la bonté de m'attacher. Le roi, pour se diriger, n'a jamais eu besoin de mes conseils, et toutes les fois que j'ai eu occasion de donner mon avis dans les affaires dépendant des fonctions que j'avais à remplir, je n'ai eu en vue que l'intérêt public.

Les calomnies dont on s'est servi pour noircir ma conduite dans l'esprit de V. M. sont trop basses et trop absurdes pour que je puisse avoir besoin de me justifier.

Que V. M. daigne ordonner une enquête sur ma conduite dans ce royaume; qu'elle appelle sur mes opérations le jugement du public : j'ose lui garantir d'avance que je ne le redoute pas.

Quel que puisse être mon sort, je m'y soumets sans me plaindre, mais je demande à V. M. la permission d'en appeler à sa justice mieux éclairée.

Je suis avec un très profond respect de V. M. le très humble et très obéissant serviteur et sujet, Saliceti.

Saliceti, qui partait avec les regrets de Murat (: « Je désire que ce changement n'amène aucun trouble », écrivait Murat à Napoléon, 20 janvier 1809. AF IV 1714 A), revint de Paris complètement justifié. L'empereur se serait même étonné qu'il n'eût pas encore reçu une terre ou un titre.(Murat à Napoléon, 20 septembre 1809, AF IV 1714 A.)

LETTRES SANS DATE

208. — A C. Berthier. — Aut.

Le chef d'Etat-Major écrira aux chefs des trois corps d'armée que mon intention est qu'aucun militaire ne fasse de proclamation aux habitants du royaume de Naples.

(AF IV 1714 B.)

209. — A C. Berthier. — Aut. (1).

Je ne me suis pas trompé. La Calabria Ultra est celle dont Catanzaro est la capitale. La Citra est celle dont

(1) Ce billet offre l'intérêt de confirmer l'exactitude d'un des traits cités par de Ségur (*Hist. et Mém.*, II, 556), comme exemple de l'incapacité de César Berthier.

Cosenza est la capitale. Rectifiez sur le champ cette erreur.

(F⁴⁰ 88314.)

210. — *A Lamarque.* — *Aut.*

Les vues exposées dans le rapport me paraissent très justes, je pensais même que la plupart de ces travaux étaient exécutés, je désire que vous donniez les ordres nécessaires aux commandants du génie et de l'artillerie pour les faire exécuter : il faut être tranquille sur ce point des îles (1), pour la sûreté duquel on a trop fait pour le négliger aujourd'hui.

(Arch. Naples, Guerra 1048.)

211. — *Note sur une requête de la maison de commerce André et Forquet, de Naples* (2). — *Aut.*

Renvoyé au ministre des Finances afin qu'il fasse poursuivre le payement de la quote-part imposée à l'exposant; son titre d'originaire français est une obligation de plus à donner l'exemple de l'obéissance : M. Forquet doit cesser d'être le chef d'un parti, qui est opposé aux mesures qui me sont dictées par les besoins et le bien de mes peuples. Il doit connaître mon opinion à son égard et le ministre me rendra compte particulièrement de la

---

(1) Du golfe de Naples.
(2) Ces négociants exposaient qu'ils étaient grevés de 1,400 ducats dans la nouvelle taxe imposée aux négociants (évidemment l'emprunt forcé de 1,200,000 ducats, décrété en juillet 1806). Or, en 1799, à la rentrée des royalistes, ils avaient subi un « horrible pillage », une perte de près de 50.000 ducats. Ils sollicitaient d'être déchargés et invoquaient leur qualité de Français.

conduite que tiendra dans cette circonstance la maison Forquet.

(Papiers Rœderer.)

212. — *A Saliceti.*

... Je suis informé que, malgré les ordres que vous avez donnés, il existe encore dans les provinces des commissaires de police qu'aucune loi ou décret n'a établis. Ces fonctions sont même exercées en plusieurs endroits par les commandants des gardes provinciales...

(AF IV 1714 B.)

213. — *A Madame...* (1).

Depuis que je te connais, il s'est passé autant de mois que de jours; depuis hier, chaque heure me semble composée de soixante mois...

Il est indispensable pour mon repos que je ne te voie pas avant ta réponse, que la première fois que je lèverai les yeux sur toi, je puisse, sans contrainte, me défendre de l'injure de tes soupçons devant toi seule, mon unique arbitre et, quelle que soit l'injustice de ton cœur, ma tendre amie, ma divine et cruelle amante...

(F. Masson, *Napoléon et sa Famille.*)

(1) Est-ce la duchesse d'Atri, fille du prince Colonna di Stigliano? C'est la seule « favorite » que l'on nomme (Stendhal, beaucoup plus tard, parle d'une Mme Miller), parce que le roi lui fit en partant un riche don. Mais on en supposait d'autres (le « parti des maîtresses », disait, sous l'influence des racontars déchaînés durant l'Interrègne, l'ambassadeur de France). Les amis du roi, dans leurs *Souvenirs*, sont fort discrets. Sur ce point, comme sur d'autres, il y aurait supériorité du règne de Naples sur celui d'Espagne.

214. — *A Madame...*

Je ne sais si je dois me plaindre de l'heureuse négligence de M. de Girardin qui tarde de répondre au billet que vous avez bien voulu lui écrire; elle justifie celui que je prends la liberté de vous adresser, pour vous prier d'agréer tous les remerciements des habitants du bois de Capo di Monte pour le cadeau vraiment pastoral qu'une nymphe a bien voulu leur faire. La nymphe et le cadeau me rappellent ces vers du poète enchanteur de ces climats enchantés :

> *Guida la gregge ai paschi e la riduce*
> *Colla povera virga al chiuso ovile*
> *E dall' irsute mamme il latte preme*
> *E in giro accolto poi lo stringe insieme* (1).

Je laisse à juger à la bergère si son présent a été bien accueilli ; une autre fois j'espère qu'elle voudra bien l'adresser directement à moi ; elle doit être convaincue que nul ne mettra plus d'empressement à la remercier et plus de plaisir à jouir de ses dons ; mais les bergères donnent librement et savent connaître assez leurs amis pour n'avoir pas besoin d'intermédiaires ; moi qui ne suis qu'un solitaire parfois assez misanthrope, je vous envoie le plus joli ouvrage de notre littérature moderne ; ne pouvant vous donner rien d'aussi aimable de ma compo-

---

(1) Ces beaux vers sont empruntés à la *Jérusalem délivrée*, chant VII, stance 18. Il s'agit d'Erminia, qui, échappée à Tancrède, est recueillie par un pasteur. Elle dépose ses armes et se fait bergère.

> Non copre abito vil la nobil luce,
> E quanto è in lei d'altero e di gentile ;
> E fuor la maestà regia traluce
> Per gli atti ancor dell' esercizio umile,
> Guida la greggia ai paschi, e la riduce
> Con la povera verga al chiuso ovile,
> E dall'irsute mamme il latte preme,
> E'n giro accolto poi lo stringe insieme.

sition, je m'acquitte avec l'esprit d'un de mes amis et je suis sûr que vous reconnaîtrez à la grâce touchante, à l'aimable candeur de la sœur de Paul, qu'elle aurait été votre bonne amie.

Agréez, Madame, mon hommage.

(AF iv 1714 B.)

Vu,

le 27 juillet 1910,

Le Doyen de la Faculté des Lettres de l'Université de Paris,

A. CROISET.

Vu

ET PERMIS D'IMPRIMER,

Le Vice-Recteur de l'Académie de Paris,

Pour le Vice-Recteur,
l'Inspecteur de l'Académie,

ALBERT CAHEN.

INDEX DES NOMS PROPRES

Cet index comprend les noms propres contenus dans les lettres recueillies ou analysées. On a éliminé les noms des destinataires et ceux des lieux d'où sont datées les lettres, la liste analytique paraissant suffire pour les indiquer; les noms aussi qui reviendraient trop souvent (Napoléon, Joseph, France, Angleterre, Sicile en tant que désignant le gouvernement rival, Naples). Les noms de lieux sont en italiques. L'astérisque signale des notes relatives au personnage cité.

A

Abruzzes, 6, 8, 16, 20, 104, 151, 192.
ALDOBRANDINI, prince romain, 47.
ALEXANDRE, empereur de Russie, 166, 178.
Alexandrie d'Italie, 69, 152.
Alexandrie d'Egypte, 141.
ALI, pacha de Janina, 37, 43, 166.
ALVARY, capitaine français, 42.
Amalfi, 13, 93, 157.
Amantea, 21, 28, 44, 90.
Ancône, 11, 19, 92, 93, 101, 132, 167.
ANDRIEUX, le poète, *140.
ANGRI-DORIA, prince napolitain, 23.
ANTHOINE, parent de la reine Julie, *130.
Aquila, 20.
ARCAMBAL, ordonnateur en chef de l'armée, 14, *141.
ARDENT, homme d'affaires de Masséna, 19, *101.
Ariano, 38.
ARIOSTE, 156.
ARRIGHI, vicaire général, 27.
Auletta, 100.

Avellino, 33, 140, 192.
Aversa, maison d'éducation, 41.

B

BADE (prince électoral de), 82.
Baia, 205.
BAILLI, officier d'artillerie française, 206.
BARBARA, officier de marine napolitaine, 37, 44.
Bari, 30, 165, 170.
Barletta, 11, 122, 125, 126, 141, 143, 163.
Basilicate, 132, 140, 192.
BAUSAN, officier de marine napolitaine, 6.
BAYARD, directeur des domaines, 120.
Bernalda, 29.
BERTHIER, général Léopold, *128.
BERTHIER, maréchal, 117, 134.
BERTHIER, général César, 38, 43, *57, 115, 135, 136, 160, 184.
BIGARRÉ, général, *111.
BINNETTI, premier élu de Barletta, 163.
BISIGNANO, prince napolitain, ministre, *105.
Bitetto, baron, 133.

Bitonto, 49, 195.
BLANIAC, V. Lafon.
BOILEAU, le poète, 146.
Bonati, 46.
BORGHÈSE, prince romain, 47, 64.
BOUTET, inspecteur des domaines, 38, * 146.
Bovino, 38.
BRÉA, beau-frère de Partouneaux, 48.
Brindes ou *Brindisi*, 27, 28, 29, 125, 126, 141, 192-194, 199, 202, 203.
Butrinto, 181.

C

CACAULT, sénateur, * 58.
CACAULT, adjudant commandant, 8, * 58.
Calabres, 4, 18, 21, 23, 27, 28, 32, 36, 68, 75, 88, 96-98, 104, 105, 113, 116, 118, 119, 148, 149, 166, 189, 192, 199, 200-203, 218. V. les divers noms de villes.
Campagna, camp, 28, 31, 119, 139.
CAMPREDON, général, * 93, 159, 203.
CAMPREDON, chef de bataillon du génie, 28.
CAMUS ou LECAMUS, général, 21, * 178, 180, 184, 185.
Cangiano, 43.
CANOSA, prince napolitain, 149.
Capaccio, 158.
CAPITAINE, commandant, 16.
Capone, 19, 60, 61, 62.
Capri, 15, 18, 100.
CAPUTI ou CAPUTO, directeur des contributions, * 195.
CARACCIOLO, du tribunal de la Santé, 7.
CARACCIOLO, général, 8, 86, * 144.
CARDENEAU, général, 40, * 180.
Caserte, 41.
CASSANO-SERRA, duc napolitain, ministre, 22, * 137.
Cassano, 13, 14, 29, 69, 96, 97, 104, 105, 113, 114.

Castelabbate, 158.
Castel di Sangro, 20.
Castellamare, 19, 157.
Castellone, 86.
Castelluccio, 16, 28, 100, 116.
Castrovillari, 14, 15, 17, 20, 27, 28, 96, 97, 99, 100, 114, 189.
Catane, 204.
Catanzaro, 14, 105, 218.
CAVAIGNAC, colonel, puis général, 20, 36.
CAVELLI, employé par le ministre de l'Intérieur, 174.
Celano, 20.
CELLERIER, architecte, * 175.
Céphalonie, 179.
Ceprano, 20.
CERCA (comte de la), Napolitain, 149.
Cerignola, 30.
CHAPELLE, commissaire des guerres, 80.
CHARPENTIER, chef d'état-major d'Italie, 117.
Chieti, 8.
CHRISTOPHE, colonel, * 165.
Cilento, 14, 16-19, 22.
Civitella di Roveto, 20.
Civitella del Tronto, 8, 9, 11.
CLARY (Bienvenu), 17, * 89, 202.
CLARY (Marius), 15, 16, 19, * 89.
CLÉMENT (de Ris), 170.
COLLIN (de Sussy), 4.
COLONNA (Agostino), général, * 133.
COLONNA (prince de Stigliano), général, * 133.
COMPÈRE, général, * 140.
Constantinople, 132, 209.
Copenhague, 42.
Corfou, 38, 42-5, 50, 115, 160, 166, 178-180, 193, 194, 197, 202-7. V. *Iles Ioniennes*.
Cosenza, 5, 11, 16, 18, 74, 96, 99, 105, 218.
COSMAO, contre-amiral, 204-7.
Cotrone, 11, 91.
COURTOIS, receveur des finances, 7.
CUCCHI ou CUCCO, chefs insurgés, 102.

D

Dardanelles, 142.
DEBELLE, 19, 20.
DEDON, général, 52, *78, 197, 203.
DE GENNARO, chef d'escadrons napolitain, 30.
DEGIOVANNI, *98.
DESPREZ, capitaine, *159.
DESTRÈS, colonel, puis général, 38, 115, *143, 184, 185.
DEY d'Alger, 103.
DIGONET ou DIGONNET, 50, *134, 165, 197, 199.
DOMBROWSKI, général, 16, 18-20.
DONZELOT, général, 30, 43, 49, 115, *140, 165, 178, 180, 185.
DUBOIS-THAINVILLE, consul à Alger, *103.
DUCKWORTH, amiral, *141.
DUFOUR, général, 19, 39, *158.
DUHESME, général, *92.
DULAULOY, général, 14, *63, 78, 90.
DUMAS, Mathieu, général, 55, 121.
DUMAS SAINT-FULCRON, administrateur des domaines, *120, 147.

E

Eboli, 36, 119.
Egypte, 34.
ELISA, 56.
ESPAGNE, général, 13, 20.
Espagne, 53-55.

F

FALCONET, banquier à Naples, 29.
FERAUD, inspecteur général aux revues, *186.
FERRANTE (marquis), 48, *65, 192.
FERRI-PISANI, secrétaire du cabinet, 53, *139, 177, 210.
FÉVILLARD, commandant à Barletta, 103.
Foggia, 121, 123, 147, 193.
Fondi, 17, 78, 100, 203.

FORESTIER, adjudant-commandant, 20.
FORFAIT, ingénieur naval, 7.
FORQUET, commerçant à Naples, 210.
FOURNIER (Sarlovèze), adjudant-commandant, 10.
FRA-DIAVOLO, 19, 20, 22, 104.
FRANCESCHI, général, Corse, 26, *90.
FRANCESCHI-DELONNE, général, 26, 27, *119, 203.
FRANCESCHI, Losio, colonel, 19, 21.
FRÉGEVILLE, (général DE), 8, 30, 33, *79, 122, 141.
FRÉNILLY (marquis DE), *147.
Frosinone, 2.

G

Gaële, 2, 8, 11, 12, 17-19, 26, 44, 60-63, 68, 74, 78, 82-84, 91-96, 103, 125, 126, 152, 192.
Gallipoli, 206.
GAMBS (général DE), 8.
GALLO (marquis DE), ministre, 2, 54, 55, *77.
Gand, 143.
GANTEAUME, vice-amiral, *203, 204, 207.
GARDANNE, général, 14, 104.
Garigliano, 17, 20, 74, 78, 80, 87.
GAULT, commandant de Pontecorvo, 20.
GERACE, prince napolitain, *210.
GIAMPAOLO, conseiller d'État, *171.
Gibraltar, 209.
Gioja, 48.
GIRARDIN (Stanislas DE), 55, *142, 200.
GIRARDON, général, 19.
GONIZ, colonel français, 9, 44.
GOULUS, général, 26.
GOUVION SAINT-CYR, 8, 11, 134.
Gragnano, 93.
GRANGER, capitaine, 44, 181.
GUARIGLIA, chef d'insurgés, 111.
GUILLEMIN, acteur, 49.
GUYE, colonel, 22, 50, *198, 203.

H

Hesse-Philippsthal (prince de), 60, 148.
Huard, général, *158.
Hugo, colonel, *196.

I

Îles Ioniennes, 49, 177. V. les noms.
Ischia, 18, 28.
Italie, royaume, 20, 21, 26.
Itri, 17, 78.

J

Jérôme (roi), 46.
Joséphine, fille d'Eugène de Beauharnais, 33.
Jourdan, maréchal, 8, 45, 89, 96, 110, 118, 130, 150.

L

La Barra, 206.
Laborde, *130.
Labourdonnaye, sous-lieutenant de dragons, 39.
La Cava, 32, 155.
Lacour, général, 8, *71.
Lafon-Blaniac, 28, *79.
Lagonegro, 13, 15, 18, 19, 20, 21, 26, 99, 100, 113, 116.
Lamarque, général, 8, 14, 16, 32, 46, 80, *108, 136.
La Murra, trésorier général, 53, *211.
Lanchantin, général, 32.
Laplanche-Morlière, général, 18, 19.
Larive, acteur, 37, 39, 49, *129.
La Tour d'Auvergne (prince de), colonel, 44.
Laurenzana (duc de), Napolitain, *181.
Laurensello, 52.
Lauria, 18, 20, 103, 116.
Lebrun, chef d'escadrons chasseurs napolitains, 25.
Lecce, 8, 41, 105, 179.
Lemarrois, général, 10, 19.
Lemercier, sous-lieutenant, 21.
Licosa, cap., 6, 16.
Lieutaud, fournisseur, 113.
Livourne, 4.
Livron, capitaine (de), *197.
Lostanges, capitaine de vaisseau (de), *118.
Louis (amiral, sir Thomas), *141.
Lucera, 70.
Lucien Bonaparte, 46.
Lucotte, général, 7, *99.
Ludolf (comte), ministre à Constantinople, *209.

M

Macdonald, général, 130, 136, 142.
Macedonio, conseiller d'État, 53, 55, 152, *174.
Malsrit, sous-lieutenant polonais, 9.
Malte, 141.
Manfredonia, 11, 122, 125, 126, 141.
Mantoue, 45, 69, 152.
Maratea, 20, 110, 112.
Marie-Caroline d'Autriche, 148, 149.
Marie de Frénaut, colonel, 11, 12, *88, 90, 119.
Marigliano, 206.
Martigue, chef d'escadrons, 119.
Martin, commandant à Fondi, 203.
Masséna, 15, 95, 97, 101.
Matera, 6, 8, 14, 29, 96.
Mathieu (général Maurice), 32, 55, *155, 196, 201-3.
Mathieu, commandant à Sessa, 8.
Melazzo, 85.
Melzi d'Eril (duc), 192.
Merlin, général, *200.
Mermet, général, 11, 12, 14, *93, 100, 104.
Messine, 34, 50, 209.
Miano, route de, 172.
Millet, adjudant-comm., *200.
Miot, ministre, 48, 53, 174.
Molise, 20, 167.
Montbrun, général, 16.

INDEX DES NOMS CITÉS

Mont-Cassin, 145.
Mont-Cenis, 56.
Monteverde, couvent, 32.

N

Nicastro, 4.
Nocera, 14, 93, 100, 104.
Noja (duc), Napolitain, '175.
Nola, 4, 64.

O

Otrante, 38, 160, 166, 182, 185, 193, 199, 202, 203.
Ottavi, général, Italien, 8.

P

Padula, chartreuse de Saint-Laurent de la, 13, 14, 16, 21, 32, 99, 100, 104.
Pallu-Duparc, colon de Saint-Domingue, 34.
Palmanova, 69.
Pannetta, chef de brigands, 196.
Parga, 178.
Partouneaux, général, 34, '59, 115, '150, 184, 193, 201.
Pastol, colonel, 206.
Pérignon, maréchal, '210.
Pescara, 8, 11, 19, 20, 125.
Pestum, 158.
Phare (le), près de Messine, 85.
Pie VII, 9, 80, 81.
Piedimonte, 182.
Pignatelli-Belmonte, prince napolitain, 41.
Pignatelli-Cerchiara (prince), ministre, '118.
Pignatelli-Cerchiara (marquis), colonel, puis général, 19, '84, 110, 111, '118.
Pignatelli-Strongoli, Francesco (prince), général, 8, '86, 139.
Pignatelli-Strongoli, Vincenzo, colonel, puis général, '86.
Pisciotta, 46.
Plan, industriel, '158.
Policastro, 102, 148.
Pompéi, 53.
Popoli, 20.

Portici, 41, 206.
Pouille, 8, 43, 62, 96, 104, 115, 122, 133-5, 141, 142, 196, 202.
Poydevant, payeur général de l'armée, 51.
Praad, industriel, '158.
Procida, 18, 28.
Raguse, 143.

R

Rappacciolo, insurgé, 64.
Reggio, 15, 16, 18, 19, 44, 68, 189, 195, 197, 200, 204.
Reynier, général, 3, 8, 11, 13, 14, 15, 19, 29, 36, '60, 85, 89, 90, 92, 93, 96-101, 131, 148, 189, 200, 202.
Reynier (Louis), commissaire du roi, 32, '118.
Ricci, officier ou faisant fonctions, 33.
Ricciardi, secrétaire d'État, '124, 211.
Ripalda, abbaye, 147, 194.
Rodio (marquis), chef d'insurgés, '67, 70.
Romatuelli, capitaine de vaisseau, Français, 37.
Roederer, ministre, 4, 46, 53, 209.
Roederer, aide de camp du roi, 25, 47, 51, '207.
Rome, 77, 95, 104.
Rosini, évêque de Pouzzoles, 164.
Roquebert, capitaine de vaisseau, 50.
Rotonda, 28, 102.
Ruffo, cardinal Fabrizio, 2.
Ruffo, cardinal Luigi, 9, '80, 149.
Russes, troupes, 160.

S

Sacco, inspecteur des domaines, 35.
Saint-Jean-de-Maurienne, 57.
Sainte-Maure, 43, 179.
San Germano, 20.
San Giorgio a Cremona, 206.

San Giorgio a Molara, 52.
Santa Eufemia, 91.
Salerne, 13, 14, 74, 89, 111, 116, 139, 148.
Saliceti, ministre, 13.
Salligny ou Saligny, général, 48, 49, 55, * 202.
Sant'Arpino (duc de), intendant, 36.
Sapri, 21, 93.
Schœping, major, Russe, 38.
Sciabolone, chef d'insurgés rallié, 104.
Sciarpa, chef d'insurgés rallié, 110.
Scigliano, 4, 104.
Scilla, 15, 16, 18, 19, 105, 183, 189, 195, 197, 203.
Séoun (de), chef d'escadrons, 6.
Sessa, 8.
Severoli, général, Italien, 26.
Sicignano, 16.
Sicile, 14, 16, 18, 48, 50.
Smith, amiral Sidney, * 141.
Sora, 20, 35, 39, 147, 151.
Sorrente, 53, 157.
Spada, receveur des Finances, 7.
Spada, habitant de la province de Chieti, 33, 133.
Stéphanie de Beauharnais, * 82.
Stodutti, chef d'insurgés, * 111.
Strolz, major, Français, * 87, 197, 200, 203.
Sulmona, 20, 41.

T

Tagliacozzo, 20.
Tarente, 11, 20, 28, 38, 125, 126, 136, 141, 192-4, 199, 205-7.

Tascher de la Pagerie, lieutenant, * 91.
Tasse, 53, 107.
Tedeschi, insurgé, 64.
Terracine, 92, 148. Route de, 2, 3, 41.
Terra di Lavoro, 140, 167.
Terrier, chef de bataillon, 160.
Thibaud, trésorier de la Maison, * 115.
Thurn, baron, officier de Sicile, * 121.
Tisson, général, 18, 19, 20.
Tommasini, chef d'insurgés, 111.
Torlonia, banquier, Romain, * 95.
Torre (della), évêque de Lettere, * 80.
Torre dell'Annunciata, 4, 64.
Tremiti, Îles, 125, 147.
Tumulo, cap, 9.
Turcs, 43, 178, 181.

V

Val de Diano, 100, 114.
Valentin, général, 17, 23, * 167.
Vallongue, général, 3.
Venafro, 20, 25.
Vernier, général, 9, 11, 14, 15, 23, 26, * 65, 88, 90, 96, 98, 99.
Vietri, 15, 36, 100.
Vintimille, général, * 97.
Virgile, 107.

Z

Zannoni, géographe, 3.
Zante, 179.
Zénaïde, fille de Joseph, * 128.
Zenardi, colonel, Napolitain, * 121.

TABLE DES MATIÈRES

Introduction.. I

I. Joseph Bonaparte a tenu une place capitale dans l'histoire de Napoléon : par son rôle personnel et ses fonctions, qui ne sont pas toutes entièrement dues à la faveur de son frère et dans l'exercice desquelles il a montré de la bonne volonté et de la capacité, principalement à Naples ; par la confiance que lui a témoignée l'empereur et dont il ne semble pas avoir été indigne, au moins moralement ; par ses qualités personnelles................... I

II. Importance, par suite, des écrits émanant de Joseph. Il a essayé de rédiger ou faire rédiger sous sa direction une histoire de son règne à Naples. Quelques publications parurent, plus ou moins sous son patronage. Le *Fragment* rédigé par lui s'arrête à l'arrivée à Naples. On doit donc s'attacher d'autant plus à ses lettres. XIX

III. Correspondance déjà publiée. Ce qu'y ajoute le recueil que nous présentons. Caractères et intérêt de ces lettres.......... XXV

IV. Sources. Méthode suivie......................... XXXV

Liste analytique et chronologique de lettres inédites ou éparses... 1

Recueil des lettres les plus importantes................ 56
    1806.. 56
    1807.. 115
    1808.. 190
    Sans date....................................... 218

Index des noms propres................................ 223

PARIS
TYPOGRAPHIE PLON-NOURRIT et Cie
RUE GARANCIÈRE, 8

www.ingramcontent.com/pod-product-compliance
Lightning Source LLC
Chambersburg PA
CBHW050637170426
43200CB00008B/1060